世界之始系列

外法行法篇：身心進化論　解說第四卷　社會．經濟．政治

拂僞 著

社會之虛，社會之實

分配經濟與超合作社

【世界之始】系列

外法行法篇：身心進化論

內法心法篇：無相法門

正文：從第①靈階到第⑦靈階

解說：跨越認知的屏障

【第一卷】事理，名實

【第二卷】靈命

【第三卷】價值觀，兩性

【第四卷】社會，經濟，政治

社會之虛，社會之實

「大丈夫處其厚，不居其薄；處其實，不居其華。」

——老子《道德經》

「士農工商」乃中國自古以來就有的社會職工劃分。

明末清初學者顧炎武《日知錄》曾說：「士農工商謂之四民，其說始於管子。」

《管子》「**士農工商四民者，國之石，民也。**」

《**春秋穀梁傳・成公元年**》「**古者有四民，有士民，有商民，有農民，有工民。夫甲，非人人之所能為也。丘作甲，非正也。**」

這些分類本不應意味著任何高低之分，而僅是職能之別。但筆者也要說：即便並非高低之分，但作為管理學意義上的「上下游關係」、生產意義上的「前後順序關係」、以及對社會的效用來說而應具備的「優先倡導度」來看待的話，這個次序卻是有道理的。

為什麼「士」排最前、為什麼它應該排最前呢？為什麼「商」排最後、為什麼它應該排最後呢？

因為「士」對社會的功效最隱微難見，但卻是最重要的；「商」於社會上的活動最顯著、最容易進行，但卻也是最虛浮、對社會財富的「實值」來說貢獻最少的。

「士」的重要性

所謂「士」，本不該專指形相上某種特定職業或階級（比如學者、科學家、社會學家、哲學家、律師、法官等等知識份子），而該總之就是指「對真理熱愛、對事相思辯，智慧才華兼備、道德操守凜然、人格品性高潔」之「聖、賢、德、哲」之輩。它的本質是一種「以合情合理的方式來為公、為眾謀福」的「志向」、的「操守」，而不是一種職業或一種社會階級。若僅定義成特定的職業或階級，則只恐後來都將成為不接地氣、不深入人民生活，不食人間煙火、不知民間疾苦的恐龍學者、空談之流；更有甚者，還可能淪為〝婆羅門〞（貶義：制定出階級制度並剝削社會上的其他人們的一群人）或〝權貴／天龍人〞（貶義：明明最初是由於人們的擁戴而上位的，後來卻由於手握權力而覺得人們就是該被其統治，迷之自信）或〝菁英〞（貶義：因為智力突出而自以為優越、自外於人民，而覺得他人都應該被其所統治）。若沒有辦法做到「尊德性而道問學，致廣大而盡精微，極高明而道中庸；溫故而知新，敦厚以崇禮」的話，是絕無可能「居上不驕，為下不倍」的。所謂「大道之行也，天下爲公，選賢與能，講信修睦」，而事實亦是唯有如此方能「故人不獨親其親，不獨子其子，使老有所終，壯有所用，幼有所長，矜、寡、孤、獨、廢疾者皆有所養，男有分，女有歸」。這些人深知人與人之間是〝互相為肢體〞、〝輔車相依而唇亡齒寒〞的「全宇宙實為一整體」的道理。由於秉持著「全息觀」，故能真心為公，而不會把種種到手的權力皆用來謀私，甚至還會把一己之資產用來為大眾真正謀福。由於這些人的存在，社會才真地得以健全運作。

《孟子・盡心上》公孫丑曰：「《詩》曰：『不素餐兮』，君子之不耕而食，何也？」孟子曰：「君子居是國也，其君用之，則安富尊榮；其子弟從之，則孝弟忠信。『不素餐兮』，孰大於是？」

在西方，則比如過去古希臘的賢哲柏拉圖亦提出了唯有由【哲學王】（由哲學家們來作王）、透過智慧所帶來的正義才能建立起的【理想國】（見於其著作《理想國》）——類似本書所謂的「理治」。後來被亞裡士多德稱為〝既有好的法律，這些法律又能得到遵守〞的「法治」，乃是柏拉圖由於到了晚年之後依然不見在有生之年建立起【哲學王】之【理想國】的可能，在承認了【哲學王】的存在畢竟極為罕見、其出現極其困難這些事實後，而設計的一種〝次優〞或曰〝第二等好〞狀態的國家形態（見於其著作《法律篇》）。這就像佛家的「佛滅度後，以戒為師」的作法一樣：若尋覓不得「人法一如」的存在，便寧可依循「法」而非「人」，因為人心是沒有信用的。「法治」僅是「理治」以下的「退而求其次」的產物。（見本系列書【第二卷：靈命】）

筆者要說：由柏拉圖所形容的這種〝合法性不在於人們的同意，而在於哲學家基於智慧統治的自然正當性〞的「人法一如」之【哲學王】，其所闡述的，將不外乎僅是依照先天之道、自然之法：「常道」、「天理」來治理人心的法則，而非任何後天性質的人定規矩、社會契約。所謂「無為」：除天性以外再無可為。故能萬事自治、故理想。

這樣子的一種存在，在東方也曾是有人形容過的：明末清初三大儒之一的黃宗羲先生便在其作《**明夷待訪錄**》中形容依【原法】來治理天下的【原君】。而這位原君自己呢？也不外乎只是上天的【原臣】罷了，並不是真正的主人本身——「上天」，故說「**天子能薦人於天，不能使天與之天下**」（**孟子・萬章上**）。為君者若不如此謙卑、而服從於天理之下，則必然成為一介獨夫。如此，唯有由熱愛真理的聖哲來作王，才能用合於天意而順應人們天性的自然法則來治理世間。

雖然黃宗羲先生也跟柏拉圖一樣，他在《**明夷待訪錄**》的【原法】一章中說了「**三代以上有法，三代以下無法**」——此處的「三代」跟接下來所講的「二帝、三王」一齊指帝堯、帝舜，以及夏商周三代的開國君主禹、湯、文王與武王，亦即古聖王所治之世。所以這句話也就是想說：唯有在三代之時才曾存在過真正的「法」（理）、其所謂「無法之法」，而自三代以後則皆「非法之法」，亦即他也同樣認為僅有在「三代」時期才存在以「理」來治世的聖王（柏拉圖所謂的哲學王），換言之也就是罕見、稀有的。

但總而言之，由「聖、賢、德、哲」這類人所領導的社會，才是真正能夠使百姓、使社會全體皆蒙福的。

「士」謀義，「商」謀利。士農工商的貴賤之別，是一個由「形上〉形下」的階梯，顯示的是人應以心役物，而別以物役心。在道德、價值的世界裡，士的地位最高而商最低，因為士的志向最遠大、為社會所操的心最多；在物質、利益的世界裡，則商的地位最高而士最低，因為士往往沒很多財富。

「士」以後之「農、工、商」則就通通屬於一個社會之〈生產力〉的不同領域、不同環節了——

農：第一產業／生產業、採集業等。

工：第二產業／加工業、製造業等。

商：第三產業／服務業、金融業等。

就如前面所述：這些具體產業都如同身體的運作，其協調有賴〝有才兼有德〞之「士」來作為眼睛、作為頭腦、作為引導，否則一切皆只是盲目地前行、運動著。

（第一、第二、第三產業以外的、跟「具體物資」不相關的產業，於本章先按下不談，將於別章及未來另作討論）

農、工、商三者中，「農」最實、「工」其次、「商」最虛。怎麼說？

問：就算第一、第二、第三產業的出現歷史皆由來已久，甚至可以說都是同時出現、而只是比例不同罷了（試想一個原始社會中的家庭：男性外出打獵、女性進行煮飯縫衣等等家務、兒女幫忙，則他們三者分別是〈取得資源〉的「農」業、〈加工資源〉的「工」業、〈提供服務〉的「商」業），但是若現在把這三種產業皆〝提純化〞以呈現出三樣各〈只有一種產業〉的社會──一個「純第一產業」的社會，一個「純第二產業」的社會，一個「純第三產業」的社會。此時，哪一個社會能夠存活？

「純第三產業社會」嗎？它將會沒有工作並直接餓死，因為沒有人生產原料、食物等，自然沒有管理等等行政或服務的工作可以進行。

「純第二產業社會」嗎？也是一樣，由於沒有原料的生產所以也沒得進行加工的對象，亦將沒有工作並直接餓死。

在產業完全提純化的情況下還能夠續存的唯一一種社會，只有「純第一產業社會」。

所謂「先求有，再求好」：雖然種種原料不加工的話則都將處於極其粗糙、亦即沒「好」的狀態，可至少它「有」；或許礦物等等之類的物產不加工則無法利用，但至少有不少食物是種出來後只要洗淨、用水煮熟就可以吃了，甚至可以生吃。

如此：由於第一產業透過所進行的勞動而得來的資源才是真正具有內在價值的財富之「實體」，其它兩種產業的一切活動其實皆是圍繞、基於第一產業所取得的資源而始能展開，若無第一產業所取得之資源，則後續之一切加工、服務活動皆免談。

這樣看來，可知在「生存資源」的方面上，「第一產業」才是根本、才是基礎。

農：直接實業──能確實給社會產生、帶來更多財富／能確實「增加」社會的財富。

工：間接實業──不能使社會的既有財富「增加」，但能使既有的財富「增值」，把其轉化為更精細及或更有用途的形式，可謂增加社會財富的「增幅度」或曰「細膩度」或曰「壓縮度」。

商：虛業──不能使社會的財富增加，亦不能使其增值，而僅是加快其在社會上的調動、流通速度，呈現出更多經濟「活動」（而當然，為此也會有更多的經濟活動工具──貨幣）。

故一個社會之發展應：先農、次工、後商。過程中，後者的發展皆不該超過前者，否則你將看到社會的「經濟活動」變多了，「財富」卻沒有增加，亦即，實際上人們的財富是在「貶值」著，往聚斂者、貨幣發放者那去移動。

※有鑑於最後一點，所以：無論以何種形式釋出，貨幣必須總是由國家所增加，而不能假任何他人（自然人、法人）之手，以確保就算財富的實值皆被稀釋與轉移了，也依然是回到公帳（政府）手裡。

面額少於實質，則價值濃縮；面額等於實質，則價值維持；面額多於實質，則價值稀釋。這現象難道只發生在貨幣上嗎？豈止呢？非但貨幣如此，一個社會之總體財富亦然：一個社會中總體資源之「儲量」相當於儲備貨幣中之「儲備」，一個社會中總體資源之「流量」相當於儲備貨幣中之「貨幣」。可以說：

- **農工業**決定了一個社會總體財富之「**儲量**」（**實**）：當初美國的林肯綠幣能成功的原因。當時美國的社會僅是缺乏流通工具，亦即「貨幣」，但社會上的總體財富、「實」很多。一旦有了充足的貨幣充當財富的流通媒介後，由於每一張貨幣背後都確切地代表著此社會中總體資源／財富之一部份、虛實間互有「對應」，故即便只是無實利儲備的法定貨幣，由於切中時需，故能成功。而確實，當時的林肯綠幣是定量的、沒有再增發了。若是對一個已然物資短缺而又通貨過剩的社會來說，則就算再次發行林肯綠幣也只會造成更多通貨膨脹，只因為每一張貨幣背後對應不上〝像樣〞或曰〝太少〞的「資源」量，所以這些貨幣便很〝薄〞，所謂「膨脹」。重點不在於是不是林肯綠幣，而在於社會上有沒有足夠的資源來使每張貨幣有所對應。在這過程中，有無拿黃金白銀來作換算的標準，其實是非必須的：所謂「錢只有在流通時才是錢」，黃金白銀本身連「食用」的功能也沒有，其價值多是來自於其美觀、以及人們把它們定位為「濃縮的購買力」之寄望，那麼，它們也只是後來將用於換取物資、代表著「購買力」的〈中間媒介〉而已。如此，只要社會上各種型式之價值所意味的購買力能夠支撐此社會中所流通的貨幣的價值，貨幣是不會貶值的。因為：只要不超印貨幣，你拿著合理量的貨幣到市場上去兌換的話，只要是很平均地兌換著各種物資，只要你並不是擁有著此國家之近乎全部貨幣（此時也就相當於社會上的貨幣也短缺了），是不會把物資換到短缺的程度的，亦即，此社會中「資源量」與「貨幣量」是有對應關係的。
- **商業**則決定了一個社會總體財富之「**流量**」（**虛**）：當中以金融業為甚，乃「虛中之虛」、最「浮華」者。

當一個社會的農工業發展〈大於〉商業時，相當於此社會總體財富之儲量增長〈大於〉流量，如此，此社會之總體財富呈「增值」；當一個社會的農工業發展〈等於〉商業時，相當於此社會總體財富之儲量增長〈等於〉流量，如此，此社會之總體財富呈「持平」；當一個社會的農工業發展〈小於〉商業時，相當於此社會總體財富之儲量增長〈小於〉流量，如此，此社會之總體財富呈「貶值」。

筆者要說：對一個社會來說，「資源儲量」與「資源流量」乃是一種廣義上的「儲備」與「貨幣」的關係，因為一切金、銀等等、或是之後生起的法定貨幣等等，無非僅是在社會上用來換取資源的中間媒介。至於「資源儲量」與「資源流量」的造成者：農工業（資源儲量的造成者）與商業（資源流量的造成者），則相當於「產業」意義上的「儲備」與「貨幣」的關係：在其它產業之發展程度持平的前提下，若一個社會上之房地產業、金融業等等越發達，則價值越稀釋、物價越上漲；在其它產業之發展程度持平的前提下，若一個社會上之農工業越發達，則價值濃縮、物資越豐富。

社會的真實需求隨著人口上升。此時，資源（主要是物資）與貨幣都需要增加。

物資一多，原物料的價格就能壓低，原物料的價格壓低，其副產品、加工製品、衍生品等等的價格也便都能壓低。若此時還倒行逆施，資源（實）不增加而只增加貨幣（虛）、甚至還超發貨幣的話，則：貨幣過多帶來的價值稀釋問題，造成價格上漲；不重農業、社會上物資不夠多，則造成物資縮水問題。前者轉移著人民的財富，後者坑騙、苦迫著民生。若都沒人肯去親手做正經事，而都只想靠機巧來賺快錢、輕鬆錢，那麼這樣子的結局也就只是情理之中。

對幸福感有所追求？資源，主要以物資為基礎；物資中，又以糧食為優先。糧食是直接攸關「生存」的資源，一旦缺乏，則人心便會不安。所以一個社會上什麼資源都可以不安定，但一定先要使糧食的供給能足夠。先要能有「飽足感」，否則就不用談什麼後續的「幸福感」了。所謂「以農立國」，事實是：非「以農」，也難以「立國」；因為要是以工、以商，則都意味著在「生存資源」（糧食）方面是受著他國之供給而續命的。所以，除非是條件不允許，任何一個國家都該先求能有養活自己的農業。

更之前有提及之「一個社會之總體財富」，泛指各種「資源」，其基礎、主要成份為「物資」，再來才是「勞動」、「服務」等等。在前項不滿足時，由於人們沒有餘裕去追求後項，故皆是賤價的。比如在戰亂之中，擁有物資的一方往往能對不擁有的人予取予求、不擁有物資的一方則往往須賤價出售其僅有的勞動、服務等等資源。（例：動畫《多羅羅》中之美緒）

僅能鞏固「生存」，這種社會財富的狀態叫「必要 necessary」；
還能追求「品質」，這種社會財富的狀態叫「充份 sufficient」；
已能滿足「體驗」，這種社會財富的狀態叫「奢華 luxurious」。

具體物資才是最能夠用來確切酬犒人們的勞動之濃縮價值形式。

你能夠用具體物資來支付他人：金錢、食物、住宅等等（「農」產品）來確實支付他人之利益交易（買賣、服務等等）。

若以工作等等形式：吃了一頓霸王餐之後發現沒錢，於是提出以幫忙洗盤子來支付（「工」產品），則未必都會買單。

若以提供一份「體驗」（不涉及「性」的一切體驗，※1）：帶對方去逛某個地方、看美麗夜景、體驗一種氛圍、創造某種回憶（無性的純愛意味）……等等行為（「商」產品），如果是情侶之間這麼做則很浪漫，但此處則是指勞資雙方的酬勞給付，會有人買單嗎？

對於一個「生命」來說，種種「維生必需品」以外的事物之價值，是僅在一切種類的物資皆豐富了之後的前提下，才會再進而去追求的「奢侈品」；其價值並不構建在某種真實的用途之上，而僅是被「稀有」所吹捧出來的。隨著維生必需品的短缺或是奢侈品的泛濫，則就算是黃金或白銀，在人們眼中也將是毫無價值的。當知：在沙漠中，一杯水可是比等重的金塊還寶貴，這是由於水對於維生才有實際用途；或是在種種淨土佛國、天堂等等美好的世界中，大地、建築、人民皆是由珍寶所嚴飾，但人們視這一切珍寶如瓦石，這是由於這些物資已不再有稀缺性。所以，是僅在普遍物資皆不短缺的時候，奢侈品（貴金屬、寶石等等）面對其它種物資才有辦法扮演、充當貨幣來使用的，並進而擔任貨幣之「儲備本位」（這是由於其在人們眼中「有價值」且「稀缺」，故得以扮演「濃縮的購買力」）。

可以這樣子說：社會總體財富是由「資源儲量／資源流量」來構建。社會的財富由「實」到「虛」的連結乃「**資源→（奢侈品儲備）→（貨幣）**」，社會總體財富的「實質」，在於「資源」（其基礎為「物資」）。

如此，要使一個社會的整體財富能夠打從其運作基礎上得到增加，則必須要透過「農業」來為社會帶來實際物資的增長。發展「商業」只是使一個社會中財富流動之流量加大、流速加快而已。

好比：在資訊傳輸技術方面的升級，把電話線升級成電纜線、再升級成光纖。可是，若你這台電腦每日要傳出傳入的資料量也就 **1MB** 而已，把頻寬加大……有意義嗎？還是你會為了讓這線路不閒置，特別把 **1MB** 切割成 **1024** 份的 **1KB**，然後每分鐘傳 **1KB** 出去？這樣不是很沒意義嗎？如此，若一個社會上本來就沒有很多財富，則就算你使它流動來、流動去，大家也就只是在爭取一些殘羹剩飯罷了，根本談不上富足。而若你由於不甘心光纖的功用被閒置，而寧可用【零填充 **(Zero Fill)**】來偽造資料量，使得傳來傳去的資料流中真正有用的資料其實不變，到頭來人們依然會發現當初架設光纖是沒有意義的、是勞師動眾的無用功。這比喻一個虛業／商業很發達、實業／農工業卻不怎麼樣的社會，為了追求使社會上的財富看起來很多，而政府寧可增加貸款、增發貨幣，人民則是寧可炒股、炒房，而偽造出了經濟繁榮的假景，終將只是個一戳就破的泡沫而已。

有了物資，才有後續之財富分配的可能；若是連物資都沒有的話，你分配什麼呢？透過合理的重新分配財富來達到均富，還得先有財富可以分配；若不如此，重新分配將只會造就均貧。所以「發展實業」是社會要能均富的前提，而後才能來談財富的合理公正之重新分配。

至於為什麼「**資源**→（**奢侈品儲備**）→（**貨幣**）」這串關係中兩個後者都有打上括號（）？因為都是可以省略的：現下的信用本位貨幣已經脫離了「由奢侈品（黃金、白銀等）來作儲備」的狀態，但其實任何實利、實際物資也都是可以拿來作儲備的；更有甚者，在支付人們的時候，其實連「貨幣」本身也是可以被繞過，而直接以「實利」來支付的（指一切實際的利益，可以被跟「物資」進行交換，比如「住權」之類的福利便是實利）（將於本書別章中顯示）。某種意義上來說，由「奢侈品」來構成的儲備其實也是一種「二次本位／間接本位」，因為最終的重點依然是物資，而非是不是奢侈品的問題。若不是由於不方便、若不是由於沒有完善的制度以及技術來實現直接的物資分配，越直接以具有實用的內在價值之「實利」來進行價值交換，其實才是最實在、最沒有欺謊性的。反之，一旦在追溯價值之「實」的過程中需要通過越多環節，則將就像【傳話遊戲】一樣，當從最初的發話人傳話到最後的收話人的過程拉越長，則訊息越容易失真、出問題（無意造成）、或越容易被人從中做手腳（被有意造成）。

例：物資→黃金→美元→房地產→貸款→股票→金融衍生產品→比特幣……等等。

例：自布雷頓森林體系崩潰、但多國貨幣又被石油美元政策套牢後，世界上許多美元的債務以及用著美元作外匯儲備之貨幣，都不得不被跟著美元所一起貶值。

更多例子：

- 貨幣之於食物是虛的，食物之於貨幣是實的，因為食物才有真實用途；
- 紙鈔之於貴金屬貨幣是虛的，貴金屬貨幣之於紙鈔是實的，因為貴金屬貨幣才有內在價值。
- 電子書之於紙本書是虛的，紙本書之於電子書是實的，因為紙本書有直接的閱讀實體，而無須另外借助工具才能閱讀。
- 線上的影片之於電腦裡的影片是虛的，電腦裡的影片之於線上的影片是實的，因為實體被下載到了自己的電腦裡，所以不受網路狀態影響。

・信用卡之於貨幣是虛的，貨幣之於信用卡是實的，因為貨幣的價值與載體同體，故不懼停電、斷線，而信用卡則須線上協商才決定能否撥款而未必皆能成功付款，除外也受網路影響。

・承諾之於行動是虛的，行動之於承諾是實的，因為行動才具體完成約定，僅是承諾本身卻只餵養人以期待。

總之：「價值自有」者，便是有「實」者；須假藉、透過它者之手，則便有了「虛」的成份。

※1：近來在資本主義傾向嚴重的歐美文明覆蓋地區所興起的赤裸裸【以性換租】風氣，亦即，以「性行為」來抵房租的風氣，跟「惡業非業」的「色情業」一樣，皆是不能被視作一種正當服務、不能被視作社會行業的一員。性行為本身可不能僅被以一種純粹的服務來看待，而是涉及了神性、道德、尊嚴、羞恥心、歸屬感、公平、忠誠、貞節、潔身自愛、剝削、縱慾等等問題的。

「唯以〈意願〉來作為衡量一切事理之正邪善惡的標準」（「相對」善惡標準）乃是人們快要從第④靈階步入第⑤靈階前的時期（當今世界所處之階段）所會出現的社會現象；然而，就算表面相像，資本主義下的這種「連尊嚴、意願都是可以被買賣」的「金權至上」傾向，則甚至連第⑤靈階的「崇拜〈自由意志〉」之傾向也不是。

對資本主義的「唯利為大」思維下的所謂〝自由〞來說，只要是〝合意〞，就算是為了〝利益交換〞這種庸俗的目的，則哪怕是身為〝聖靈的殿（※2）〞的身體／靈肉、身為人的尊嚴、生命、道德感、貞潔、恥感等等……便通通都是可以出賣的，而沒個底線。此處【以性換租】中所謂的〝自由〞，正確來說，指的其實是「錢」的自由、「壓榨」的自由、「私有化」的自由，而非「人」的自由、「尊嚴」的自由、「勞動力」的自由：只要合意了，則沒有什麼是不能被錢所量化的、沒有什麼是不能買賣／被買賣的，而作賤著種種無價之物。此乃資本主義思維之罪也。

在第④靈階會有兩個現象同時出現：晉升到第④靈階時「以〈為整體〉為善，以〈為個體〉為惡」的現象，還有「分裂成支持這兩極之某一端的派系，然後互相攻訐對方」的現象。當中：資本主義其實是屬於代表著第③靈階的〝為私〞之〝惡（？）〞然後被摒棄的一方，共產主義則是屬於代表著第④靈階的〝為公〞之〝善（？）〞然後拿來要脅人們的一端。前者是透過〝為私〞來保有著自由（個體性），後者則出於〝為公〞而剝奪著自由（個體性）。

在身心進化的七靈階中，可以說只有第③與第④靈階才是漸層、混沌、糾纏不清而難以分清的，其它靈階可說是混淆不來、分明的存在，所以要從第④靈階思維成長到第⑤靈階思維的這個現階段，最難跨越、突破，並因此人們常常跌回〈為整體〉抑或〈為個體〉的漩渦中。是在理解了「為公」的〈整體性〉跟「為私」的〈個體性〉兩者之間並沒有矛盾與衝突的當下，才終於能跨越過第④與第⑤靈階之間的次元大牆的。詳見本系列書之【正文：從第①靈階到第⑦靈階】。

※2：**《哥林多前書6:12~20》凡事我都可行，但不都有益處；凡事我都可行，但無論哪一件，我總不受它的轄制。食物是為肚腹，肚腹是為食物；但神要叫這兩樣都廢壞。身子不是為淫亂，乃是為主，主也是為身子；並且神已經叫主復活，也要用自己的能力叫我們復活。豈不知你們的身子是基督的肢體嗎？我可以將基督的肢體作為娼妓的肢體嗎？斷乎不可！豈不知與娼妓聯合的，便是與她成為一體嗎？因為主說：「二人要成為一體。」但與主聯合的，便是與主成為一靈。你們要逃避淫行。人所犯的，無論什麼罪，都在身子以外；唯有行淫的，是得罪自己的身子。豈不知你們的身子就是聖靈的殿嗎？**

這聖靈是從神而來，住在你們裡頭的。並且你們不是自己的人，因為你們是重價買來的，所以要在你們的身子上榮耀神。

對於一個社會之「具體物資／實值財富」來說，各產業所扮演的角色：

第一產業「農」——因（增加）

第二產業「工」——緣（增幅）

第三產業「商」——果（流動）

各產業之於「社會財富生產」過程中的定位及影響：

＋農ｘ工＝商＝商＝商⋯

（＋因ｘ緣＝果＝果＝果⋯）

由於先有生產業者產出種種價值的原料、的基礎，而後加工業者才有得以加工、精製成更多細項種類的產品，最後才有得以由服務業（包括政府、管理、金融等⋯⋯在此處都算進服務業的範疇）擺弄的「價值」可言。這些最後由商業／服務業所經手的商品們，其實皆不會於「實值／內在價值」上有所真正增長，而就僅是不斷地經手來、經手去而已，皆只是在數字上玩來玩去而已。或者也可以這麼說：一切自商業以後的活動，有很多「價」在漫天飛漲，卻沒絲毫的「值」之增長。

人們常說「價值」，但其實「價值」中，「價」跟「值」又是兩回事：「價（price）」是〈主觀認定〉，「值（value）」是〈客觀用途〉。（也可說是「價格」對「價值」）

好比：兩塊同樣是靠5顆蛋、125g麵粉、125g糖、300g鮮奶油、300g的罐頭水果、200g的巧克力所做的蛋糕，只要沒有什麼污染問題或是燒焦，它所能對任何人提供的營養總量、亦即〈客觀用途（內在價值）〉是一樣的（至此為「農」），故兩者的「值」該是一樣的；可卻能由於蛋糕師傅的修為，包括了創意、技法、風格、完美度等等（至此為「工」），還有店內裝飾、品牌等等因素上的不同，而被定出、甚至哄抬出極其浮誇的價錢來，及至之後還轉手來轉手去、賣來賣去的過程中，又被〈主觀認定〉所哄抬出了更多其本來不值的價錢來了（至此皆為「商」）。若說最一開始蛋糕師傅的種種心血之傾注確實還是「實」的、確實還有「實值」可言，而使得此蛋糕的「增值」是「合理的」的話，則後來種種轉手間而產生的任意定價、哄抬等等，便都全然是「虛」的了。

再好比，在衣物的買賣上，常發生人們以為「賺到了」、但實則對商家依然賺很多的情況：一件成本僅$100元的衣物，商家不直接把它標成$200來賣，而是把它標成$400元、然後寫上〝5折大甩賣〞來出售，亦即$200，則商家依然是賺到了成本的兩倍，卻由於給了客戶們「以超便宜的價格買到了高價物」的印象，所以更多人搶購。這便是一種利用了人們的「貪小便宜」心理的情況。

當然，在此只是用很微不足道的蛋糕、衣物來作比喻，可市場上流竄著的往往是房地產、古董、股票、債卷等大宗商品。故：可以不謹慎嗎？

人們常常分不清此兩者之差，導致任由著許多真正的「值」被種種哄抬過後了的「價」所購買、所換取，於是發生了「投機者們吃香、越會誆哄他人者越得勢、得利，投資者們反而吃虧、賠本」的無理景況。

在歷史上，這些現象並非沒有人注意到。比如【重農主義】。

據MBA智庫所介紹：「【純產品學說】是重農主義理論的核心。他們的全部體系都圍繞著這一學說而展開；一切政策也以之為基礎。重農主義者認為財富是物質產品，財富的來源不是流通而是生產。所以財富的生產意味著物質的創造和其量的增加。在各經濟部門中，他們認為只有農業是生產的，因為只有農業既生產物質產品又能在投入和產出的使用價值中，表現為物質財富的量的增加。工業不創造物質而只變更或組合已存在的物質財富的形態，商業也不創造任何物質財富，而只變更其市場的時、地，二者都是不生產的。農業中投入和產出的使用價值的差額構成了〝純產品〞。」

※這個主義還有另一個主張是所謂【自然秩序】：只不過它不是指「效法天理」，而是指「自由放任」，並進而演化成了「經濟自由主義」，反而成了資本主義用來捍衛其弱肉強食態度的立場。「自由放任」意義的自然秩序，所謂「看不見的手」的市場經濟之自然調節機能，是「防君子但不防小人」的。一旦發生了如《貨幣戰爭》中所實行的有計劃的、戰略級的剽竊，這種「自由」、這種「無監管」，便成了欺凌、宰割弱勢者們的有利環境，所以不能總是全然沒有監督的。

有人覺得只要強制讓市場上存在一個以上的同類型企業，便一定能「反壟斷」、造就「競爭」進而「制衡」的機制，然後使人民不會被隨意定價的市場所剝削——但這不是事實。若是本來就有意合併的企業，即便運用規定來強制其不合併，由於他們之間早已達成不競爭的共識，亦即在「事實」上早已不再競爭了，而是在產品的價錢上同升同降來一起坑消費者，所以也沒意義。反之，就算市場上只有唯一該領域的企業，若是存心良善，則也未必一定會發生對消費者的剝削。此時，要防的是「一丘之貉」、「狼狽為奸」的情況。注意〈條件〉以及〈存心〉是不一樣的：「透過競爭來達成制衡」的機制，是想要把事情「從制度上來完善」，但真正使剝削發生的原因，則是「惡意」。事端是從「事實」上來解決的，而非從「形式」上。

筆者對於重農學派的一些觀察以及想法：

【重農主義／重農學派】應該是學習了老子的道家思維。此學派起於法國，而法國此前的啟蒙運動則是在引進了東方思潮後風起雲湧的（比如啟蒙運動之精神領袖伏爾泰先生便對孔夫子極度景仰）。

重農學派之諸多特點對比《道德經》經句：

1. 重農過於重工商：「大丈夫處其厚，不居其薄；處其實，不居其華。」
2. 自然秩序（後演變成經濟自由主義）：「無為而治」、「道法自然」、「生而不有，為而不恃，長而不宰」、「功成事遂，百姓皆謂我自然」、「將欲取天下而為之，吾見其不得已。天下神器，不可為也，為者敗之，執者失之」等等思維。
3. 只徵收土地稅作為單一稅，減輕人民賦稅負擔：「民之飢，以其上食稅之多。」
4. 注重許多部門之間的依存關係：「有無相生，難易相成，長短相較，高下相傾，音聲相和，前後相隨。」
5. 對重商主義的批判態度：「甚愛必大費；多藏必厚亡。知足不辱，知止不殆，可以長久。」等等。

國父孫中山先生的三民主義之民生主義中所倡導的「單一土地稅」、「平均地權」等等想法，正是有著來自重農學派的這些成份。重農學派只徵收土地稅作為單一稅的主張，先是影響了亨利．喬治 (Henry

George) 成了單稅法 (Single Tax)，而後才影響了孫中山先生。

「**甚欲採擇顯理佐治氏（亨利喬治）之主義施行於中國。**」———民國元年 (1912)4 月 4 日在上海接見《文匯報》記者時所說。

「**中國行了社會革命之後，私人永遠不用納稅，但收地租一項，已成地球上最富的國。**」———三民主義與中國民族之前途民前六年 10 月 17 日（1906 年 12 月 2 日）在東京舉行民報一週年紀念會演講。

（網搜【地價稅】【平均地權】相關研究）

此學派的【稅收轉嫁與歸宿】說：由於只有土地能夠增加國民收入，創造剩餘價值或提供純收益，所以賦稅必定是土地的純產品。於是，一個國家便只要徵收地價稅作為唯一稅、並免除一切其它賦稅，亦即省去中間的一切轉嫁環節。（記住：在資本主義所最終導向的反烏托邦中，大地主正確實是最後能留下來的大資本家之一員）（見維基、百度百科等來源之【稅收轉嫁】【重農學派稅收思想】條目）

最後這一點便可說是觀察到了農工商產業鏈中的「實」之所在的應用：之所以稅收最後皆會歸宿至土地所有者，正是由於這些人同時也是種種純收益的歸宿終點。如此，直接找這些財富之實的最終持有者、最終歸宿點來課稅，也是合理的。【重農學派】可說是一種「重實學派」了。

「重農」與「重商」所導致的社會富裕，在本質上是兩碼子事：沒得兌現（換得資源）的鈔票是沒有意義的。重商過於重農，使得市場從「值的生產」變成純粹「價的流動」而已了；產生了一堆貨幣（流量）卻由於資源（儲量）的生產跟不上而沒相對應的資源可以兌換，便只是「自我稀釋」，亦即是虛榮的、無實的。重商態度所創造出來的富裕乃是一種「由於除非把價值不斷稀釋下去，否則將無法兌現，隨時能夠倒塌、破滅」的富裕；是一種「現象」而不是一種「事實」。由於若不生產出新的價值，則既存的一切價值本身也不會自行增多，如此，一旦不重視生產了，則社會上之一切經濟活動便只是拿既存的物資在轉手來、轉手去。社會從重農轉變為重商，就是一種「離實向虛，以創造流量來自我說服、自欺欺人〝這個社會已然很富裕了〞」的做法。

對房市、股市、債市等等這類全然虛業的炒作想法，便可說是全然的重商態度所造成的，也可說是在重商思維下才會發生這種事，並在釀成風潮後形成著社會的一次次泡沫經濟。當知：期貨、選擇權、股票、房地產……這些通通都不產生新資源。真正能繁榮一個社會的，是實業的發展，而非金融這種數字遊戲。不要被騙了，因為結果是不可承受之痛。

經濟泡沫：可說是在市場上普遍的「虛」脫離了「實」、「價」脫離了「值」的現象，便將形成經濟泡沫。它往往「合法」而「不合理」，透過炒作行為來哄抬經濟成長。

由於重商而不重農，亦即重視產生「經濟活動：財富流量」而不重視產生「經濟價值：財富儲量」，而社會的這些經濟活動是靠銀行們以貸款的方式大量憑空發鈔給社會（放寬銀根、量化寬鬆）來造就的，於是便造成了貨幣總量的面額一直不斷上升、加大，但社會的實值財富卻沒有跟上，便產生了稀釋、貶值。

除外，若社會確實有對物資的需求，可是卻又有人不事生產，而只想著流通，那麼他勢必是把生產的正經工作、的實業都丟給別人來做了，而自己只去做那些撥算盤就能賺大錢的涼活、的虛業，而造成社會分工不均勻。不是有句聖言這麼說嗎？「**從前偷竊的，不要再偷，總要勞力，親手做正經事，就可有餘，分給那缺少的人。**」（**聖經・以弗所書** 4:28）

從而，一個成功的生產者跟一個成功的商人，對社會的意義是不一樣的：一個成功的生產者是一個「成功地為社會產生了更多的價值／財富」的人，而一個成功的〝嚴謹意義上的商人〞（只「操作金流」，不事「投資」）：金融家，則僅是一個「成功地把社會的既有財富聚斂到自己手上」的人。若不是由於大多數商人都是在從事投資，亦即「管理金流以用於生產、加工」的話，那麼他們也都會被列入類似於金融家的定義下。
商人的存在給社會帶來了很多〝活動〞卻非很多〝財富〞，生產者才是真正地、實質上為社會帶來更多新的財富／價值的一群。

至此，對本書所謂的「社會之虛，社會之實」的觀察，初步可以用「價值之虛，價值之實」的角度來切入瞭解；但是由於其後又涉及了社會運作甚至在政治方面的影響，所以最後還是應稱呼此觀察為「社會之虛，社會之實」。

注意：前述之〈主觀認定〉的「價(price)」是單就市場上的「定價」甚至「哄抬」而言而已，因為種種形而上的抽象價值（蛋糕師傅之創意、技法、風格、完美度）對於此商品之「整體價值（形上＋形下，抽象＋具體）」來說確實也是「實」的沒錯。由於本章所討論的是僅就「之於社會來說的〈物資／實體財富〉（形下，具體）」而言，所以是僅從此角度來說，才不能說它是「實」的。否則，就完整意義來說，人們的創意、用心、努力、熟練等等是皆算「實」的沒錯。然後，在前者皆充份滿足了的情況下，才可以繼續擴張價值的定義，把服務業的「氣氛營造、體驗、品味」等等這些確實也需要下功夫、用心，才能提供的抽象價值也計入「實」的價值之一部份。就這樣來看，一切僅靠「轉手賺」的「純商業」（零售、中盤、批發等等純粹只靠轉賣物資來賺錢）、「金融業」（純粹只靠轉賣金融產品來賺錢）才是全然「虛」的行業（屬於這些行業的公司主人或高層，其所賺所賠皆與其對社會的實際付出嚴重不成正比，規模越大者放大比例越大，可謂也是〝槓桿〞）（在這些行業工作的基層作業人員則是起碼提供著客服、文書之輸出輸入等等「勞動」的功勞）。財富是需要實體地去生產的，金融本身並不產生價值。

實例探討

許多社會皆非常有感的現象，當屬【炒作房地產】（見維基相關條目）。
不似投資農業則每一段時間便會生出可供收成的農作物，也不似投資工廠與科研，將能提升使你加工出更高價值事物的能力，「房地產」本身並不會「增加」也不會「增值」財富，投資一間房子它隔年並不會幫你生出另一棟小房子，所以其「實值」打從它建成之初便已決定好了，餘後都只是在「虛價」上的不斷哄抬。

應當立法限制：除非有進行能確實提升房地產之價值的實際建樹（比如加蓋、有意義的翻新等工事），否則不可憑空抬高價格、坐地起價。像在德國，「居住」便是基本人權和生存權：炒房被視為犯罪行為，謀取暴利者甚至會觸犯刑法，最重會被判處 3 年有期徒刑。見 https://news.housefun.com.tw/wltseng/article/214613164663【德國人不炒房，卻是歐洲最強大國家】。亦即：房地產應當被視作「大宗民生必需品」來管控。在這方面，有炒房問題的國家們當向德國看齊。

看了 https://www.ptt.cc/bbs/KOTDFansClub/M.1369730642.A.D7B.html【台灣炒房 10 年，經濟沉淪 30 年】這篇後覺得：是應對這些問題用的相關法令的制訂者們，都只看眼前問題、不思長遠的嗎？是腦袋裝漿糊嗎？
再看 https://www.youtube.com/watch?v=faWQLv8YhXI【10 年前，房价为什么崩盘了？《大空头》】、https://wxn.qq.com/cmsid/NEW201507090388940J【1990 年日本股市崩盘前后】等等解釋後，可見許多金融操作、金融衍生商品根本都是「大宗賭博」。

一些可以嘗試的對策：

- 禁止一切沒有償清房貸的房地產之出售。
- 嚴格監管各種貸款的金額確實只流入當項項目中。比如：補助生產業及加工業的貸款不能流入房市、股市等。需定期附上發票等等確實把資金用於所應該用於的方面上的證明。
- 規定房地產都得回售給政府，再由政府主持出售事宜……等等。

不過想來其實許多措施並不是不存在，只不過當人們利益薰心時，便什麼都不管了。

會發生這些情況也是由於：一切「虛」的面額距離「實」的、堪作本位的商品越遠，在這段距離中便允許了越多泡沫現象的產生。如：《大空頭》中所提的 2008 年前後發生的次貸危機，便是由於難以評估風險，除了允許貸給信用不佳的對象的問題外，也是由於最終的投資者和最初的借款人之間已經相隔千山萬水，整個過程中的層層包裝與再銷售，使得信息不對稱的問題很嚴重，最終被房價下跌後的違約潮所引爆的。當時發生的情況的更詳細解說可見這篇報導 https://hk.epochtimes.com/news/2008-09-26/ 雷曼兄弟公司破產真實原因 -87357205【雷曼兄弟公司破產真實原因】。
並且：沒有人去照顧〝支撐著一切「虛」〞的「實」的生產，難道這些真正能被用來償付的「實值」會自行增加嗎？「總要親手做正經事，便能將有餘的分給需要的人」，不是嗎？大家之間都以真正有「實」之物來交易，不發無本貨幣、不開空頭支票，不是很好嗎？不是才對嗎？為什麼要把貨幣搞成一堆虛擬在債務之上的債卷呢？

當初日本經濟崩潰時之所以會那麼嚴重、使日本經濟足足二十年爬不起來，大量企業負債、倒閉、被收購，許多人自殺，其中一個原因也是由於被人做空了。據《貨幣戰爭》的作者宋鴻兵先生所透露，當初是被一些國際金融寡頭透過「股指認沽期權」這種金融衍生品來達成的（本質上是一種看跌期權）。詳情可看這篇文章 https://zhuanlan.zhihu.com/p/37237106【血淋淋的教训！美国当年是怎样做空日本经济的？】的解說。
應立法禁止一切賭博性質的金融操作。若小賭都該被視為罪惡了，何況大賭呢？若連大賭都不禁了，一個國家又用什麼立場來禁止人們小賭呢？一切事物不能純憑「意願」來決定就行，而是要有「理」在其中作調節之依據。現下社會有許多病態之處皆是由於唯以「合意」來認定「合法」，於是便上演著種種合意婚外性、合意賭博、合意殺害等等……這一切通通被認為「合法」，但由於未必「合理」，於是便釀成著種種歪風與悲劇。

當然，雖然一方面這些大宗賭徒們所為確實很惡劣，但另一方面，也是由於他們比日本人還早清楚了種種經濟泡沫的跡象才能夠得逞的。為了能早日識別這些危害，人們就勢必要認清社會現象與財富之虛與實的關係。

※日本現下房價不高，若僅是要買房來自己住的話，本應是不該擔心什麼「明天房價會下跌」的問題才是……是難道在日本許多人還是懷著「炒房」的心態來看待買不買房的問題嗎？不是買來住的，而是買來炒的？

※文中所述的日本經濟長期不景氣也是僅從需要一直拖動的「消費經濟」的視角來看才是低迷的，若能轉入「分配經濟」則不會是問題。見本書下一章【分配經濟】相關部份。

十農x工=商=商=商…

（十因x緣=果=果=果…）

在作為「因」的「農」上下功夫，則社會財富之「實」、之「值」是用「加添」的，而無需仰賴別的產業。它在社會財富實值生成過程中的定位是「因」、「原料（基礎）」。若一個社會的大家都只做農業，雖然不會進步也不會有很多流動，可卻不會有人餓死，社會的整體財富將以極其原始的狀態存在而緩慢增長著。

在作為「緣」的「工」上下功夫，則社會財富之「實」、之「值」是用「乘倍」的，若無基礎則無以增幅（0x10=0……0x100=0……無基礎則都只能是0）。它在社會財富實值生成過程中的定位是「緣」、「助力」。它在社會財富生成公式中的值最低為1（不加工，原料進、原料出）（難道存在幫倒忙的加工？）；它能將價值增幅，以及產生使財富的積累變快的條件（工具），但其做工有賴於上游的生產業之存在為前提，若無生產業所帶來的原料則無用武之地。

在作為「果」的「商」上下功夫，則社會財富之「實」、之「值」是用「等於」的，其本質上並不為社會帶來更多價值，而只帶來更多活動、流動的表象，只是一直把社會的既有財富實值一直重新分配而已；其功勞最多就是讓資源在有需要的時候能快速流向需要的地方去，但商業本身並不造成實值資源的增加。它在社會財富生成過程中只是所顯示的結「果」、只是〝帳目〞；而，在沒真正增加實際收入的前提下，若只是修改著帳目，無非都是自欺欺人罷了。若一個社會上的大家都來做商業，則大家都得餓死，因為資源會消耗，故大家將只是在每次越來越少的資源上儘量互相奪取，但註定要走向滅亡。

工業靠農業來發達，商業靠農業與工業來發達，金融業靠商業來發達。一切不從事生產、使財富增值，只憑錢來生錢、靠轉手某種價值來賺錢的，都是虛業。商業靠轉手買賣農工產品來形成，金融業靠轉手買賣商業產品來形成。金融業乃虛中之虛、社會財富流通環節中之至虛者，全然無實、最浮濫者也（全然不產生價值，而只是純粹的流通），卻又是暴利的謀取者。然而：一切商業、房地產業、金融業一類，其對於社會的必要性僅是在於提供著「使資本能便利流動」的服務而已，所以能僅由國家來負責統一並整合著提供是最好，這樣所賺才能回歸國民。

所謂「先求有，再求好」，一切產業，不管是產生物質價值（物資一類）、抽象商品（服務一類）、或是精神價值（智慧財產、學術論文一類）也好，只要有產生什麼新的價值，則便具備了最起碼的某種「實」在當中，而僅差在這些「實」之於人們生命之重輕急緩而先追求或後追求的次序之差而已（先滿足「生存」，再滿足「品質」，後滿足「體驗」，三者在〝絕對〞意義上皆有其一定的「實」之成份。但，過程中：當社會尚無法滿足生存需求時，是以能否滿足「生存」這個目標作為標準，於是，一切追求品質與體驗的產物，雖然絕對意義上仍有其「實」，但是對當前這個社會發展階段的訴求來說，便〝相對〞顯為〝虛〞的；當社會已能滿足生存需求而開始追求品質時，是以能否滿足「品質」這個目標作為標準，於是，追求品質的產物在相對意義上也實了，便僅剩追求體驗的產物相對顯為虛的；最後，在社會已然有餘裕追求「體驗」類的滿足時，則體驗類的產物在相對意義上也實了）。

比如：當直播主，不管是電競、YouTuber、聊天室等等……可能是透過接通告、賺流量、廣告費、送禮打賞等等途徑來賺錢的方式，若單論「生存」用的價值的話，由於這一切並不是真正的形質價值之增加，故不為社會注入著、帶來著新的「物資」；於是，在物資上，僅造就著既有財富之不斷轉移、重新分配而已。

注意：這並不是指這些行業的存在有何不妥，而僅是想說明：對一個社會來說，在〈生存〉品質〉體驗」三類資源中，要先注意鞏固前者的滿足，才來追求後者，否則後者將無法生存。加之，前述的這類事業，仍可算是形而上產業中之「服務業」，因為他們有提供「體驗」類的價值，亦即有提供某種形式的「滿足感」、「參與感」等等；如果在過程中兼有散播知識，那就更好了。

（再說了：就算有朝一日，一切「活動」本身有能被劃分清楚、歸類的可能，但活動的進行或性質並非不能重疊，而且進行這些活動的「人」本身也從來不限於只能或只會進行單一活動——一個人有可能同時是種種形而下或形而上資料的採集者、萃取者兼流佈者，從而，同時進行著這一切活動的「人」本身，其定位未必是單一的）

真正全然屬於「轉手賺」一類的，乃是「純商業」與「金融業」；一旦全然沒有了生產，而僅是靠轉手由別人所產生之「實」、在使其流動的過程中抽成賺取著差額，這就真地可說只是想薄本萬利而遊手好閒之徒了。

在此要說一下：把「服務業」算進農工商裡的「商」，其實也不是很正確。

確切意義上的服務業者，應該是指「所得跟其勞動成正比」的服務者所構成的族群，比如接待員、服務生、公關、櫃員、打字員……等等，其所出售的，仍然是其「勞力」本身，有勞動才有賺，無勞動則無賺，只不過其勞力從「作用於自然資源，然後產出農產品」（農業）、或「作用於工具，然後產出加工品」（工業），變成了「作用於人，然後產出體驗」（服務業）而已。商業的話，則是作用於農、工等等許多產業的產品，產出物流。再來，好比學術，則作用於研究，產出發現、報告、論文；文學，則是作用於創意，產出故事。由於只要有在工作、有從事某一行業，則無不是廣義的「勞動」，如此，生命中、社會中無不是勞動，所以拿這個定義來分類正經勞動者與遊手好閒者顯然是沒有意義的。

農是陽（主體），工是陰（延伸），工因農而得「實」，故兩者皆有實，只差在直接與間接之分；廣義的商則雖然也有實，可是相比前兩者的功勞來說則少了不少（「商」本身又是以「農＋工」為實的「虛」）。

就以上所述，金融業其實不能算作傳統意義上的服務業，因為它並不「作用於人，然後產出體驗」，它是作用於種種行業的「事業體」以及其「金流」本身；除外，其憑藉槓桿率所賺得的暴利，跟其勞動全然不成正比，卻同時又不為社會產生任何新的形而下或形而上價值。如此，它應該只能被稱作「行業」卻不能說是「產業」，因為它確實什麼都不產生。

什麼是「純商業」活動？就是全然沒有真正「價值的生成」於其中的活動。

且看，就「形質價值」的生成與加乘而言——

種種「農業／第一產業」行為中：N

種種「工業／第二產業」行為中：(N+L)*X+M…（可繼續重複）

種種「商業／第三產業」行為中：0*0+R

其中，L、M、N、R、X皆為正數，L、M、N僅是指代各種因生產而出現的「形質價值（成本中已包含了勞動價值）」，X為放大用的倍數，R則為〝本質上無法參與形質價值生成〞的「（純）服務」，既然如此，則本來就不可過多。N〝可以〞跟某樣或某些別的自然產物L進行混合而得到增值（例：把香蕉跟牛奶打成香蕉牛奶等等操作），及或以純質或複合的狀態進行加工或精製來得到X增值（例：味增、納豆等發酵製品，或穀物磨成粉等等操作），及或再配合更多的增添M又再加值的過程（例：料理、機械組裝等等操作，皆是把前階段拼湊好了的事物進行下階段拼湊）。而服務業呢？則本身不參與形質價值的生成，故表示為0*0；它們可能是行政、人事、管理、金流等等的事務的處理，並為這些R服務收取費用。由此可以看出第三產業對形質價值的增值是沒有實質助益的。當中，若說諸如行政等等的服務工作可能還有其必要性，而接待、餐桌服務等等的服務工作則有〝氣氛〞價值上、〝感受〞價值上的增值（雖對「物資」來說仍是「虛業」），那麼，其中狹義的「商」，就是專指「商人」了，乃是僅僅透過「轉手，再賣出」這個動作就進行賺錢的一個「中間人」族群，而這個族群對社會來說其實是一種「熵」（無功能耗）一樣的存在，因為對一個社會來說，種種物資從「生產者」到「消費者」手上的交易過程其實是越直接越好，亦即，從「真正有功勞而應受報酬者」到「真正有需要而願付報償者」的過程其實是越短越好，因為中間的轉手過程越多越亢長則意味著「生產方的報酬被無端抽成」與「消費方的開銷被無端放大」，但社會的整體財富卻不因這些亢長手續而得到增長，故都是損耗掉的無用功。

※士農工商的「士」呢？它在社會財富生成的因果關係中的定位是什麼呢？它負責的是這個過程、這段因果關係的「因果律之『理』」本身，乃運用其哲思、智慧來「調配、指導、監督此過程之正常運作，使一切各得其所、使功耗（熵）消減」之負責者們。

※在社會與經濟狀態上：

第③靈階是「動亂（匱乏掠奪）」的社會；

第④靈階是「失衡（貧富差距）」的社會；

第⑤靈階是「繁榮（愛財以道）」的社會；

第⑥靈階是「知足（知足常樂）」的社會。

（各靈階之分類與關係詳見本系列書之【正文：從第①靈階到第⑦靈階】）

社會必須要有「倡導投資」並「貶斥投機」、「倡導親力生產」並「貶斥轉手獲利」的監督機制。

試問：「欲望」是一種心意上、因心上的劣根性，可是單憑欲望本身就能造就行為上、結果上的惡果嗎？非也：若一個人雖然有欲望，可是它卻有正當地付出相應程度的「勤勞」來追求其滿足的話，則將不會導致不擇手段之偷、盜、搶、騙；是唯有當勤勞量不足以抵消欲望時，其差額「懶惰」才將以偷、盜、搶、騙等等罪行來體現出來的。例：一個人有想要得到$100萬的欲望，為此，他拼了命地一方面親力親為地付出著勞動、一天打好幾份工，另一方面又省吃儉用，既不玩股票、不炒房、也不販毒或賣淫，最後終於賺到了這筆錢。此時，他的〝多欲〞確實戕害了他自己、使其累得半死、不值得，可是你可以怪罪他嗎？你有得怪罪他嗎？沒得：因為他確實沒傷害了他人。所以可見：欲望若有相對應的勤勞量來抵消的話，則不會導致去犯罪造惡害人；是唯有當勤勞量不足以抵消欲望、產生了懶惰時，才會開始動歪腦筋並偷、盜、搶、騙，造下惡果的。

這樣，從「欲望之滿足若能由對應的勤勞來取得，則不至於導致『報酬是透過偷竊來取得的』的罪惡結果」這點來看，若人「有著大量的報酬，卻不是由於有過對應的勤勞來取得的」，則可總結出：其於過程中的諸多作為，肯定皆蘊涵著大量本質為〝取巧〞的操作；再由於「沒有付出相應的勤勞」亦即「負值的勤勞」便是「懶惰」這點來看，其「獲利」跟其「本應付出的勤勞」之間的差距，便是其「懶惰」度，而可知：除非是由於自然中獎之類的運氣事件，否則世界上一切不曾有過確切的勤勞、卻有著天價的巨富巨貴者，皆是巨懶巨惰之人；其巨額的財富與其微薄的勤勞之間的距離，便構成了巨額的「懶惰」值。於是又可知：「取巧」的本質就是「懶惰」。如此，不是「把自己的財富穩穩地借給實業經營者，以使其能好好地從事生產」（投資），卻是進行著「賺幣值匯率差、快速的買進賣出、炒股炒房市、利用種種杆桿操作來巨額獲利」的投機者們，乃「精明」之人？皆「懶惰」之人罷了。

※由於貪欲過重而導致自己已經開始為了賺錢而不擇手段之人，可以把佛教中對治財欲的【毒蛇觀】、或把對治淫欲用的【不淨觀】也拿來對金錢使用，這樣子提醒自己：「〝錢〞是人盡可觸、極其骯髒的事物。」據此，人應下意識地對錢產生〝不該嚮往〞的情感並〝戒貪〞。當然，不喜歡不代表不需要，所以擁有，但夠用就好。

※可網搜佛教故事【黃金是毒蛇】的典故。

《大莊嚴論經‧卷六》舍衛國中佛與阿難曠野中行，於一田畔見有伏藏。佛告阿難：「是大毒蛇。」阿難白佛：「是惡毒蛇。」爾時田中有一耕人，聞佛、阿難說有毒蛇，作是念言：「我當視之，沙門以何為惡毒蛇？」即往其所見真金聚，而作是言：「沙門所言是毒蛇者，乃是好金。」即取此金，還置家中。其人先貧衣食不供，以得金故，轉得富饒衣食自恣。王家策伺怪其卒富，而糺舉之繫在獄中，先所得金既已用盡，猶不得免，將加刑戮。其人唱言：「毒蛇。阿難！惡毒蛇。世尊！」傍人聞之，以狀白王，王喚彼人而問之曰：「何故唱言：『毒蛇。阿難！惡毒蛇。世尊！』」其人白王：「我於往日在田耕種，聞佛、阿難說言毒蛇，是惡毒蛇。我於今者，方乃悟解實是毒蛇。」

試想一個由8個人，A、B、C、D、E、F、G、H君所構成的小社會，各自生產著不同的民生必需品來互相提供，各自所在的地點之間則有點距離，每個人則每天工作8小時。在一開始科技力、生產力係數僅為1，各自皆須做滿8小時才夠互相之間提供、滿足8個人所各自需要的8種民生必需品（由8種各8份加總為64份的物資所構成）。後來，科技力上升了，生產力係數成了4，此時若處在中間的6個人（B到G君）皆來從事商業、金融業的工作，而僅留頭尾的A君及H君從事著生產，由於每個人每天工作8小時，把A＋H君的工作時數乘以生產力係數後，同樣能生產出一直以來8個人之間所總共需要的64份物資：有可能A君跟H君把各自所擁有的8小時分別花來生產過去由A到H所分別包辦的生產工作，或者A君花其第一段2小時來包辦A君自己的工作、第二段2小時包辦過去由B君所做的生產、第三段2小時包辦C君的、第四段則D君的；至於H君，則包辦了E、F、G君的，以及H君自己的工作。如此一來，則確實也能產生8個人所各自需要的8種民生必需品（同樣是8種各8份加總為64份的物資所構成）。（此處情況假定不存在因「分工」而帶來的「效率增益」紅利現象）

在這整個過程中，明明生產力係數提升了，可是A君及H君卻依然得像過去一樣勞動滿8小時，而絲毫無法從科技力的提升中獲益。至於處在中間的B到G君呢？若問他們「為何明明沒有從事生產、勞動，卻可以享有A君及H君的勞動成果？」時，他們回「因為在物資從A君及H君之間流動時，我們有負責服務當中的物流（商業服務內容）及金流（金融業服務內容）啊～所以憑著這些功勞，我們也可以享有他們勞動的成果。」這是多麼荒唐的景況啊！明明既然生產力提升了4倍，則現在要麼「8個人若依然工作8小時，則將可以收獲過去的4倍物資（用時間換財富）」或者可以「減少平均工時，於是各自只需要工作2小時便能維持過去的生活品質（把時間節省起來）」的說？所以這是多麼地不公平！種種虛質行業，非但自己不參與正經的勞動而丟給別人去做，甚至還會隨著坐大，而侵吞著正經勞動者們的成果、心血。

中國古代「重農抑商」不是沒道理的：若大家都來做實業，則大家日子都能好過；若大家都來做虛業，則大家都將餓死。

「重農輕商」實際上是一個「重實輕華」的傾向，因為商業本質是虛的，它能夠在短期內在社會上造成很多資本流動、帶來一種繁華的假象，但其所依賴的價值，實際上卻只能由農業所生產、由工業所加工，因此一個社會一旦重商輕農了，會出現短期內很浮誇的繁榮，但若農業跟不上，便只是把既有的價值轉移來轉移去而已，事實上根本什麼都沒增加，又怎麼可能是真的繁榮呢？故重農輕商、實過於華的社會，增長雖看似較慢，但社會所握有的價值卻才是真的有在增長。

所以筆者在此要說：對於社會來說，「商」者，「熵」也，因為是「耗損」。（注意：此處之「商」已經限定指一切符合「轉手賺抽成或利息」定義的純商業、金融業、房地產業了，而不包括服務業、行政管理等等行業）

由於商人（其極致表現為金融業）乃是透過在轉手資產的過程中抽成來賺取利潤，所以當一個社會中的商業越多，則此社會的運作過程中的環節越多、耗損越大，其運作成本越高。這就好比機械的結構越簡潔，由於沒太多環節，則其運行中由於磨擦而以熱能的形式流失掉的動能越少；反之，若其結構越複雜，則耗損越多。同理發生在程式碼：只要結果能完全一樣，越簡潔者越有效率。由於商業本身不親手做正經事來為社會貢獻更多價值，所以若越多人來從事這類行業，便意味著越少人去從事其它那些真正能為社會貢獻價值的行業，所以從事商業的人對於一個社會來說，其比例應該是越少、越精簡越好。已經很虛了的商業尚且如此，虛中之虛的金融業就更不用說了；其於一個社會中的存在應該越精簡、由國家來統一整合提供便是。

也好比食物：不論是從生產端到加工端的供應鏈的拉長，或是成品從賣方到買方手中的物流路徑的延長，都會造成相對應的「損失」及「浪費」。（可見 https://www.foodnext.net/news/newstrack/paper/4975368436【食物浪費的真相 從生產、製造甚至你家廚房】）這也是社會靠轉手賣商品賺錢的商人應更少，而農、工應更多的原因之一。

「商」者為「熵」（社會運作的功耗），雖然社會時不時就會產生資源導流（流向有需要的地方）的必要，但商人在社會上賺錢的方式就僅是「轉手賺」而已；資源從生產者流到最終消費者手上的過程中，每多一個環節，就意味著沒必要地被多賺去了一筆錢、多課了一筆稅、多上漲了一點價格，猶如物理上要把一股動能從A端傳至B端，過程中是越少手續、越直接，則形成的功耗／熵越少，反之，則熵變多。

（※圖表：以機器運作之「熵」來比喻社會運作之「商」。環節的增加提供了轉向的可能，但也造成了磨損、功耗）

所以：若是能由國家整合好社會的物流、金流，總之「通路」，使此功耗少一點，儘量少一點人去做「商」，而多一點人來做「農」或至少「工」，把工作量分配好，則大家便只需要負責好各自所拿到的少少工作量便能夠支撐起整個社會的正常運作了。如此，便能在不影響社會運作的情況下，人們平均都得到了更多的休閒時間、更輕鬆的日子。

前述之產業分類，其實還能再多講一點。

形而下的價值有農工商，形而上的價值也有農工商。

比如：文學作家就是「農」，因為他們生產故事；多媒體業就是「工」，因為他們把故事加工成了其它種形式，諸如電影、電視劇、廣播等等；報導、傳播業、點評、互動平台、通通等等則是「商」，因為他們皆須依賴前兩者而活、而存在、而運作。

記者也是「農」，因為他們負責從現實中取材到資訊世界裡；編輯則是「工」，因為他們負責把資料整理成易懂的文案然後上傳至網路；電視台則是「商」，因為實際上它只負責傳播前者們所產生之價值。

學術方面也有農工商：對自然或社會的研究、統計、採集資料 data 是「農」（採集、提煉行為）；把前述資料歸納、總結成資訊 information 是「工」（精製、加工行為）；影音平台、學術期刊等等訊息傳播 transmission 之發表平台則是「商」（散佈、流通行為）。過程中，處於後方的每一個環節其實皆依賴前者才得以續存，「產出了價值」的功勞其實大多都在於前兩者（農與工的階段：直接實業或間接實業，總之實業）。

在「農＞工＞商」的價值生產過程鏈中，要先有對越前者、越上游行業的發展之重視，才來重視對越後者、越下游行業的發展，如此，社會才不會離實向虛，社會上所流動的種種價值（包括了一切意義上的價值，形而下或形而上的）才能是實在的、充盈的。

在此的情況，則是指：若有朝一日，人們發現某些下游產業推不動了、難以為繼、難以發展了，便懂得要從上游產業去找問題的源頭看看：是不是沒有人去負責生產下游所需的價值了？甚至，直接轉去做農或工的環節，好作為源頭來為後來的環節生產資源。

說「形而下資源」為實，而「形而上資源」為虛，是僅就「生存」這

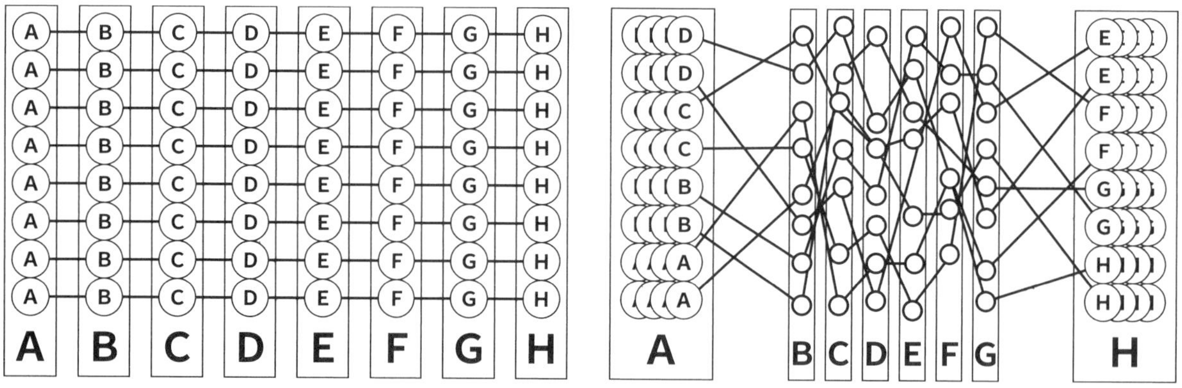

商者為熵

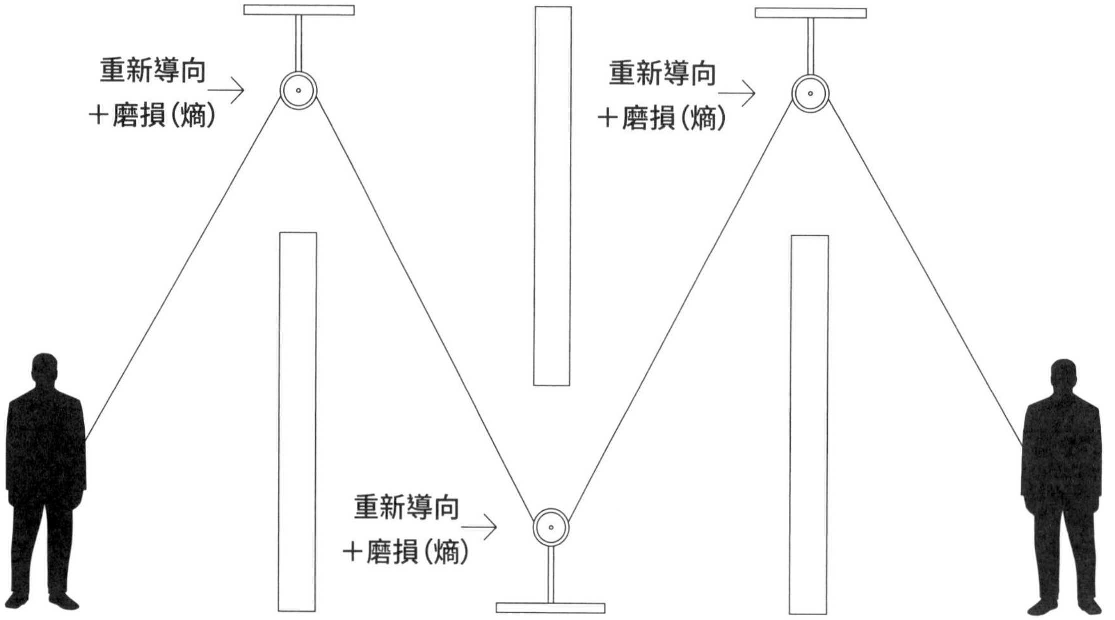

商業：可造成金融導流，進行多次重新導向，但同時也越多磨損、「熵」

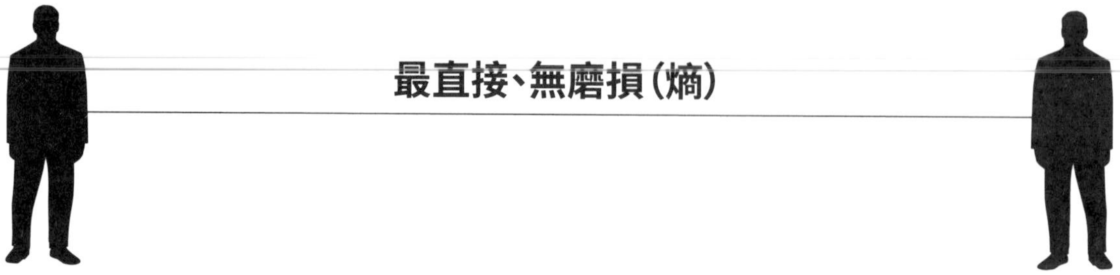

個目的來講而已（對「靈命」的成長來說，則甚至是相反的）。就「為社會生產了、帶來了新價值／新資源」來講，兩者都是實的——起碼比只想坐等錢從天上掉的炒股炒房等等還好。

智慧財產的生成之於形質財產的分類中，若硬要在傳統的「農」「工」「商」中三選一的話，大概只能算作「商」一類，因為它不參與實體價值的生成，但其實一切形而上的價值皆該直接另成一類。不論是經書、心靈小品、科技研發成果、論文、藝術與美感的滿足等等，皆是對人們的生活與工作有所助益、甚至不可或缺的。若說有哪一類的學術研究直接對形而下的產業造成影響的，大概就是國家或企業級別的科研工作，因為它們決定了科技力的等級與進步。科研、開發……等等，這些也要另外算一種產業。科研本身雖不參與生產過程，不過即便如此，國家或企業卻依然該投資及給付在科研人員身上，為什麼？因為他們所帶來的才是「質」的飛躍、而非「量」的增加而已，而質的提昇是長駐性、永久性、一勞永逸性的，故不可不投資在研發上，它的成就意味著一種「複利」。可以這麼說：「科技力」才是「產業競爭力」之「實」。科研人員之於生產力來說，也可算是「士」的定位。

※應該要體認到「形而下」與「形而上」的事業是兩種不同的體系。因為：形而上的產品，由於都是「概念」，所以有辦法被〈無償複製〉而發生比如盜版之類的事。形而下的貢獻與形而上的貢獻兩者之間的換算是很讓人頭痛的。見本書【所謂智慧財產】一章。

※筆者覺得：古時人們只須應付物質生活而做出的「農」、「工」、「商」之產業分類，同時也是現下根據【克拉克大分類法】所歸類出來的【第一產業】、【第二產業】、【第三產業】分類，一旦把「抽象價值」或曰「概念性產品」也計入考量的話，其實便有點不敷使用了。像是現在便還出現了所謂的【第四產業】、【第五產業】等等分類，否則便難以界定文學、創意、藝術、表演之類的產業。除外，若說各類工作一定要有所歸類的話，則醫療、治安、消防、長照等等……這些並不能算是「產」業的工作，則又該歸去哪呢？若把生存、品質、體驗類產品，乘以農、工、商三個環節，起碼也得出了九大組可以用來歸類了，不是嗎？不過，這一切目前還是先僅籠統涉及，按下他日再談。

若說影音平台上的再製、解說、回顧……等等，比如Youtuber，其像是形而上產業的服務業、還有增添了一些再製者的價值進去了的話，那麼，「內容農場」以及「學術期刊」這些純粹只是搬運的平台、管道，則就相當於形而上產業中的金融業了，乃虛之虛者也。它們共通的特徵都是「本身不產生價值，而僅靠轉手來賺」：內容農場透過轉載由他人所生產之內容來製成流量以賺取暴利，學術期刊則作為學術界的論文發表權威勒索著研究者們的心血。

這些年來學術期刊這些通路對學術論文的壟斷嚴重。比如這些報導：

http://twmedia.org/archives/1242【學術出版的五大巨頭－寡頭壟斷的省思】

https://www.mirrormedia.mg/story/20180306mit001/【全球學術出版巨頭壟斷漲價　連哈佛都喊吃不消】

https://www.twreporter.org/a/elsevier-vs-sci-hub【推倒貪婪期刊付費高牆！學術界揭竿而起】

「……當你需要讀上百來篇報告才能完成研究，每篇要價美金 32 元實在荒唐……所有報告都是研究人員的心血，Elsevier 只是坐擁其利……研究人員被迫把研究成果送給 Elsevier，只因為對方擁有權威期刊，如果想被學界認可，就必須在權威期刊發表研究……」——艾爾巴金（Alexandra Elbakyan）

「資訊就是權力，總有人想將它據為己有。全世界的科學與文化遺產、數百年累積的出版書籍與文章，隨著數位化腳步逐漸被少數企業把持……，分享並非惡行刁風、而是道德責任，只有被貪婪矇蔽的人，才會拒絕讓朋友拷貝副本……」——史瓦茲（Aaron Swartz）

分不分享，再怎樣也是作者的權力，而非通路、平台、管道的權力。在期刊上發表的每一篇論文皆是研究者們嘔心瀝血、曠日費時、閱讀了成百上千篇文獻後才得出的結果，卻得付起鉅額刊登費或被賤價收購其研究成果，而出版商卻僅是動動手指就坐擁支配這一切成果的權力，這是極其惡劣、深具剝削性質的。但，值得一提的是：這現象正是一個無節度地支持完全私有制的資本主義環境的弊病之一；其收費之昂貴，並不是由於出版這些文章的成本真地那麼高，而是其憑藉名氣自抬身價、自行吹捧來的。這對現下無所節制的所謂〃自由私有制〃是全然「合法」的，但實則是「不合理」的。當發生了這種〃明明是依賴於「農」、「工」的存在才得以生存的「商」：在資訊傳播方面便是指平台、通路、管道……等等，卻反過來凌駕於作者、研究者們，綁架他們的心血〃的現象，這體制便是不健康的，極具剝削性而離實向虛的。

※可以這麼做：訂定一個合理的刊登費用，然後，由於這些出版商是收了費的，那麼便是受了委託，其有責任在其平台上刊登作者的文獻，但由作者自己決定他的哪些文獻是可以免費刊登的；若作者決定收費，則平台方可以分一杯羹。免費刊登的文獻，則由於當初是收了作者的錢才刊登上的，所以若作者不再付費，則免費的文獻可被屏蔽或撤下，除非作者再付費張貼於平台上；若作者本身希望此文獻能繼續被免費張貼在平台上，則平台始可對每次的閱讀者收取小額費用。當然，對這類純服務、不提供任何附加價值的傳播平台的最好處置方法，還是由各國國有化，或直接國際化，成立一個世界級的學術發表平台，然後像維持聯合國一樣，世界多國一起付會費來維持其運作，使人人都能免費發表學術論文，省得一堆對抗強權與壟斷的正義之士們還要經受著種種污衊與「合法迫害」。

「金融」並不是「產業」（所謂「生產價值的行業」），如：生產業（原料培養、採集、提煉等等）、加工業（靠加工使得產品增值，但其「實」的程度已次於生產業，因為它須建立在既存的實物上）、服務業（生產「體驗」）……等等。由於金融並不生產價值，它本身就是個「社會之虛」：銀行把儲戶的錢拿去借人投資（或投機），它們只負責收利息，然後付儲戶，這跟娃娃機場主靠台主賺錢的模式一樣，都只是被用來分攤風險，但它們本身本質上都沒生產什麼，而只是做著「轉手」的工作而已，而這些「轉手」的工作其實本身「並不創造價值」：你把一疊值一萬元的紙鈔從左手收進再用右手轉出，它會變兩萬元嗎？別說紙鈔了，就算你是左手收進一塊金磚再用右手轉出，它會變兩塊金磚嗎？不會，對吧？那憑什麼一些諸如銀行、卷商、賺價差的投機者等等的金融玩家能夠付得出〃利息〃？憑什麼轉來轉去就多出錢來付別人了？當然還是從社會最基層的生產業者所產出的價值來的啊！如此，若一個社會在表面上有著看似活躍的一切，但其本質卻都是由「轉手」的活動所構成、而非「生產」的活動，人們整

體都追捧著這些賺快錢的金錢遊戲，卻反而不去關懷基礎產業時，將會由於來自社會基礎（實業）生產價值的速度跟不上種種〝利息〞的生成速度，一個社會整體財富的〝實值〞就逐漸被稀釋掉了。除外，也是造成一個社會上工作機會貧乏的主因。

當一個社會、乃至全球，都充斥著這些「不務正業」的行為，人人都追捧著、嚮往著做這些〝非苦力活〞，卻反而貶斥、看不起著那些真正才是生產著價值的〝苦力活〞的行業的「農」人及「工」人們——這現象可從越開發國家越來越不想「親手」做那些能夠使自己「有餘，以給需要的人」的「正經事」的傾向來看出——又怎麼能期待全球經濟不蕭條呢？因為都只是一堆紙在流過來又流過去，但有誰去照顧背後支撐著這些紙的「實值」從哪來的嗎？

這現象可見於比如：許多相對已開發國家所提供的打工度假機會，多是由於當地人已不想去擔任這些所謂的「粗活」而釋出的工作崗位，比如煤礦、建築工人、水果採收員、股務生、清道夫、長照、外勞……等等，還有在資本主義的風氣下，相對已開發國家的許多基礎勞動活，也都透過產業外移來外包給相對開發中國家，紡織、造紙、製鞋……等等，都在別的國家中找廉價勞工來進行，至於原生的國家內則第三產業化、以服務業為主。

有些人還以為產業外移、提供當地人工作機會，是施惠給這些人。但其實：由於資本主義下的產業皆會把產業外移的目標國家之財富吸收回原生國家（相當於宏觀級別的「員工所生產之大部份利潤歸雇主」現象），便使得已開發國家越來越富、開發中國家越來越貧。從宏觀角度的資本主義氛圍來看，一個個開發中國家就好似應徵工作的血汗勞工，只能被動地等著被跨國企業挑選，並且為了爭取到這些工作機會而廉價出售自己的勞動力。而且，由於往往僅是在開發中國家製造，但之後卻是拿去已開發國家中賣，於是，負責生產的開發中國家也並沒能以成本價受惠；這些成品往往在被跨國公司轉銷、銷回原生國後，接著再以二手貨的形式回流至生產國，傷害著當地確實對自國開放的市場、跟其爭利（例如這篇中的情況 https://news.tvbs.com.tw/fun/734179【捐衣是傷害?二手商品成環境、經濟殺手】）。事實是相反的。

生產業、加工業等……這些行業才是「社會之基」的「社會之實」，唯有一個國家使國內產業中以第一產業重要性最大、第二產業其次、第三產業再次之，腳重頭輕，這個國家的經濟結構便能像金字塔一樣的穩固，同時也由於在各方面具備基本的自給自足的能力，便是個有「自力」的國家，則能不依賴他人，避免了受制於人，並且能如地基越深厚的建築便越能減少地震的影響一樣，避免了被世界上另一端發生的事所輕易影響；反之，若是一個社會輕視著這些勞工、苦工，以為動腦比動手還〝優越〞，就……等著吃自己吧。這樣子的世界亦是由於第④靈階的另一個特徵：以「事」為最（才華、知識、智能等等），重腦力輕體力，眼高手低，於是人們漸漸演變成以「算計」為能事。

可是，就像一群明明有著偌大田地的一戶人家，當中卻由於看到做腦力活的人〝怎麼報酬這麼多？〞，於是越來越多人都只想做管理類的工作、越來越少人下田去做農活，而這些下田的人甚至還會被當作〝不知道找輕鬆又報酬多的工作來做〞的〝真笨的一群人〞，然後被輕視。由於收成只座落在少數人的努力身上，於是收獲越來越少，糧食越來越不夠，但這戶人家中的成員還是不知道問題出在哪，又或者說，知道問題正是出在「沒有人願意好好去做確實能生產價值的正經事」，但卻又不願正視、不願面對、不肯好好地來做事，而只想過舒適的生活，於是在僅剩的、越來越少的糧食量上算計來算計去，分配時互相試圖向他人證明自己才應得更多糧食，有用嗎？甚至到最後，僅存的真正勞動人群也都〃不幹了〃：「我為什麼要苦苦支撐著這群好吃懶做又會反過來看不起我們的人呢？感覺自己真像個笨蛋一樣。」於是他們跑掉、不理這群人了；或者作為諷刺，他們也來加入投機者們的行列，只為了從內部親眼目睹這個團體那〃必然來到〃的結局。最終，大家都餓死。一個「輕產業，重金融」、「不投資，而盡是投機」的「頭重腳輕」社會或世界，結局就會是如此，只能以崩潰告終。這一切現象其實也再再反映了這個世代「投機取巧」、「好逸惡勞」的「懶惰」傾向；至於，嚮往〃賺快錢、賺大錢〃並看不起〃社會基層勞動人口〃的現象，則反映了「虛榮」。

這個世代必須要瞭解到「不知善待、甚至虐待構成著社會基礎的種種行業之勞動人口」是個「錯誤」，並且還要因為有歧視他們的心理而感到慚愧。在物質層面上，那些看起來「又髒」、「又亂」、「又辛苦」的工作，如回收工、清道夫、建築工人、農夫、垃圾車員工……等等所謂的粗活、苦工，才是真正支撐著一個社會之運作的人們，而不是光鮮亮麗的明星、偶像、律師、法官、議員、銀行家、政治人物等等。（見本系列書之【第一卷：事理，名實】下之【玄德：黑曜之德】章）

所謂「士農工商」，除了「士」是指引、滿足著人們精神需求的崗位外，其它的都是物質需求方面的；因為人若沒有精神生活，便只是行屍走肉，從而「士」的尊貴在於他能像眼睛一樣〃指引人們生活目的之所在〃或曰〃引導、開闢正確方向〃，而非在於〃幫忙解決物質需要〃本身。君子惠而不費，是因為其乃是透過好的理念、好的政策來使人們受益，其功勞乃是在物質與心靈兩方面「透過好的管理與帶導來把社會調校成最優的運作狀態」，所謂君子「居是國也，其君用之，則安富尊榮；其子弟從之，則孝弟忠信」，不素餐兮，孰大於是？士，君子，其所做的最重要、最主要的工作，便是「價值、觀念之矯正」；種種價值與觀念正確了，社會就有秩序了。如果是在一個原始到不存在「分工」可言的社會，那麼自然就沒話講，每個人都該下田耕作自己的糧食；可一旦一個社會發展到夠大了、夠複雜了、需要分工了，也開始產生各種互動、配合上的問題了，此時「士」之獨特而不可被取代的作用就一顯無遺了，豈有絲毫的「不耕而食，不勞而獲」呢？但除了「士」以外，若僅從社會的原始需求「生存」、以及社會的原始狀態「村落」開始看起，簡而言之，「形而下」的方面上，「農」夫才是最重要的，其次是「工」人來解決除了吃以外的問題（若有士農工商四類的話，醫生應可歸入這類，因為工人除了加工外也負責修理，而「身體」是人們最基本的工具，醫生則是負責〃修理〃身體的、把身體〃加工〃回正常狀態），他們分別代表了生產業及加工業，而「商」人則代表了一切服務性質、本身並不生產亦不幫助增值的行業。若社會沒有犯罪，便可無需律師及司法，但若沒有農夫則勢必要餓死；若社會的規模不大，則可無需管理用的政府，一個村長便可，但若沒有工人則什麼都無法發展與推進。沒有清理夫，何來整潔的市容？沒有垃圾車員工，人們的家中如何能保持乾淨？沒有修車師傅，任何車一損壞就只能丟棄；沒有資源回收人員，則我們未來將不再有資源可用。如現下一些名貴的民生常用品，如巧克力、咖啡等，它們來自一些第三世界國家中可能每天只靠約$1美元過日子的工人們的勞動；一些國際名牌的衣裝，則來自這些地區內見不得光的成衣廠。一個世界之所以能夠續存，都是靠其基層的勞動人口，但人們卻用著種種過份的方式來待遇著這些人。我們現下的社會結構著實已虧欠了這些人太多太多。

重申：生產業（第一產業）是一個社會中一切產業的根本，因為，若沒有來自生產業的原料，加工業（第二產業）是要加工什麼呢？而若沒有來自生產業的原料以及加工業的活動，服務業（第三產業）是要經手、管理什麼呢？所以當說想要讓一個國家的產業結構「正常化」、「合理化」，便該是指讓其產業發展首重第一產業，如此，則第二產業不會沒有加工的對象物；再來，第一與第二產業比重比第三產業高，則第三產業不會無物可經手、可管理。一個社會的運作不缺乏第一第二或第三產業，有原料、有加工、有調動，便能是個健康又能自濟的經濟結構。

「經濟衰退」也可說是指社會上「沒有貨幣肯流通」的現象，而這是由於消費意願低迷；消費意願低迷，是由於人們害怕失去財富所以儲蓄或保值，或直接是由於根本就沒有錢可以消費；沒有錢可以消費，宏觀上是由於社會財富分配不均，具體上是由於薪資待遇差，賺取暴利之輩皆集中於商業、金融業，而非農業、工業、服務業等等實做實幹正經事之人。所以：全球的經濟低迷景況，要從「使除了商業、金融業者以外族群的生活品質能跟商業、金融業者族群的一樣」來做起，便能改善經濟活動低迷的景況。想想看：要不是由於貧窮，這些人不也是消費人口嗎？

這種如同〝中醫診斷〞似的結論，是本著「全息觀」而得出的。東方文化很重要的一點就是治事時不能只「頭痛醫頭，腳痛醫腳」、治標不治本。在聖經中耶穌基督不也說過了嗎？「**你們是互為肢體的**」。宇宙中一切皆為一體，唇亡必齒寒；你若無視著他人的福祉，這一切不幸亦將會以別種形式回饋到你身上。

人們當投資，而不是投機。

- **投資**：你這筆資金的注入是為了助益、導致真正新的實利的產生（生產），或至少真正地使這些實利增值（加工），因為「實利」（基本上，先是指物資）才是社會與世界的物質財富的價值之真正所在；整體實利的增加是均富的前提，若能再加上公正的財富分配體系，便能造就均富。
- **投機**：你只是希望透過把他人所生產之價值轉手來轉手去，透過在過程中所產生之價差來賺得你個人的利益；由於並沒真正地產生出了新的實利所以整體財富守恆，故你的獲利只可能是零和地建立在他人的損失上，所導致的便是貧富差距的現象。

現下的世界，從「真正生產實利」的角度來看，是「勞苦者少得，一般者中得，投機者多得」的極其不公平的狀態，所以除了生產更多實利之外，便是要建立個能「多勞者多得，中勞者中得，少勞者少得」的財富分配體系。大家都是花費著「時間（生命）」，所以，以此為基礎再進行調整、計算，各種產業基於類等的時間、心力、物力、體力等等的投資後的所得，必不能差得太多。

※投資與投機：本來，股票使人們可以對社會中存在的種種產業進行投資，這是正確的投資行為；可是，若情況淪為了不是透過股票來投資並因而賺錢，而是透過「股票」這個工具本身的買賣時的價差來賺錢，則就成了投機了。在此的情況，已經不是什麼行業的問題了，而是根據所進行的操作、所抱持的態度來決定是「虛」抑或「實」。

本章所說的「社會之虛」與「社會之實」之議題，涉及著【虛業】與【實業】的解釋；然而，並不是根據「業者於創業之時、創業之初有無投資、有無帶上資本來給社會注資」作為標準，而是根據「一個業者（自然人或法人）所進行之活動是否為社會生產著更多實值財富」作為標準。「實」到「虛」也並不是全然的分清、非黑即白，而是在過程中有交疊出很多虛實佔比各不相同的灰階存在。

先撇開種種形而上的抽象商品不談（智慧財產、服務、體驗等等），因為「人」雖然有〈精神〉，但畢竟精神住世的時日須依存於〈肉體〉，從而在「民生」亦即「生存」方面所真正仰賴的便是「物質」資源。就此，民生問題就是具體的物資問題，因而無法把種種形而上的抽象商品也算進此章所指之社會之實值財富的範疇內。

問：若一切物資都沒有了，你還用啥、你還上哪去進行服務業？餐飲業要端菜、上酒給人，還得先有菜跟酒吧？旅館、飯店的品質需要靠對環境的裝潢、物件的換洗等等來維持吧？種種建築物本身的建造工程也先需要有鋼筋、水泥、混凝土等等資源吧？社會真要淪落成了「純第三產業」的狀態的話，全然「無本」亦能夠進行的事業，除了教育事業外，就只剩下色情業了吧？？當然色情業本來就不能算作行業：它對社會既不生產財富、也只會腐化人心，可謂純害無益。如此，就如「惡法非法」一樣，它也是「惡業非業」。但在此假定這種活動可以被人買單好了，可是：真要全然沒有了物資的生產，也就意味沒有食物，沒有食物則人們便將餓死，你還上哪去教育人、你還上哪去蹭人性交易呢？通通都將餓死。

可說：唯有當一項經濟活動能夠直接或間接為社會生產更多實體財富（物資本身或為其增值）時，這項活動才是「實業」、才是「投資」；若此項活動無法為社會直接或間接生產更多的實體財富，則，就算是有自帶資金來進行的，此項活動亦是「虛業」、亦是「投機」。

因為，若是根據「有無自帶資金來投資」的標準來看，則：身為受雇於人的農人、工人等等，由於他們並沒有自帶實際資金來進行投資，而僅是貢獻著他們的勞動，所以他們將無法被算作「實業」（有所真實貢獻者）；投入初始資金來玩炒股、炒房地業的地主們，由於他們有自帶實際資金來進行這些操作，於是他們將反而能被劃分為實業？這是很荒唐的！

但若是根據「有無生產著實體財富」的標準來看，則：身為受雇於人的農人、工人等等，雖然他們自身不握有生產資料，可是他們有勞力、時間、心血、體力、智力等等可以投入，這些也都是本錢啊！那些確實注資給生產業／採集業、加工業／製造業、但他們本身並沒親身投入於勞動中的投資者們呢？所謂「有錢出錢，有力出力」，他們其實也是對社會的實值財富之生產有所貢獻，只不過方式不那麼直接罷了，但他們可不是靠轉手來轉手去來賺價差的投機之徒，故不能混為一談。

就這樣來看：不論是直接以自身的體能勞力下去進行生產，或是僅出錢，亦即沒有同時具備著「出錢」及「出力」，但，只要是「有助益於為社會生產出財富實值」的活動，則通通都可以算作是實業、投資（投資錢、投資力）；反之，就算有出力（黑幫討債）、出謀（詐騙集團）、自帶初始資金但一直從市場上買進賣出賺價差者，由於他們並非做著「有助益於為社會生產出財富實值」的活動，便通通都是虛業、投機者。

最後，再根據「惡業非業」的原則：一切軍火、毒品等等犯罪活動及或非法商品的交易，通通不能算作是實業、投資，因為他們皆只是利用著人性的弱點甚至罪惡來謀取暴利、「虛」的成份非常多，甚至對社會來說是「負值」的存在，因為它們的影響只會造成破壞以及社會問題，功不補患，所以他們也都是「逆」貢獻於社會者，跟「實業」全然沾不上邊。

種種抽象的享受、精神方面的滿足，則是等基本的溫飽問題先能穩定後才該來談的。現下世界的社會上之各層面之「第三產業化／服務業化」現象並不是好事，至少對還沒轉型、還未實現烏托邦境界的現下社會來說不是。

現下世界的風氣中有很多「向虛」的傾向。比如：蘋果的產品，硬就是比其它牌子的手機貴上幾倍，但隨著時間的推演以及其它品牌的與時俱進，它真正還比其它牌子突出的、前衛的，可能也就那零星的幾個細節。它現下所賣的，更多的是品牌與印象，卻非真的由於它的成本、原料、服務品質等等依然猶如其價格一樣比其它牌子的手機多上數倍，亦即其所真正花費的成本、與其所真正提供給消費者的實利，就如美元霸權的體制之於世界金融的貢獻一樣，是不成正比的「開人之源，節己之流」、兼搧動著浪費地球資源的消費主義（且見 https://www.storm.mg/lifestyle/117536【你知道被丟棄的 iPhone 都去哪了嗎？地球最怵目驚心的風景，也是他們賺大錢的機會】），但其定價卻是跟其在創新方面上的越趨微薄現象成反比，沒充份理由地屢創新高，亦即「實」的成份越來越少、「虛」的成份越來越多。但：情懷究竟還能被消費多久呢？（比如 https://news.ebc.net.tw/News/Article/130645【林志穎拒買新 iPhone！曝 2 大缺點認了：很失望】）

姑且不論具有高消費能力的人也會在乎性價比之事，而單論普羅大眾：當世界的經濟越來越困難、人們越來越沒有去追求浮華的事物的餘裕，若同樣的 $10000 元能買到一百天的平價糧食或是請地獄廚神來為你煮上一道菜，試問還會有多少人選擇後者？人們終究會意識到：真正支撐著人的身心的，乃是那一切「實」的事物，而非「虛」的種種，猶如一切價格的背後必須要有真正相符的性能來支撐，才能稱為合理的性價比，而唯有「合理」的事物才是能永續發展的。聲聞過情，君子恥之。

《孟子 • 梁惠王上》（孟子）曰：「無恆產而有恆心者，惟士為能。若民，則無恆產，因無恆心。苟無恆心，放辟，邪侈，無不為已。及陷於罪，然後從而刑之，是罔民也。焉有仁人在位，罔民而可為也？是故明君制民之產，必使仰足以事父母，俯足以畜妻子，樂歲終身飽，凶年免於死亡。然後驅而之善，故民之從之也輕。今也制民之產，仰不足以事父母，俯不足以畜妻子，樂歲終身苦，凶年不免於死亡。此惟救死而恐不贍，奚暇治禮義哉？王欲行之，則盍反其本矣。」

《論語 • 衛靈公》子曰：「君子固窮，小人窮斯濫矣。」

可以看到：聖人們也清楚由於畢竟並非人人都志於成聖成賢，從而當普遍人民一旦連基本溫飽也無法滿足時，就容易為了解決這問題而犯罪了。既然連聖人都不會說溫飽問題不需要被照顧，人們豈能不關懷社會的種種實際問題、不重視實業的發展呢？

※ 注意：「小人」這個詞在古時原本並沒有後世用來指稱〝人格卑劣者〞的貶義，而就純粹只是指跟當時有資格進修學問、修身養性的「士人」階層相對的「平民」、「百姓」階層而已。這個解釋方式亦通用在易經裡的卦辭中出現的「小人」或「君子」的用詞，其實是指代〈當權者〉與〈平民〉、〈相對較上位者〉與〈相對較下位者〉之間的關係，而當然，這是指權能方面的事；若是品性方面的話，是或

不是君子，當然就要視乎有無修身養性了。（可見【易學網】之【君子和小人的區別】一篇）

如此，四書中的這些話其實是指：只有有在修身養性之人，才能做到就算處於困窮之中也不會心就沒了主而就此亂來；若是普遍人的情況，當沒了溫飽的時候，則就會不惜作亂了。

筆者翻看了各種記錄，「虛業」及「實業」的概念並非不存在，但似乎並非很清晰。

比如，在MBA智庫以及百度百科等處亦有所謂的【實體經濟】與【虛擬經濟】的概念。若硬要根據這兩種概念來分的話，則是：助長【實體經濟】的才是「投資」，助長【虛擬經濟】的則是「投機」。

而在過去，也有梁啟超先生所撰之《實業與虛業》一文，卻不甚詳盡；或是僅僅把虛業或實業之事當作一介〝創業時的不同選擇〞來看待的人（這些人根據其是不是「需要本錢」才能創的業來分類），卻低估著其發展對於國家之總體真正財富的影響。由於不清楚虛業與實業之於社會的利弊影響，於是，許多國家就算有著虛業及實業的籠統概念，卻也仍是持續發展著虛業。但這樣子的話，不就跟完全不知道一樣了嗎？

一個國家發展著「實業」及「虛業」將直接危及其於經濟方面（涵括了產業、貿易、金融等領域）的「自力」之有無，亦即，「國安」問題：由於沒有自力，便會受制於人，亦即能夠「被制裁」；反之，則無法。有能力全然「自給自足」意味著全然「不受制於人」。可見委內瑞拉以及俄羅斯的情況。

【委內瑞拉】

https://www.cna.com.tw/project/cards/20180903-venezuela-crisis/index.html【窮得只剩石油、數百萬難民出逃… 委內瑞拉怎麼了？】

經濟結構脆弱：除了石油外不發展其它產業，民生物資仰賴進口、全都用石油去換，這意味著沒有「自力」，沒有自力便受制於人，自然就是「可被制裁的」了。

【俄羅斯】

http://beyondnewsnet.com/20180819/40916/【在歐盟和美國的持續制裁下 俄羅斯為什麼還能屹立不倒？】

https://news.cnyes.com/news/id/4220640【美國制裁的意外結果：俄羅斯經濟反而迎來轉機！】

有「自力」就無依賴，無依賴就不受制於人；而，想要有「自力」就必須要有「實」、要實在。所謂的「不受制於人」，便包含了「不受外境影響」在裡頭。世界各國間想要能以平等的姿態來相處、被以平等的姿態來對待，就要能有這麼做的條件才行。為此，各國族皆要能有自力、能儘其所能的自給自足。

每個國家都該在先能自給自足的前提下，才再來談發展對外貿易；若在技術門檻高的項目上沒辦法，起碼也要在力所能及的一切範圍內達成，互相之間能不受制於人之後，在貿易上始有所謂的「平等」可言，而非任由世界上相對弱勢的國家們被高聲打著〝自由市場貿易〞的資本大國單方面制裁、欺負——此處所謂的〝自由〞一直都是指強者能〝自由制裁弱者〞的自由，而根本沒有絲毫「平等」可言。

一個國家在經濟上把其國力、產業結構建立在實業或虛業上，相當於使一貨幣採取著實利本位（儲備貨幣）或虛構本位（信用貨幣）之差別：若是採取了一個確實自有「內在價值」之物，如金本位、銀本位等等，則由於其價值自帶、自保（由這件商品自身所保有著），故一個國家只要持有著「儲備」便有著價值；反之，若是套用了間接本位或曰二次本位，如布雷頓森林體系後之美元本位、或其它種外匯本位，則由於其價值建立於外匯上，便會被跟著一起升貶值。如特別提款權僅是由許多同樣也是無自帶內在價值之虛本位貨幣所構成，如此，套用著它也並非真地不會受人影響、不會波動，僅是以其多來源性來分散風險而已。

※以上這一切非由〝自帶內在價值的商品〞來構成其本位的貨幣，皆無法如實反映一個國家之財富：其減少未必反映一個國家之財富的減少，也可能是濃縮；其增發不反映一個國家之財富的增加，也可能是稀釋。總而言之：很具「欺騙性」、「誆哄性」，乃是很「虛」的。

如此，一個國家的產業，從實到虛，從本至末，應該依序為生產業優先、加工業其次、服務業再次。

有了實、有了基礎，才不會受制於人，除外還能有多餘的可以提供給他人。若商重於工、甚至重於農了，則便是一個社會開始虛榮化、浮誇化了的表現。

底限的重要

提升社會總體財富的流量，僅是上調其〈極限〉；提升社會總體財富的儲量，才是提升其〈底限〉。

對於社會的管理者們來說，其任務之重，該放在鞏固全民的富足，而不是餵養人們以虛榮的期待。什麼是虛榮的期待？在沒有保障人民生活底限的前提下，卻一直刷新極限來讓人們炫目、以為所處社會已然什麼都很美好了，而完全忘記社會中仍然有那麼一群人跟這一切美好無緣。這樣子的一個社會管理者是非常失格的，他的一切功勞皆是「有漏」的。只要社會的底限不改善，就好比一個水桶的漏洞，由於社會底層的基本問題不解決，則不論表面上再怎麼光鮮亮麗，既然還是有人不得溫飽，亦即功勞的持續性扣除，一切的功勞便也都算是〝流漏中〞的狀態——【木桶原理】。社會運作的問題之於一個國家來說也正是其罩門之所在。若不處理，則每每被觸及了的時候便是產生社會不穩定甚至動亂之時。

「有漏」之為害，就好比一位修行人在戒律方面的過失：如若持戒不嚴，則再多的修為都會漏光。這在事相上是如何來呈現的呢？在事相上將是以這樣子來實現的：你的持戒不嚴、無法嚴，代表你（的戒體上）有罩門、有弱點，而這個弱點也就會是「當你遭遇考驗時，一旦被集中攻擊，便將會把持不住而破功」的部位，因破功而犯錯、過、惡、罪，那麼便會以不同方式來抵消掉善功。這就是戒體有漏的大問題。對一個修行人來說，「持戒」的精嚴度才是其修為的底限，才是其真正不失落、已不會再退步的成就。

也好比手機方案，在行銷時所賣的網速其實是以小寫的 b 即 bit 為單位，而非大寫的 B 的 Byte，所以若要轉換成常用單位的話，都要除以 8 才行，把它換算成 Byte。比如 1Mb=128KB，所以若想要實際擁有 1MB 的網速的話，便需要申請 8Mb 的方案。把網速以 bit 來顯示，這種做法是業者為了讓這速度看起來比實際能有的更多，但其實造成著用戶在認知上的差異，因為人們平時所習慣的單位其實是 Byte（未來應該要立法禁絕這種做法才對，簡直就像是賣空氣的洋芋片包一樣惡質）。

手機業者都賣著每月有著不同全速流量上限的方案，有 1GB 的、2GB 的、4GB 等等的……但來計算看看一個每月提供 1GB 全速流量的方案：假設手機網路全速最高能達到 1MB/s（1024KB/s）的情況下，此流量會在多久內被耗盡呢？1GB=1024MB，1024MB/(1MB/s)=1024s~=17min，亦即只要全速下載，則在 17 分鐘多的時間內便會被耗盡，接下來便是用基本網速（視所買的方案）無限吃到飽。但假設不存在全速，而只有穩定的基本網速可用：假定為 128KB/s，其實也只需要花 8 倍時間便追滿 1GB 了（1024KB/128KB=8，1024s*8=8192s= 約 137 分鐘）；又好比，要看高畫質 1080p 的影片，也只需要大約 5Mb/s（640KB/s）就足夠了。只要不是急用，若僅是要放著下載東西的話，手機網路其實絕大部份時間都是閒置著的，此時，基本網速的重要性就比一下子就消耗光的全速網速更重要了。當然啦，現下絕大多數的手機網路方案的基本網速都比這例子中的更好。可見，只要不是吃到飽，在這些方案中，「用不完且穩定」的基本網速其實才是所該真正考量的，而不是乍看之下似乎很多、很大量，但遲早都會被用完的每月全速額度。這就是底限的重要，同時也說明了保底工作的重要。

一個國家、社會若以外強中乾的形式運作著，則內部必然百廢待舉、問題一堆。一個社會的種種問題要能夠得到真正的解決，必然不能是在極限上不斷地開創、持續性地餵養人們以更加美好的願景，卻放著一堆早該解決的問題不管，自閉視聽然後便以為問題不復存在地自欺欺人著。人不富有不會活不下去，頂多夢想做不大罷了，但若貧窮了的話，卻能死人。從而：一個社會的提升，應該是從社會民生問題的底層開始解決上來。唯有人民生活水平從底限逐步提升上來，人民的心才不會不安。身為社會高層的富人們的生活沒什麼需要去解決的，也談不上急迫性，社會底層才是一個社會的管理者有得用心之處。提升極限，這叫作〈美好的日子〉，從底限開始提升，才是〈有保障的日子〉，而美好應該是在有保障之後才去追尋的。

「虛」與「浪費」的關係

《道德經》言「去甚，去奢，去泰」，言去除過份、虛榮以及安逸以待的成份。

「虛」榮使社會追求物欲，物欲的膨脹製造出高消費，高消費製造出高浪費。這是其一。

「虛」偽使包裝過剩、報喜不報憂、數據造假、捏造本不應存在或日原可以省略的手續與環節（資源從生產者到消費者的過程中，商人的多次經手而造成多次抽成，增加了費時、費錢、費力等等無謂的個人與社會成本）、吹捧或哄抬出實際上不存在的價值（體現在價格上，如炒房炒股），這一切皆使社會的運作降低了效率、無端產生著無意義的功耗、或曰無用功。這是其二。

「一切無實際作用的包裝」者，皆「偽」也，「熵」也，「功耗」也。如果商品的內容才是真正能被利用、或者消耗掉的，那麼其包裝便將是註定會成為垃圾的那一部份。故：世界上包裝越多，則垃圾越多。如此，除非是真地有保護作用、或要二手轉賣一樣產品時會用上，否則種種純粹是裝飾用的包裝應該要儘量精簡才對。

- 比如，在對洋芋片、餅乾等等輕量食品，包裝沒有承受力問題的前提下，可見包裝越少，浪費越少。※圖表：包裝與內容物的關係。實例：https://www.youtube.com/watch?v=D3ofprrH290【Nearly empty bag of lays】
- 在環境中，不論是城市、家中等等地方，除了那些確實是為了照明、安全用途的以外，若僅是為了增加美觀而持續點著燈，便會造成不必要的耗電。
- https://www.chinatimes.com/realtimenews/20190205000048-260410【怪誰？全球手機史上賣最慘 專家戳中3大要害】

把非消耗品當成消耗品來賣，是絕無可能永續發展的。就產品來說，能一直被每天重複需要的事物，大概就只有食物一類的事物了吧？當然：肉體以及精神上的都算（佛教所謂的【四食】），不論是維持生命的食物、能滿足求知欲的知識、眼耳鼻舌身各類感官之愉悅等等……總之能夠被重複索求的事物，而非需要靠不斷搧動才能賣得出去的3C、用具類的產品，甚至還為此搞了【計劃性報廢】這類的惡意操作。見https://www.bbc.com/ukchina/trad/vert_fut/2016/06/160630_vert_fut_heres-the-truth-about-the-planned-obsolescence-of-tech【科技產品「計劃性報廢」的真相】一類的報導；還有https://www.bnext.com.tw/article/47531/apple-battery-slower-explain【蘋果認了：舊iPhone越更新越慢，是我們故意的】，文中的說辭是為了舊版手機電池著想，但結果同樣無法解釋為何一定要挑在發佈新機的時刻？這僅是一種變相的、弱化版的計劃性報廢，因為即便是對追求效能的用戶來說，若過去所買的手機的效能已經足夠了，則亦將只要求維持現狀便可，而不會特別再去買新機；在發佈新機的當下透過更新舊手機的軟體及或韌體來降低其效能，使用戶們的手機表現連維持既有的效率也無法達成，無非就是要消費者們在不知不覺中放棄舊機然後去買新機。最後，還是在消費者們的追問、質疑下，才心不甘情不願地吐實，而非主動告知，這是很惡質的作為。但，這便是在「消費經濟」下所發生的常態。

※在「重複購買」這方面上，想來一些飲料公司大概能被一些科技公司嫉妒著那叫一個眼紅吧？為什麼？因為飲料只要開發一次就可以無限賣了，但科技產品年年都得推陳出新才活得下去，生活難度也差得太大了，不是嗎？飲料業在科技業的眼中大概是最涼了的吧？只要開發出了個好的配方，之後就只需要無限複製就行了；而對於食譜來說，任何武斷的創意反而還可能造成惡果，這對年年需要出新點子才能活下去的科技業來說無疑是夢想生活吧？

若說「經濟」所探討的就是一切意義上的「社會之運作效率」問題的話：好比，就算只是兩個人之間的交流也算是「社交」，這是由於就算只有兩個人也算是一個「社會」，如此，則一切「社交的效率」問題，便也是「經濟」問題。

體積：12cm^3=1728cm^3
面積：12cm^2*6=864cm^2
每 cm^3 內容物耗費 0.5cm^2 包裝，利用率為 2

體積：6cm^3=216cm^3
面積：6cm^2*6=216cm^2
每 cm^3 內容物耗費 1cm^2 包裝，利用率為 1

體積：3cm^3=27cm^3
面積：3cm^2*6=54cm^2
每 cm^3 內容物耗費 2cm^2 包裝，利用率為 1/2

體積：1cm^3=1cm^3
面積：1cm^2*6=6cm^2
每 cm^3 內容物耗費 6cm^2 包裝，利用率為 1/6

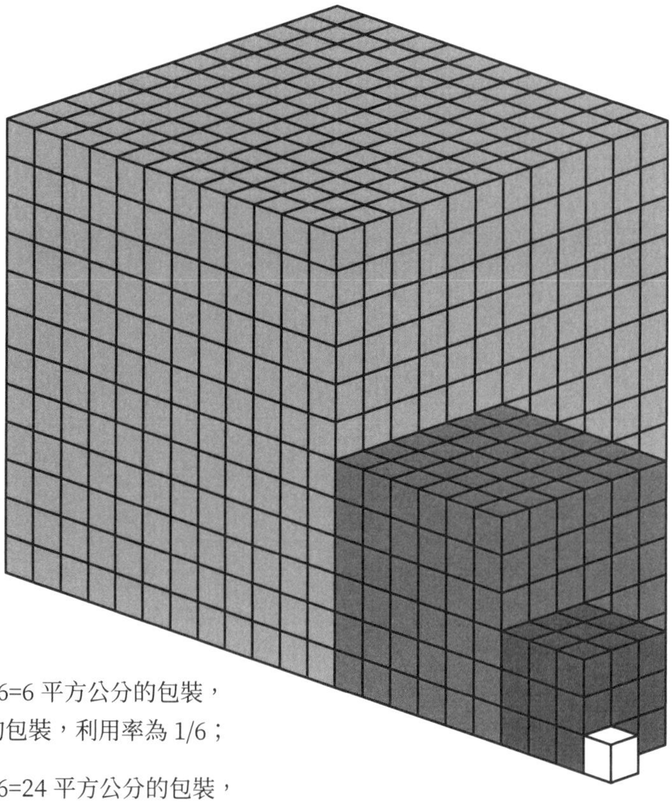

要裹住 1^3=1 立方公分的內容物，需要至少 1^2*6=6 平方公分的包裝，
平均每立方公分的內容物耗費約 6/1=6 平方公分的包裝，利用率為 1/6；

要裹住 2^3=8 立方公分的內容物，需要至少 2^2*6=24 平方公分的包裝，
平均每立方公分的內容物耗費約 24/8=3 平方公分的包裝，利用率為 1/3；

要裹住 3^3=27 立方公分的內容物，需要至少 3^2*6=54 平方公分的包裝，
平均每立方公分的內容物耗費約 54/27=2 平方公分的包裝，利用率為 1/2；

要裹住 4^3=64 立方公分的內容物，需要至少 4^2*6=96 平方公分的包裝，
平均每立方公分的內容物耗費約 96/64=1.5 平方公分的包裝，利用率為 2/3；

要裹住 5^3=125 立方公分的內容物，需要至少 5^2*6=150 平方公分的包裝，
平均每立方公分的內容物耗費約 150/125=1.2 平方公分的包裝，利用率為 5/6；

要裹住 6^3=216 立方公分的內容物，需要至少 6^2*6=216 平方公分的包裝，
平均每立方公分的內容物耗費約 216/216=1 平方公分的包裝，利用率為 1；

要裹住 7^3=343 立方公分的內容物，需要至少 7^2*6=294 平方公分的包裝，
平均每立方公分的內容物耗費約 294/343=0.86 平方公分的包裝，利用率為 7/6；

要裹住 8^3=512 立方公分的內容物，需要至少 8^2*6=384 平方公分的包裝，
平均每立方公分的內容物耗費約 384/512=0.75 平方公分的包裝，利用率為 4/3；

要裹住 9^3=729 立方公分的內容物，需要至少 9^2*6=486 平方公分的包裝，
平均每立方公分的內容物耗費約 486/729=0.67 平方公分的包裝，利用率為 3/2；

要裹住 10^3=1000 立方公分的內容物，需要至少 10^2*6=600 平方公分的包裝，
平均每立方公分的內容物耗費約 600/1000=0.6 平方公分的包裝，利用率為 5/3；

要裹住 11^3=1331 立方公分的內容物，需要至少 11^2*6=726 平方公分的包裝，
平均每立方公分的內容物耗費約 726/1331=0.55 平方公分的包裝，利用率為 11/6；

要裹住 12^3=1728 立方公分的內容物，需要至少 12^2*6=864 平方公分的包裝，
平均每立方公分的內容物耗費約 864/1728=0.5 平方公分的包裝，利用率為 2......類推。

• 像本章中別處所提到的【傳話遊戲】，一旦從最初的發話人傳話到最後的收話人的過程拉越長，則訊息越容易失真、出問題（無意造成）、或越容易被人從中做手腳（被有意造成）。

當時舉的例子是：物資→黃金→美元→房地產→貸款→股票→金融衍生產品→比特幣……等等。

若這種狀況發生在人際關係上，則可以是：

A：我昨天跟朋友B去賣場買了一件大衣。

→A的朋友C：A昨天跟朋友B去買了一件大衣。

→C的朋友D：A跟朋友去買了一件大衣。

→D的母親E：A去買了一件大衣給他朋友。

→E的鄰居F：A去買了一件大衣給他女朋友Z。

→F的女兒G：A送了一件衣服給他女朋友Z。

→G的同學H：A對他女朋友Z送了一件衣服。

→H的哥哥I：A向他女友Z送了東西。

→I的死黨J：A向他女友Z送上東西求婚。

→J的同事Z（A的女友）：A要向我求婚！？

→Z的男友A：？？？

「仁、義、禮、智、信」五常德中，「仁、義、禮」屬「世法」的部份（相對於「出世法」）。當中，「仁（存心）」、「義（作為）」本身有實，「禮（形式）」本身則是無實的。

※「仁，義，禮」對應「存心，作為，形式」、「真，善，美」、「信，達，雅」、「因，果，緣」、「發端，尾端，過程」、「情（善變），理（靈活），法（死板）」。見本系列書【第一卷：事理，名實】。

《道德經》「**上仁為之而無以為；上義為之而有以為；上禮為之而莫之應，則攘臂而扔之。**」亦即：前兩者都還是能觸動人心的，但後者，若單單僅是「禮」本身的話，則已經無法讓人有所感觸了，所謂「不知其所以然」；可即便如此，一堆人卻還是拽著他人、要大家一起來遵從？所以才又說「**夫禮者，忠信之薄，而亂之首。前識者，道之華，而愚之始。**」若內在不居仁由義，則就「人而不仁，如禮何？人而不仁，如樂何？」了。

《中庸》「**誠者，物之終始，不誠無物。是故君子誠之為貴。**」

《論語・雍也》子曰：「**質勝文則野，文勝質則史。文質彬彬，然後君子。**」

有言道「**發乎情，止乎理**」（在此處的「理」可通「禮」）、「**文質不可以相勝。然質之勝文，猶之甘可以受和，白可以受采也。文勝而至於滅質，則其本亡矣。雖有文，將安施乎？然則與其史也，寧野。**」（**論語集注**）人與人之間的相交，重在「心意」（「誠」的表露）；而為了使相處時的具體互動上不至失了分寸、傷人、或者造成誤會，於是才來講究溝通方式上的修飾，好比把石頭的尖角磨圓使之不會傷人，但並不是說這些修飾的藝術本身可以取代「心意」來被用於人與人之間的相處上，否則就只是表面功夫而已了。所以才說「寧野」：寧可不要淪為「無物」（沒有心意在其中，亦即虛情假意）的狀態。

以上這些現象反映在以下的國情上則：

• https://www.youtube.com/watch?v=TK1ItKiZ0JY【日本人都禮貌又友善？其實他們跟你想的不一樣？！朱芯儀 Mei 20170208 一刀未剪版 2 分之1強 - 東森綜合台 Japanese are not what you think!?】

https://kknews.cc/zh-tw/news/5mnpb3.html【是節儉還是浪費？看日本人的矛盾心理！】

結合這些內容來看：日本人之所以容易給人有虛偽的感覺，多是由於在「形式」上的過度講究所造成的；不是真心喜歡這樣，而是長期下來所培養出的文化性已成了如此。這樣子的話，便也需要花費同樣多的時間才能去修正這種傾向。

- https://www.youtube.com/watch?v=xtiLBfawulo【剛來日本買東西時嚇到了！？這是用心還是浪費呢？一起探討日本的包裝文化。】

http://www.commonhealth.com.tw/article/article.action?nid=62402

日本社會中過份重視禮儀的文化，反映到物資上便成了【過剩包裝】的現象，不過看來人們已經開始避免了。

- https://www.youtube.com/watch?v=lzTGK3cXElw【日本男生和台灣女生交往感覺到的文化差異！—台湾人女性と付き合うために注意すべきことをまとめました！】

https://www.youtube.com/watch?v=Mi-BR1wrfoQ【台灣女生有點暴力？日本人統整！和台灣女生交往前一定要注意的事項！我幾乎全中笑翻日本男友—RU】

https://www.youtube.com/watch?v=m8UpViinQeo【【訪問日本人HARU】日本人交往一下子就分手的原因原來是…！？】

所謂「信言不美，美言不信」，過份在意形式、過份矯飾話語，往往將失了原意；或者由於在意形象而寧可不溝通，結果反而因此失去了更加重要的事物。開誠佈公、坦誠面對，才能避免許多誤會、預防後悔。

- 歐美文明中在這方面的代表，除了本章中別處所述的蘋果手機的情況外，還有時尚也是（可見於比如電影《穿著Prada的惡魔》的故事中）。

https://www.cosmopolitan.com.hk/fashion/Rick-Owens-Michele-Lamy-Love-Story【「我死了她也會跟著我走！」5個重點認識Rick Owens與Michèle Lamy這對時尚界姊弟戀】

像諸如這些所謂的〝時尚〞還真不是我等凡夫俗子敢領教的。這大概可以說是：由於創意已經枯竭了，所以只好以奇裝異服來引起人們關注。但事實是：這些偏離了「常道」太遠了的事物，平常人也是不會穿上身的。服裝本是為了穿著，可這類風格的服飾卻已然偏離了服裝的存在目的，僅成了嘩眾取寵的噱頭，於是，所辦的這些活動，無非也只成了社會資源的浪費罷了。

- https://hypebeast.com/zh/2018/8/shoppers-are-buying-clothes-just-for-the-instagram-pic【虛榮心作祟！調查顯示消費者只是為Instagram照片而購買衣服】

種種的虛榮風氣無理耗費著社會資源、也浪費著個人生命。

- 中國大陸在1958~1962年間發生的【大饑荒】，明明是風調雨順的三年，卻由於【大躍進】運動中盲目追趕煉鋼的生產，而擺爛了糧食問題；又受政府自身及官員們所帶起的浮誇風所影響，故人民進行種種「放衛星」的虛報糧食產量，使得農民們在上繳了所報數量的一半後根本沒有剩下，便成了後來的大饑荒的直接原因之一。大饑荒的三大直接原因：總路線、大躍進和人民公社化。這完全是統治階層所造成的人禍。

當時死了多少人呢？曹思源（中國前國務院辦公廳任職的著名經濟學家、憲政研究學者）：**「自從盤古開天地三皇五帝到如今的**

各種災害，包括旱災、水災、地震等等中國餓死的總人數是2,991萬。三年大饑荒比五千年餓死的人數還要多出 765 萬。」

餓死 3,600 萬人是一個什麼樣的概念？楊繼繩（前新華社高級記者、《炎黃春秋》雜誌副社長）：「這個數字相當於 1945 年 8 月 9 日投向長崎的原子彈殺死人數的 450 倍。1945 年 8 月 6 日，美國飛機向廣島投下的原子彈炸死 7 萬 1 千人；8 月 9 日，美國飛機向長崎投下了另一顆原子彈，炸死 8 萬人；即大饑荒相當於向中國大陸農村投下了 450 枚原子彈。這個數字相當於 1976 年 7 月 28 日唐山大地震死亡人數 24 萬人的 150 倍，也可以說大饑荒相當於發生了 150 次唐山大地震。這個數字超過了第一次世界大戰的死亡數字。第一次世界大戰死亡人數有 1 千多萬人，中國 1960 年一年就餓死 1,500 萬人以上。大饑荒的慘烈程度遠遠超過了第二次世界大戰。第二次世界大戰死亡人數 4 千萬到 5 千萬之間。中國這 3,600 萬人是在 3、4 年間死亡的，多數地區死人集中在半年之內發生。」

- 現下中國大陸內部不斷爆出過去一直以來的種種經濟成長虛報、數據造假的事實，儼然新一輪大躍進，而這些現象正是近來種種經濟困境的由來。

  https://www.youtube.com/watch?v=t10m9pKrv2s【中國逾千家企業編造數據，虛報比重高達 94%（《新聞時時報》2018 年 6 月 21 日）】

  https://tw.aboluowang.com/2018/0621/1132737.html【大陸投資、財報灌水被證實 官方報告：最高虛報 56 倍】

  http://technews.tw/2018/12/19/china-data-problem/【杜絕造假，中國地方經濟數據現真面目】

- https://www.storm.mg/lifestyle/661818【韓國人最驕傲的百貨竟 20 秒內倒塌壓死 502 人！一窺駭人聽聞「三豐百貨倒塌案」的醜陋內幕】

  https://news.tvbs.com.tw/politics/1016117【普悠瑪「沒裝遠端監控 ATP」 司機：不知情】

  https://www.businesstoday.com.tw/article/category/161153/post/201811020008/【員工爆料普悠瑪內幕遭台鐵發公文警告】

  這類事故的發生，也都是由於掩蓋問題而釀成更嚴重後果，就像鋸箭而不清創、上藥包紮卻無除膿一樣，終會爛進骨子裡然後紙包不住火。

種種浮誇、虛榮、過份包裝，報喜不報憂、粉飾太平、打腫臉充胖子的做法，會讓一個社會的實際運作情形的檢測失準，故皆應去除之。

【本章小結】

老子於《道德經》言「**貴以賤為本，高以下為基**」、「**合抱之木，生於毫末；九層之臺，起於累土；千里之行，始於足下**」、「**知雄守雌，知白守黑，知榮守辱，知子守母**」，這些都跟「**處其厚，不居其薄；處其實，不居其華**」一樣，盡言「**做好基本功、重視基礎**」的重要性。

若說「經濟」所研究的是社會、人事物的運作效率以及其中各種成份所扮演的角色與影響，那麼，對「虛實」議題的探討，才真地是獨屬經濟方面的、真正意義上的「經濟哲學」，而不是經濟的分析學、統計學、方法論或倫理學。體會到「虛實」問題之存在，並且它確實深層影響著種種事物之運作，該是比研讀各種預測經濟發展的公式還更根本重要的。

透過以上種種譬喻與解說，筆者希望說明：一切「實」的事物，或日一切事物之「實」，才是值得發展、真正該發展的。可能跟種種虛偽、極具欺謊性的浮誇、泡沫假象比起來不怎麼炫目、不怎麼吸引人，所以一時看不出在這方面有所努力的差別。但：「**君子之道，闇然而日章；小人之道，的然而日亡**」，泡沫總是會破的、夢終究是要醒的。跟「學習才華時要重視基本功夫」的道理一樣，是唯有在一切「實」的事物上下功夫，方能真正建立使社會乃至一切事物皆能長治久安、永續經營的根基。

「結果向收束」式「分配」經濟「超合作社」社會

本章的內容是講述如何達到一個真正平權、真正公義的社會的方法。

但在進入本章前，筆者要先聲明：此思想不基於、不來自現存的任何社會主義理論，跟馬克思更是沒有關係。

筆者僅是拿著現下社會主義者甚至共產主義者以及普遍人們所熟悉、所理解的詞彙，來幫助筆者向讀者們解釋這種新的社會型態，但這卻跟既存的社會主義理論或馬克思的學說沒有關係，因為筆者在構想這套體系時從來不曾閱讀、不曾研究過任何一種社會、經濟及政治運作模式學說。這一切相關的知識，都僅是筆者在寫書的最近一年內才去翻閱的。是由於發現了原來歷史上有過類似的思想，並且，在見到了學術上皆已經有〝資本主義〞、〝社會主義〞等等專有名詞來形容、指稱特定概念了，所以才搬來本書裡提及、比較、運用，以輔助解釋本書所想要傳達的內容。然而，筆者的這些構想，卻是幾年前就有了、就以散文的形式寫給自己了的，只差把它們全部整合成一系列書的工作而已，但這種社會結構的想法，卻是筆者從零構思起的，僅僅是基於「一個更好的社會會是如何運作的？」這個簡單的想法，如此而已。馬克思曾不曾存在對筆者來說是沒有意義的，即便十九世紀時從來不曾出現過社會主義甚至共產主義、即便這個世界至今都只有資本主義，筆者依然寫得出這卷書的這一切內容來，只因為從來不是借鑑他人之力而寫就的。所以——請不要把筆者跟本書的內容跟至今為止世界對社會主義及或共產主義的「專制」甚至「血腥」的印象聯想在一起，否則筆者會很困擾的。

筆者有的，便只是依五教聖人（老子、孔子、釋迦牟尼佛、耶穌基督、穆罕默德）所留下的經典以及依種種聖佛的教誨而形成的哲學基礎而已（此學說是先有形而上的道學與哲學基礎，而後才有社會、經濟、政治、金融等等形而下方面的發展的），並依此來構思「一個理想社會該是什麼樣子的？」，卻從來不曾有過任何現下社會學、經濟學、政治學的影響。所以：請不要說筆者的思想跟馬克思有什麼關係或進行任何聯想，而筆者也不想跟一位撒旦教徒有任何關係，更甭論讓自己的心血被算到他頭上。

筆者的這構想雖然並不只是為了中國而設計的，而是希望全世界的人們都能從中受益的，但，筆者要說：相較於源自德國的外來馬列共產主義思想，本書中的這構想則確實是筆者作為一位「中國人」而產生的本土思想成就，乃是源於我們中國人自己的事物。

所以：中國人們，抬起頭來吧！「合作主義」乃是筆者作為一位「中國人」所著作的，乃是我們中國人自己的東西。一切「誓作中華兒女，不作馬列子孫」、對祖國心懷驕傲的人，都該來投靠這個主義，並用它來造福世界，就如——我們的老祖宗們一直以來所做的那樣。

在接下來的此篇章中，人們將見證中華文明在社會、經濟、政治方面上所能帶給世界的事物。這是從我們中國人自己的手裡所誕生的、比馬克思的構想還要優秀、還要完美的理論。本質善良的你，註定是要造福世界、利益世間的，而不能再依從本質好鬥的至今的西方文明中所誕生的馬列共產主義，而淪為壓迫世界、剝削人民的存在。

何謂「結果向收束」？

就是每時期以一個既定的上限作為目標來努力。因為有一件事實絕對要認清——這個世界的一切需求皆是「有上限」的。

怎麼可能？不是有這麼一句話說「地球能滿足人類的需求，卻無法滿足人類的貪婪」嗎？但，告訴你：是的，這個世界的需求是有上限的，本來就有；而即便是最誇張的貪婪，也是有上限的。

這是種「反向思維」下才能見到的事實。

我們來把一切皆用最誇張的尺度來計算看看好了：

一個生命的需求是有限的。

一個人的體力是有限的，一個人的時間是有限的，一個人的能力是有限的，故而一個人的各種需求、追求、欲求，也只能是有限的。

一個人一天份的營養需求是有限的：成年人一天所需蛋白質約 70g，鈣 800mg，磷 800mg，鐵 15mg，碘 150μg，各類微元素維生素不等。

基於人的體力有限、時間有限，一個人一天的求知量、工作量也只能是有限的。

一個全天份工作或學習的人，一天約花費 8 小時在休息上，3 小時在飲食上，8 小時在讀書／工作上，餘下的 5 小時在社交、休閒等個人活動上，其餘各種追求或可能的活動不計。這些是以正常的平均情況來講。

但：即便把一切都極其誇大到荒唐的地步，任何生命的一生所能追求到的一切，也就是說，他的需求，依然是有限的。

設想一個人無需睡眠、食量無盡、大腦或身體皆不會疲憊、不會生病，打從出生開始便處於生命的極致狀態、一切身體機能成熟、全能，活滿 100 歲，一年 12 個月，每月 31 天，一天 24 小時，一小時 60 分鐘，一分鐘 60 秒，同時眼耳鼻舌身意皆各自以 100% 的效率運作著而絲毫不拖累其它身體部位作息的方式持續運作著，做得到一邊看著電影，一邊聽著音樂，一邊吃著美食，一邊打掃家裡或逛街或旅遊，一邊思考論文，以類似方式輪替著追求一生當中一切所想要吸收的各種經驗，分分秒秒皆無浪費，那麼可以得出他總共有 100 年 =1200 月 =37200 日 =892800 時 =53568000 分 =3214080000 秒可供使用。

假設世界上每部電影皆約 1 時 30 分的長度：892800h/1.5h=595200 部電影；

假設他每分鐘皆能吃完 1 道食物，每道 1 公斤：53568000min*1kg/min=53568000kg 食物；

假設每首樂曲平均 5 分鐘長度：53568000min/5min=10713600 首樂曲；

假設他行走速度為時度 20 公里：892800h*20km/h=17856000km 的旅程；

假設他每小時生產一篇 10000 字作文、每 100 篇文為 1 本書：892800h=892800 篇文，892800 篇文 *1 本書 /100 篇文 =8928 本書

那每個人一生總共能看盡 595200 部電影，吃盡 53568000 公斤的美食，聽盡 10713600 首樂曲，行盡 17856000km 的旅程，生產 8928 本著作。假定當前世界已有 80 億人口，由於電影、音樂、旅途皆非消耗品，故可重疊，著作則不計，

唯有食物需生產 53568000kg*8000000000=4285440000000000000kg 的食物，由於每道菜皆能配合上點餐服務，故也意味著

428544000000000000 次的點餐服務，
從而由於每道菜皆 1 分鐘吃完，428544000000000000min*1h/60min=7142400000000000h 的工作需求量，
80 億人口，相當於給每個人一生創造出了 7142400000000000h/8000000000=892800h 的工作機會。
一言以蔽之：一切需求都是有限的，即便是在這種荒唐誇大化的條件下，這個事實依然不變。
一個生命的需求是有限的，而一個世界是由有限數量的生命所構成，故而一個世界的各種需求亦是有其上限的。
而，此上限一旦能被滿足，便無須計較是透過什麼方式、分配給多少人、是由哪些人花費了多少時間來生產的……等等細節。

回來正常尺度下：假定世界上只存在生產食物的需要，假定一個人一天食量為 3kg，80 億人口，世界一年 365 天所需食物量為 3kg*8000000000*365=8760000000000kg 來說的話，並假定每個人工作 1 小時能生產 10kg 食物，則 8760000000000kg*1h/10kg=876000000000h 的工作需求。
根據前述的「此上限一旦能被滿足，便無須計較是透過什麼方式、分配給多少人、是由哪些人花費了多少時間來生產的……等等細節」的原則，則意味著此 876000000000 的工作時數，
不論是把其分配給 2 億人口 876000000000h/200000000=4380h 每個人的每年工作時數，如果算一週只有 5 個工作天，相當於一年約有 260 個工作日，4380h/260= 約 16.85h 每天工作時數，
抑或是把其分配給 80 億人口 876000000000h/8000000000=109.5h 每個人的每年工作時數，相當於 109.5h/260=0.42h= 約 25 分鐘的每天工作量，

由於全體總需求已得到滿足，故而不論是以前者的方式或以後者的方式來指派每個個體工作的分配方式，總體結果其實都無差別、都無需計較，因為無論如何都已生產出了足夠分配給全世界的人吃飽的食物量了。只是，由於唯有有在工作的人被分到吃的才合理，於是會：
若套用前者的方式，將會只一部份人有工作，並且累得要死要活，而另外 78 億人口則無工作無收入沒得吃沒得過日子，
而套用後者的方式，則大家都能輕鬆，並且大家都有工作有收入有得吃有得過日子。
兩者的情況透過所滿足的工作時數而產出的食物量都一樣，亦即並不缺乏所要拿來分配的「物資」本身，但只由於工作量分配均或不均，從而有了〝有工作〞或〝無工作〞之差，亦即〝有否把這些物資合理地分配出去〞的「理由」問題，便造成了第一個情況中大多數人沒理由獲得食物且空閒、少數人有理由獲得食物但又累得半死，而第二個情況中則大家平均分攤這些工作量，大家都有工作，從而也都能獲取這些物資了。

這就是「**結果向收束**」：向著應達之結果來收束事物的運作方式，乃「**工時／工位轉換**」所根據的事實基礎。

之所以能實現這種轉換，關鍵在於體認到了具體的「目標」之存在，從而看到「框架」在哪了；由於所欲滿足的上限已經找到了，便也能把工作量平均分攤下去給每個社會成員了。

曾聽過這麼個說法：正確地界定出「問題」本身很重要，比之後找出解答的工作還重要。因為唯有如此，你所找出的解答才是所真正需要的。

在此處所界定出了的正確問題就是：「對於一個社會所該達成的『生產』來說，原理上存在真正意義上的『目標』嗎？」

筆者透過論證來告訴了你：還真的有！

透過前面例子的解說，便應該能夠體認到「這個世界的需求本來就是有上限的」這件事實。如果你沒有辦法理解這點，你就絕不可能真正瞭解「分配經濟」是要怎麼個運作法，而只會一直走回靠消費來拖動並永遠看不到盡頭的「消費經濟」。

目標一直都在，只是從沒去把它界定出來，導致了許多經濟活動皆只是為了漫無目的地繼續追求〝有活動〞本身。

「消費經濟」追求「成長」，但在「分配經濟」中則是「不求成長」而只問「達成了目標與否」的。

現下有所謂的「循環經濟」，但其實它也是另一種消費經濟，只不過把〝再生性〞考量進了經濟裡，不過它還是追求社會上要有經濟活動、要有流動性，從而也追求要有拖動經濟的種種誘因之存在。

但在此告訴你：分配經濟甚至不追求社會有「經濟活動」這件事本身。你一定要扭轉你的思維，用一種近乎〝懶人思維〞的視角來看待這件事，才有辦法理解它。

一個「不知止」而看不到自己所應該努力的目標上限的經濟，只能是個持續擴大自己的目標並終致累死自己、也拖垮生態環境的經濟體制。社會必須要認清自己的確切需要，如此，便能只追求這個目標的滿足就夠了。

現下的經濟思維似乎都追求要讓社會「有經濟活動」才行——一切的活動是為了滿足目標，而確實目標也終將會被滿足，但這種經濟思維並無法就此罷手，而是會持續擴張目標，好讓人們有繼續活動的動機：它追求的是「有經濟活動」本身，而非「目標的滿足」。

但：即便有心只追求目標，由於這種思維一直以來對此〝目標〞的定義皆是「為了拖動經濟活動」的〝附屬品〞，所以也只是一種假定的、暫時的、權宜的做法而已；只因為不知道真的目標到底該如何設定，故人們既不知道怎麼停下來、也無法停下來。在這種思維中所見到的經濟世界，可以形容為是一幅〝放眼望去，既沒有目標、也看不到終點〞的「茫茫然」世界。

相對之下，當確切的體認到了「世界的需求本來就是有上限的」這件事實後，則能把你從這種茫然的狀態拉回地面，讓你重新腳踏實地，知道自己所確切該做的到底是什麼。

體認到了「需求是有上限的」這件事，使得你的經濟觀中有了顯見的「框架」可言，而對每個人而言，這個框架是讓你能夠「一旦滿足了，就可以不用再繼續漫無目的地活動了」的。

至此似乎好像還是太順利了：真要這樣子的話，為什麼沒多少人發現、或者去做呢？

進行「工時／工位轉換」的必要條件就是：

1．設定好生產目標

2．公有化的產業（工時）及工作機會（工位）

※此處的「公有化」之「公」，若能是指宏觀一點的「國家」級別，那當然是最好；可就算僅是規模小了一點、微觀一點的「合作社」，由於並非「由某一個人或某一小群人來握有實權、其他人僅是員工」的情況，而是在「所有權」上是由一切社員所「平權」共有著的，故

也是小規模一點的「公」。不過，既然是要把它以一種「社會經濟」的規模來實現，那麼就必須得由政府來主導才行。

若一開始所解釋的是第1點，那麼第2點……是為什麼呢？

請先看一下這個圖表。（※圖表：工時／工位轉換。見下頁）

面對56小時的產能需求，「每8個人中，8個人皆各有7小時的工作」跟「每8個人中，7個人有8小時的工作，1個人沒工作」的總體結果產能、產值皆是一樣的。同理：

面對48小時的產能需求，「每8個人中，8個人皆各有6小時的工作」跟「每8個人中，6個人有8小時的工作，2個人沒工作」的總體結果產能、產值皆是一樣的；

面對32小時的產能需求，「每8個人中，8個人皆只需4小時的工作」跟「每8個人中，4個人有8小時的工作，4個人沒工作」的總體結果產能、產值皆是一樣的；

面對16小時的產能需求，「每8個人中，8個人皆只需2小時的工作」跟「每8個人中，2個人有8小時的工作，6個人沒工作」的總體結果產能、產值皆是一樣的……類推。

若這些人代表了一整個社會的普遍情況，則意味著每個人皆是為了整個社會並且同時也是為了自己而進行著整體所需要的各種物資的生產作業的，從而也該能被公平地分配到自己所參與生產的部份物資。

當然，如例子所顯示：在這些例子中各有分前後兩種情形，是只有在前者的情況下則「該能被公平地分配到自己所參與生產的部份物資」才是成立的，因為他是這個產業的主人的一份子，因為，若是在私有化的情況下，將會由於有了「自／他」之別，而選擇把自方的利益最大化，而由於淨利是固定的，所以「把自方的利益最大化」便是「把他方的利益最小化」的「此長彼消」的「零和」過程，在現象面上便也將呈現為「裁員」而非「減少工時」。故知：事情將往前者或後者的情況去發展，乃在「公有」與「私有」之差。

對了：在前述情況中，若沒有明確的產值「目標」的設定，則不論是公有或私有，都將不可能減少工作量，而只能一直往「每8個人中，8個人皆各有8小時的工作」的結果去靠攏——因為前方乃「面對X小時的產能需求」，亦即〝不知所追求的上限在哪〞，而導致如此的。

找出目標，根據所要追求的「結果」來讓整個產業的行進方針朝這個方向去「收束」，這就是「結果向收束」式社會經濟模式的名字由來之一。

至此，若這種轉換能夠被實踐，則就達成了現下的
「工位過少」（連帶造成失業〉無收入〉貧困……等等問題）以及
「工時過長」（連帶造成過勞〉無時間教育子女〉治安下降……等等問題）
這兩種根本社會問題間的「湮滅式解方」：兩種本質上互為解方的問題，由於找到了正確的方式來調和它們，便能使它們如同物理上的〝正物質與反物質對撞〞而「湮滅」掉。

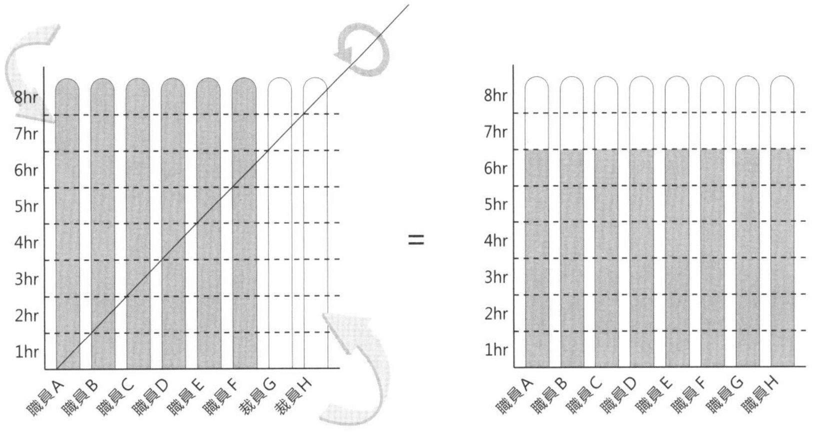

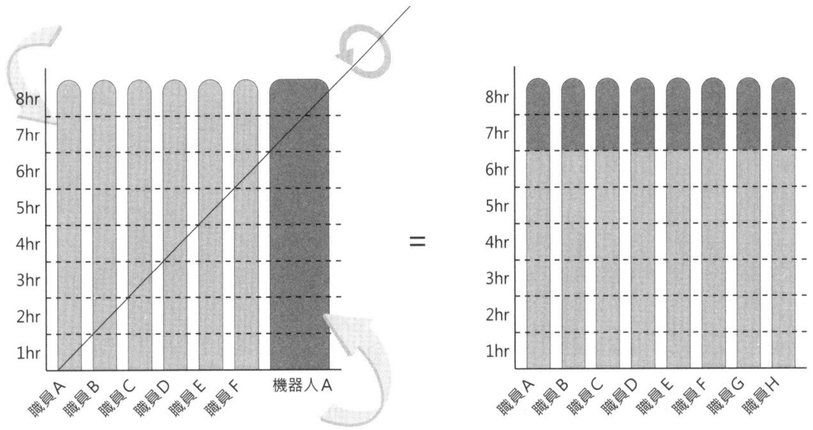

那麼，是不是該由國家來強制全面執行這一切，如同一直以來的諸多共產或社會主義政權所做的那樣呢？因為這個社會經濟模式很貼近一堆左派的構想了，不是嗎？

在此，筆者想要從本系列書的內容出發，來談一談一些在本質上其實是「心態」甚至是「心靈境界」的問題：為什麼一直以來的「社會主義」、「共產主義」無法建立起「烏托邦」（其實也就是本系列書中所指的第⑤靈階世界），甚至還漸趨式微呢？

※ 目前世界上共產主義國家：中華人民共和國、越南社會主義共和國、寮人民民主共和國、古巴共和國，總數4；目前世界上社會主義國家：孟加拉人民共和國、幾內亞比索共和國、蓋亞那合作共和國、印度共和國、朝鮮民主主義人民共和國、尼泊爾聯邦民主共和國、葡萄牙共和國、聖多美和普林西比民主共和國、斯里蘭卡民主社會主義共和國、坦尚尼亞聯合共和國，總數10；兩者加總為14個國家，而目前全世界有195個國家、249個主要政治實體。姑且還不論一些所謂的共產主義國家或社會主義國家，都只剩掛個名，而實質上是「國家資本主義」。或曰：並非由〝無產階級的多數者階級〞專政，而是由〝一個宣稱代表無產階級利益的政黨〞專政；先前無產者但已變有產者的〝獨裁專政政體〞，用〝一小撮人的專政〞取代了無產階級專政，〝一個黨或一個集團〞的專政，〝黨〞的獨裁、〝領袖〞的獨裁。見維基百科【無產階級專政】條目。

※ 其實這些變質現象在根本上是一個「名實」之辯的問題。亦即：有些人只是「掛個名，但其內心根本就不是這麼一回事；冒個名、把這個頭銜當作踏板、打著一個口頭來假公濟私、打著〝為公〞之名來行〝為私〞之實」的問題，不過世界上很多受眾就是吃這一套，甚至對別人這麼做的這些人本身也以為自己真地就是這麼一回事了。

※ 當然，還有另一件重要原因、事實，筆者將會在下一章攤牌。

因為在第④靈階的思維下，〈個體〉與〈整體〉是對立的。一旦為了個體，就要犧牲整體（資本主義）；一旦為了整體，就要犧牲個體（共產主義）。當中：人〃被〃分成了比較〃公〃心者（無產者＝大公無私？）以及比較〃私〃心者（有產者＝私心作祟？）。

然而，從第⑤靈階的〈個體與整體〉、〈私心與公心〉之辯中可以看到：「整體」是由其中的一切「個體」所構成——沒了個體，何來整體？另外：「公心」者，謂之「為了全體」，從而，若你「只包含了某些人」而「排除了另外某些人」，又怎麼能說是「公心」、為了「全體」？

由於「無產者」被認同成了「公」、「整體」、「有產者」被認同成了「私」、「個體」，於是，當中的某些人〃才是整體〃，而某些人〃則是個體〃，於是，「為了全體的奮鬥」變成了「某階級與另一階級間的鬥爭」，從而僅是為社會帶來了一波又一波的動盪，而這是由於其見解打從根本上就有問題了。

想一下：大多數人雖不至於「全然地自私」，可也無法「全然地無私」，故總是希望能累積些東西作為自己的生活保底。當知：所謂的「無產階級」只是一種狀態、一個標籤，是會變的。而，你有可能終生都是無產階級嗎？你真打算如此嗎？你打算永遠都不脫貧就對了？隨著你攢了一點錢，你也會想當上老闆，這樣才無需事事親躬、永遠勞動，因為人體也是台機器，隨著年歲是會磨損的，想來也沒有人希望永遠當基層工作人員。且，不論是由你自己憑己力在資本社會中成為了「請他人來為你工作」的「老闆」，抑或在社會主義中被任命為「某方某區的管理者」，總之：你「有權柄」了，也「無需親力親為」了，那麼你其實便是在事實上成為了「有產者」、「有產階級」的一份子了。※

釐清了這一切後，再反過來審視一直以來的「共產主義」一類的思想的問題到底出在哪裡：「為了〃社會〃而奮鬥」其實是個「偽命題」，因為〃社會〃本身其實是不具備「實體」的；真正有實體的，乃是構成著社會的一切「個體」，而社會乃是「此一切個體之總合」，是唯有從這個角度來講的時候，社會才是有實體的。於是，當你在「為了社會而奮鬥」時，其實該是指「為了這個社會所包含的一切個體而奮鬥」之意；你的種種「為了社會的需要而著想」該是指「為了社會中各式各樣的個體的需要而著想」，如此，你的奮鬥、你的著想，才會是實在的。

「社會」既然包含當中的一切個體，那麼怎麼可能只有無產階級、某群人〃才是〃社會，而有產階級、某另一群人就〃不是〃社會了呢？你既然排除了某些人在外，又怎麼能說是為了〃完整意義上〃的「社會」而著想呢？一個真正大心／心量大、不犯偏頗認同的統治者，對社會上各階級的存在，皆是「手心手背都是肉」，哪可能會偏愛一個、不愛另一個呢？並不是「強」者都是「惡」者，並不是「富」人都是「壞」人。仇富心理是非常不可取的，它只不過是把「富人對窮人的不體諒」對調成了「窮人對富人的不理解」，而一概認定只要是富人都是靠不法手段爬到其現有階段的。然而，並非只要是富人都是賺著〃靠算計他人而得來的髒錢〃，有不少人都是靠份外的努力來達成其成果的。是難道所謂的〃窮人〃們希望永遠都停留在窮困的狀態、不想脫貧、成為〃富人〃，只因為若這樣子做了，就會變成了〃惡人〃嗎？所以重點不在〈窮〉或〈富〉，而在於有否「取之以道」。若一個政府是真心願多為窮人著想，這是好事，可同時卻也不該導致仇富，因為若是這樣，則依然是在兩種仇視傾向中反覆循環。

由於走極端、自我矛盾了，而不合乎人之常情（人們多少會想累積點什麼東西給自己、脫貧，但這又將使自己成為了〝富人〞，亦即自己心目中的〝惡人〞），故終究沒法被一切人所真心接受、興致缺缺，而推行到後期時困難重重，因為此時當中的一切個體根本沒辦法跟這種理想產生認同感，而僅是覺得被「上禮為之，而莫之應，則攘臂而扔之」了：被某些情緒很高昂的人拿著一個聽起來很高尚的理由來逼著做事。但事實是，這些受眾根本就無法對這個理想產生認同感（這些人被喊著：要為了〝大家〞而來奮鬥。但受眾們心中其實是想著：這個〝大家〞到底是什麼啊？？）。

故，筆者要說：一直以來的社會、共產等等主義無法建立起烏托邦，甚至還漸趨式微的根本潛在原因是——「不具備應有的心靈境界高度」。

※正確來說，「剝削」並非是存在於〈有產〉與〈無產〉階級之間，而是於更加抽象的〈有權〉與〈無權〉者之間。

一切只要相對「有權有勢」者，便是「管理方、統治者」，便是「權威」、「有資、有產（有本錢）」者。

一切只要相對「無權無勢」者，便是「被管理方、被統治者」，便是「老百姓」、「無資、無產（無本錢）」者。

如此：欺壓的發生條件，重點不在「有資產」而在「有權力」，「資產差」只是產生「權力差」的媒介，而有權力者，「權威」也。只要有「權勢差／地位差」（條件差），便都允許了「欺壓」、「剝削」等情事的發生。要不然，怎麼會有《貨幣戰爭》中所提到的〝小銀行家們不敢對控制著華爾街的金融大佬們給建議〞之事呢？他們難道不同樣是〝資本主義者〞嗎？而現下中國內地又為什麼會有官二代、富二代等人對平民們的欺壓、貪腐等事呢？照理來講，互相稱呼為「同志」的共產黨下的中國內地，難道不都同屬於〝無產階級〞嗎？怎地照樣還是發生了欺壓與剝削呢？種種僅是口號上的〝平等〞、〝無階級〞是不能當一回事的。

只要有集合、管理資源的需要，便會產生「負責人」，而既然負責人能管理資源，便有權勢、便是權威，這樣，最基本的「上下級關係」就出來了，所以一個社會是「不可能沒有〈權威〉與〈非權威〉的種種階級」的。在現實中，小到僅是兩個人之間的規模也都有辦法存在〝權威〞了（例：情侶間〝大男人主義〞者）。故：你是如何希望透過〝全然無權威〞的狀態來整治一整個社會？每年都開一場億人會議的直接民主嗎？

由於不可能沒有權威，所以重點在於找到個正確的、可以信賴的對象來成為權威、來交託此任務，而不要所託非人。重點不在「消除〈優勢〉、消除〈條件差〉」，而在消除會把這些優勢、條件差拿去「作惡」的「惡意、壞的存心」，所以能「培養出或找到個能託付人民（貴以身為天下，若可寄天下；愛以身為天下，若可託天下）的人」這件工作，才比產生一個「能從條件上對當權方（一個人或一群人）進行制衡的體制（比如憲政、民主）」還重要。

問：在君主時代，難道就沒有為百姓著想的君王了嗎？那麼【成康之治】、【文景之治】、【漢武盛世】、【貞觀之治】、【仁宣之治】、【康乾盛世】等等又是什麼呢？若找不到好的人選，則就算在〝制衡機制相對好一點、風險分散一點〞的「民主」體制下，最多也就是做到「不惡」（一切「制衡」僅能達到「沒有不該有的」），但跟「美善」還是有所距離（想要「有該有的」，則必須要真的有心之人來做才行，無心則不可能），只因好的治理無法僅消極地靠「條件」來達成，而要有積極地想要為人民謀福祉的「存心」才行。

馬克思是「唯物」的，從而，由於「無信」（全然放棄了對〝人有善的意念〞的可能性的相信），由於「唯物」（不覺得決定〈條件〉的「物」以外另有獨立運作的決定〈存心〉的「心」），他便在這點上跟許多西式思想一樣，都犯了從「條件」上來找問題，而非從「存心」上來找，所以他才以為剝削只限定在「依資產來劃分」的不同「社會階級」間而已。

若你真心希望這個世界上「沒有剝削」，則重點不在「去除優勢」而在「去除惡意」。從這點來講，若說「資本主義」所做的是「允許優勢」的話，那麼馬克思的「共產主義」便是在「去除優勢」了，但兩者其實都是企圖從「條件」來解決事物，故兩者都沒意識到問題的所在。

（詳見本系列書中各個涉及「存心／條件」之辯的篇章）

在概讀了馬克思的思想、見地後，筆者的感想是：階級之間的關係不該是鬥爭的關係，世界不該那麼可悲；各階級之間，可以是「調和至融合」的「和合」關係的；而現實中的作法，也可以是漸次收購來達成種種企業的國有化，而非霸道地充公等等。馬克思的共產主義對待一切的「唯物」視角，以及其激進、鬥爭的傾向，本身其實就也是一種西方文明愛好「以『對立』的方式來看待一切」的意識形態的產物，故無法有著如同東方文明中一切皆儘量求以越趨平緩的方式來過渡、來達成。在五行中，西方文明勢屬「金」（銳）而易「走極端」從而「偏激」、「偏頗」的，不論是在思想抑或行為上。在這一切上，東方文明是該讓他們見識到：人與人之間的關係可以是不那麼〝恐怖〞的。

在探討過了心態方面的問題後，我們再回來看這個問題：「那麼，是不是該由國家來強制全面執行這一個體制呢？」

正解應該是：不是透過強徵，而是讓國家成立「超合作社」，然後以同於資本社會下的一切企業一樣，以公平的手段、合理的價格來於市場上收購社會的種種私有資產：收為「子公司」。其負責人、管理者們，則仍由原來在崗位上的人來擔當，只要沒人品、能力問題，就不用換。

「治大國若烹小鮮」，又不是在推翻腐敗的暴政，對社會的改革勿急於求成，當以社會能適應的範圍來進行，否則民生將很受動盪。改革的目的是「造福社會」，不是為改而改，更不是給理想家進行社會實驗。

在此，筆者想要釐清一件事：「社會／經濟」模式不為什麼必然要跟「國家／政權」體制掛勾。應該說：它們本來就是全然不同領域的兩回事。

—國家政體制度：可以依多集權到多開明，有君主專制、君主立憲、民主共和、獨裁共和……等等。可以說：根據傾向於把權力集中在一個人或一小群人身上（君主、貴族、菁英、某一政「黨」），或是傾向於把權力分配給多數人或全部人身上（全體平民、或至少某一佔大多數的社會「階級」）（故知「共產黨」跟「無產階級」可以其實是完全兩回事），而可以說是〈政見上右傾（集權）〉或〈政見上左傾（開明）〉。

—社會經濟模式：可以分市場經濟或計劃經濟。前者通常是資本主義的代名詞（社會經濟模式上的右傾），而後者則是社會、共產主義的（社會經濟模式上的左傾）。

所謂的「右傾、傾向右派／右翼」，是指保守、維護階級與現有統治與既得利益（政見上），認為社會分層與不平等現象是正常、自然且不可避免的（社會與經濟上），捍衛民族主義、傳統家庭價值觀和宗教地位（三觀上）等的傾向；所謂的「左傾、傾向左派／左翼」，是指激進、革命與多數人參與（政見上），認為社會財富不均分與地位不平等現象是不正常而可避免的（社會與經濟上），接受國際主義、多元價值與政教分離（三觀上）等的傾向。

這兩個不同領域上的左右傾向未必要完全相同：一個國家或政體可以是——

資本而君憲（社會經濟右傾，政體右傾。例：英國）或

社會而民主（社會經濟左傾，政體左傾。例：芬蘭，採【北歐模式】），

但也可以是

資本而民主（社會經濟右傾，政體左傾，例：中華民國）或

社會而獨裁（社會經濟左傾，政體右傾，例：中國大陸）的。※由於雖〝社會〞但〝獨裁〞，亦即，雖聲稱是走社會／共產主義路線，但由於少數人決定了一切、人民無法被代表，於是便自然而然地變成了「國家資本主義」了，而這是由於「社會與經濟傾向」之於「政體傾向」來說，前者是相對〝被決定方〞、後者是相對〝決定方〞的原因，於是，政體上的〈右傾〉壓過了社會經濟上的〈左傾〉。相較之下，中華民國雖說是社會經濟模式上右傾，但由於政體上採左傾的民主制度，反而還比自命走社會主義路線的中國大陸還要〝社會〞、還要為人民著想。中國大陸乃「有名無實」，中華民國乃「無名有實」，此兩者在為「人民著想」上之差，乃「名實」之辯、之別也。不論聲稱是採取什麼路線，「事實上」的「為人民著想」才該是永遠的重點，否則，即便自詡是什麼社會主義或共產主義的追隨者，也都沒有意義了。

你可以說一個國家的執政黨對於社會經濟模式的採用有靠向市場經濟或計劃經濟的傾向，卻不能說一個國家的政體本身是〝社會〞或〝資本〞、用這些術語來形容它，因為壓根兒是不同領域的事物。

※再來，可說是總合了交往態度、家庭觀念、宗教信仰、傳統習俗的「三觀（宇宙觀、人生觀、價值觀）」上，其實也有右傾或左傾之分：傳統、保守者，則列為右傾；開放、前衛者，則列為左傾。同樣地，此價值觀之左右傾向也未必須要跟國家政體上與社會經濟模式上之左右傾向重合。若硬要分別，單就政見、社會經濟、價值觀上的左右傾向，則就能組合出了如同八卦似的8種組合了。其中，根據「於實際執行時在力度上」（外在）的相對〈決定方〉與〈被決定方〉，依序是［政體］＞［社會經濟］＞［價值觀］；若是根據「對人們的思維模式與人格的塑造的影響深度」（內在），則順序相反。不過這已不是此章所要討論的內容了，故不再多談了。。

※其實在「作法」上，世界上本不存在任何一個特別完美的主義，所以不要自我設限、作繭自縛、把自己釘死。真要遇上了若循本來的作法則無解時，誰能活用、善用各種主義來解決問題，「窮則變，變則通」則「（完）美在其中矣」。問題的解方可以是更加「動態」的。

在此介紹一下：什麼是「合作社」？乃是：

「當中的每一個員工都是老闆、每一個老闆都是員工，其運作雖然有結構與不同崗位的存在，但卻是在人人平等中以民主的方式來達成」的一種企業結構。

維基百科【合作社】條目：合作社是指根據合作原則建立的以優化社

員（單位或個人）經濟利益為目的的非營利企業形式。根據國際合作社聯盟對合作社的定義是「人們為了滿足自身在經濟、社會和文化等方面的共同需求而自願組成的通過財產共有和民主管理的企業而實現自治的協會」，並確定一些特徵的合作七大原則：

1．自願與公開的社員制
2．社員的民主管理
3．社員的經濟參與
4．自治與自立
5．教育、訓練與宣導
6．社間合作
7．關懷社區社會

在台灣這岸的情況，《**中華民國憲法**》第 145 條有言「**國家對於私人財富及私營事業，認為有妨害國計民生之平衡發展者，應以法律限制之。合作事業應受國家之獎勵與扶助。國民生產事業及對外貿易，應受國家之獎勵、指導及保護。**」這條是本於「以建民國，以進大同」的三民主義裡的民生及民權主義（對應〝社會運作〞與其〝自治〞的方面）的理念所提出的。

在中國內地也有一些嘗試，並為其訂下了一些原則：

1．成員以農民為主體
2．以服務成員為宗旨，謀求全體成員的共同利益
3．入社自願、退社自由
4．成員地位平等，實行民主管理
5．盈餘主要按照成員與農民專業合作社的交易量比例返還

需要更多詳情的讀者們可以去 MBA 智庫【合作社】條目科普，也可以看一下【台灣地球日】的這篇文章 http://www.earthday.org.tw/column/65/5940【不只賣冰棒「合作社」其實很強大】，它裡面有不少介紹；或者直接去參看一下身邊存在的一些【福利社】他們的運作模式。

「**合作社**」跟其它種形式的企業相比之下有一些很重要的特點：

1．「**員工就是老闆**」，於是不會淪為像其它種企業一樣有分勞方與資方的境地。
2．「**不論股金多少，股權一律平等（利潤按交易額分配）**」，這就使其不會有了誰因〈財大〉從而能〈勢大權大〉的現象。一人皆一票且每票的份量都一樣，專屬某人或某些少數人的「一票否決權」是不存在的。

基於這些特點，若問世界上有哪種企業的「壟斷」是「好事」的話，那大概只有來自合作社的了吧？根據 MBA 智庫【合作社】條目中所述：〝在日本，農業協同組合是合作社性質的組織，通過覆蓋全國的組織系統，已形成了一個龐大的壟斷組織體系，壟斷了整個農村市場，有效地阻止了商業資本對農民的盤剝，在保護農民利益方面發揮了舉足輕重的作用。〞就這點來講，若這種體系能夠對社會進行更大量地覆蓋、〝壟斷〞，反而是件好事。只不過至今所見到的「合作社」似乎都太溫馴了，而難以想像有能夠達成的那麼一天。

怎樣才該是「烏托邦」該有的景象？

全球當要能融合成一個巨型合作社一樣，當中不會有〝財富的流動〞，而僅有〝資源的合理分配〞。試想：若你是一家有著多種業務的巨大公司的老闆，比如，一間有著繁多自家品牌產品、從而內部有著多種管理部門的超商，當物流部門幫生產部門運送東西時，你會替物流部門向生產部門收錢嗎？當生產部門提供物流部門的員工的三餐時，你

會替生產部門向物流部門收錢嗎？不會，對吧？因為手心手背都是自己的肉，不是嗎？而既然是合作社，則每個員工都是有著自家公司股份的合作社老闆，如此，每個人的勞動，都將是為了滿足包括了自己在內的整體。當這種模式擴大到全世界而無所不包，再也沒有〝以外〞的競爭對象存在時，全世界的人人都將是互相為著別人而存在、而貢獻著自己作為世界的一份子的力量。此時，除了「員工都是老闆、老闆都是員工」外，還達成了「生產者都是消費者、消費者都是生產者」、「服務者都是被服務者、被服務者都是服務者」，而一切崗位上的人選，都將是因適才適能而才在那裡的，需要時可以輪替。此便是在社會與經濟上達成了《易經・乾卦》所言的「見群龍無首，吉。」這就是大同世界將有的、所需要的社會與經濟運作模式。

可是：現實中的合作社們似乎沒那麼強大啊？連類似的影子都沒看到。人們身邊似乎也沒聽說過有哪個合作社有了足夠的規模而能夠跟 **Carrefour** 家樂福、**Walmart** 沃爾瑪、**Costco** 好市多等等跨國量販店對著幹的。

一種制度就算再好，若無法系統性地普及，則也沒有意義。所以，這裡就需要打破一些一直以來對「合作社」這種運營模式的成見以及偏限才行了：它的一切潛能應該要被完整開發出來，它應該要有一些「突破」、一些「超越」。

就筆者所看到的：在前面所提到的一些來自既有觀念下對「合作社」的官方定義中，似乎還只是把合作社定義成一種〝一小群人用來在各種自身有需求的方面上進行自力救濟式的互助〞、只追求〝優化社員經濟利益〞的〝非營利〞而只求〝可持續發展〞的企業形式——就筆者來看，這實在是太低估這種企業形式的威力了。

「合作社」是一種「企業」的形式，亦即：它在資本主義環境下、所謂「市場」中，僅是眾多種形式的成員中不起眼的一員而已；然而它的內部，卻其實可以被理解成一種「小型的社會主義環境」，乃是另外自成了一「小社會」。如此，若它能夠擴張的話，則便意味了一種「在〈資本主義環境〉下，在人們的自願參與中，和平地擴張〈社會主義環境〉」。

可是，它要如何擴張呢？它可以是一個「對內不營利」但「對外營利」的企業——

「**對外營利**」：因為它所生產的一切也應該上市、也應該都要能夠上市、有那個水平能夠放在市場上同一切其它種形式的企業所生產的產品競爭，不管在品質上還是定價上。

「**對內不營利**」：因為它能夠透過事前先計算出了的、合理的「福利套餐」（「全面」而「充份」的福利：包括了種種物資、服務、優惠、機會等……本章的下文將繼續講解）的形式，來直接對社員支付酬勞（亦即對合作社來說，這一切對社員所進行的支付只耗費了「成本價」）；若社員希望有什麼能轉換為現金給他在社外環境中使用，則一部份（本章的下文也會解釋到）也可被換算為金錢給他，但要扣手續費。之所以這麼做，是為了要累積對外發展的資金。

「對外賺取著利潤，對內卻依事前所擬定好了的共識而只花費了成本價來對社員們計酬」，這就勢必會帶來〈高速且大量紅利〉的累積。這些紅利要用來做什麼呢？對外進行「收購」、採取「企業擴張」用的。

「社員只領定額酬勞；雖然其餘利潤也有自己的份／雖然身為其餘利潤的共同主人，但皆共同儲存在合作社的公庫裡作為企業擴張的資金」這點，應該算是跟傳統意義上的合作社非常不同的一個地方（除非是退社：屆時將計算好屬於此社員應得的部份，不可超過其實際貢獻。否則社員平時領酬勞時僅是領事先共識好了的定額福利；不把自己份的錢全數領走，而是屯在公庫裡，這樣難道不會有公款被有心人士挪去私有嗎？透過如實公開的透明化報表來完成對此公款的監督。公款應只被用來進行全社規模的大事）；「對外進行收購，採取企業擴張」的這種〈主動〉姿態，應該也是另外一個非常不同的特點；「對外收購來一個個子公司」意味著在此合作社母公司的框架之下，要能容許其它種形式的企業之存在，並且在這種情況下，則身為收購者的合作社員們皆共同是〃老闆〃，而被收購的新公司下之一切員工們，在也加入合作社體系而成為共同的老闆前，則是〃員工〃：「容許『不是老闆的員工』的存在」這點，跟傳統意義上的合作社又有一點不一樣，因為傳統的合作社中只可能存在「同時也是老闆」的員工們，但為了要發展出這種新企業體系，就必須要能容許這種事的存在（雖然筆者知道肯成立合作社的人們都是希望見著大家都是〃平等〃的）。基於以上這幾個跟傳統的「合作社」非常不一樣的特點，所以筆者才想說：可能這種體系會需要另外命名、視作另一種企業形式會比較好嗎？「超合作社」或「合作超社」什麼的……？不論如何，這些概念有傳達到就好。

筆者所說的「不是透過強徵，而是讓國家成立合作社，然後以同於資本社會下的企業一樣，以公平的手段、合理的價格來於市場上收購社會的種種私有資產」便是一種「全民集資來買下一個個私有企業」的概念，可形容為一種「對內社會主義，對外資本主義」的概念：它無須對任何社會進行任何血腥革命，而就只是把「社會主義」在「資本主義環境」中以「企業」的形式進行「包裝」，然後同市場中的其它一切企業，以對等的姿態進行公平的競爭、以商業的手段進行和平的擴張。

回頭看看本章先前所提到的，要成功進行「工時／工位轉換」的兩個必要條件：

1．設定好生產目標

2．公有化的產業（工時）及工作機會（工位）

其中第1點已經透過「結果向收束」分配經濟理論的「上限確認（目標設定）」來達成了。

那麼第2點的「公有化」呢？便是透過「超合作社」企業模式來在社會上進行全面擴張了。

至此，社會已能夠進行「工時／工位轉換」來讓大家都有工作以及減少工時、步入「烏托邦化」的進程了。

筆者所提出的這種「超合作社」企業（由民間發動時）／社會經濟模式（由政府主導時）的優點是：由於它是以「企業」的形式來發端的，故可以「比例性地增加」於每一種社會經濟中的佔比；它可以與任何經濟模式「並行」且「無縫過渡」。你不用跟任何體制對著幹：不論你是君主、黨主還是民主政治，不論你是資本、社會還是共產主義，通通都可以實施。它無關階級問題：不論是誰，只要有心都可以參與，且加入後一律平權。它是一種做法、一種企業模式、一種政策，你只需要採納與實行就行了，而無需任何流血革命、推翻誰等等。透過這個方式，任何國家都將能大量產生工作機會的同時也降低工作時間。要實現這一切，要的只是一個肯真心為人民謀福的政府來負責指揮而已。如果真地遇上了一個這麼惡質、惡意不願讓人民幸福的統治者，則即便你是一個民間合作社，也是有辦法用同樣的方式來進行擴張以及壟罩越來越多社員、來使大家受益，最後同樣也能延伸至全社會，只不過在這種情況的話，擴張的速度會慢很多罷了。當然，筆者也很懷疑：這麼個一個〃見不得人民好〃的政權，真要到了前述的這種地步時，豈不是該要擔心由於不順應民意而被〃由下往上〃取代掉嗎？

好。接下來，再繼續講這種社會經濟模式還能夠做到哪些事。

曾聽有句話說：「科技很強大：如果你讓它成為你的幫手，那麼你會有個很強大的幫手；如果你要它成為你的對手，那麼你會有個很強大的對手。」

自從工業革命開始以來，隨著科技的進步，每每僅須靠越少的人手便能達成產能的要求，僅在第一次工業革命（以蒸汽機的發明為標誌）時期的當下便暴發了大量的失業潮以及抗議（比如【盧德運動】；而在資產階級與工人階級的對立中，便催生出了諸如馬克思一類的思想），而之後隨著第二次工業革命（以電燈的發明為標誌）、第三次工業革命（數位革命，以電腦的發明為標誌）的發生……每次的科技進步都如海平面上升般地把人們往越來越少的、僅存的工作種類土地上趕（如這篇文章中 https://opinion.cw.com.tw/blog/profile/390/article/6793【人工智慧大舉來襲，人類終究免不了失業的結局嗎？】的「人類能力地貌圖」）。科技水平的提升給人類帶來了便利的同時，也越來越在原來由人類才能勝任的領域上取代了人工，這是一體兩面而無可避免的。所以至此，筆者要向一些仍樂觀主義者說：不要一直責怪為什麼人們抱怨、擔憂找不到工作、說這些人是因為〃沒有競爭力的一群〃才抱怨的。難道你還沒發現嗎？你即便再有競爭力，也只不過是在日漸萎縮的工作機會中力求自己不要是〃先被剔除的那一個〃的苟延殘喘罷了；而你之所以仍能夠樂觀並說著這類的話，也只是賭在了你可能是〃不會先被剔除的那一個〃中的一員的可能性上，才敢這麼說的。事實是：「工作機會」只可能越來越少，而這是由於科技力的提升而導致的「工作需要」越來越少；若再算進「世界人口增加」這點的話，則工作機會消失的速度還會相形更快。此時，如果你找不到把這一切危機變為轉機的途徑，那麼你「把一切認為只是〈追求競爭力〉的問題」而得出的解決辦法，便只是不斷把人類推進死胡同裡罷了。

試想：若人類繼續延續一直以來「在僅有的工作崗位上搶破頭」的社會經濟模式、並且也真地照著近代以來的歷史進程「被科技搶去工作」的話，會發生什麼事呢？人類會大規模失業，而淪落為不得不靠補助來生活；可是由於補助是來源於國家，而國家的錢是來源於向人民的稅收，若人民本身都需要靠國家的補助來過活了，國家又何來稅可以收？在此情況之下，國家機器將會瓦解，而夥同人民一起去向身為大地主（生產業資產擁有者）、大廠主（加工業資產擁有者）等等一直以來身為一切金錢的最終歸向的大資本家們低頭求取援助，因為有求於人而就此淪為奴隸、牲畜一般的存在；由於此時若不從、若反抗的話，就會連一口飯吃都沒有，從而被予取予求、任殺任剮，大抵離不開諸多反烏托邦作品中所描繪的那種「為了取悅這些〃主人〃，男的平時要上演殺戮以製造娛樂，女的則不外乎成為性奴；人類被像物件般管理，處在全方向的監控下，不再有尊嚴可言，而只是被豢養的牲畜」，人類歷史進程就此走向【反烏托邦】的路線。在此大環境下，就算創意類的美術、寫作、編曲等等工作確實是能夠是無法取代的，可是由於僅存的消費者只剩下前述的這些大資本家，從而你的所有創作的價值皆由這些人說了算、你也只能為他們創作來換溫飽，可由於一切食物等等物資皆是屬於這些人的，故你也只能取悅他們以換得食物、續命，你的處境依然還是會變得跟其他一切的奴隸一樣罷了（所以才說物質層面上的「社會之實」，先在生產業、次在加工業、後在服務業；但此時只要被資本家所買下，則就通通是這些人的了。所以才要進行合作社擴張）。真要進展成了這種景況，此時大概除了共產主義式的社會革命，社會也沒有什麼別的方式能夠脫離這種處境了吧？可由於所具裝備實力懸殊，故也只能八九不離十地還是像反烏托邦作品中所演出的那樣長期抗戰了吧？再即便成功了，由於社會依然還是找不出過渡到烏托邦的方式，於是一段時間後又冒出了重新上演同樣的歷史的苗頭，於是一些人開始躁動、想靠著打壓這些徵兆的出現來試圖扼殺新的反烏托邦的出現，於是社會又亂糟糟。

從以上的描述可以看出：人類的歷史進程會朝向【烏托邦】或是【反烏托邦】去發展，是根據朝向大量【公有化】還是大量【私有化】去發展後的必然結果。如此，【資本主義】會被某些人所下意識地反感、自然產生抗拒、感到排斥，不是沒有原因的，因為配合著科技的發展而造成著人類失業現象的普及，資本主義下的人類歷史進程就是直接指向【反烏托邦】的出現的路線去；而與此相對的，基於同一個原因，【社會、共產主義】所描繪的【烏托邦】願景也才會在不同時代一直吸引著不同的人們去追尋（即便就一直以來的社會、共產主義的理論是「不可能」達成烏托邦的：因為太血腥、太暴力、太無理而充滿著衝突了，而暴亂怎麼可能造就大同世界？？）（全然的資本主義乃是一種〝任由弱者們被嚴酷環境所宰殺〞的「優勝劣汰」的無情作風；與此相對的，一直以來的社會、共產主義所描繪的「願景」本身——亦即，如果不去看它所採取的手段的話——並不是不好，但卻該是自願性地、有共識地來達成，而非透過階級鬥爭，使「整頓」淪為了「整人」）

換言之：要避免歷史走向【反烏托邦】去發展、希望歷史的走向能轉入【烏托邦】的路線，那麼關鍵就必然在於找出能使社會的發展從「大量私有化」到「大量公有化」（注意：是「大量」公有化而非「全然」公有化）的和平轉換／過渡兩者的方式。

本章要給的就是這個答案。

根據前述的種種理路的解說，筆者向讀者們展示了「把社會從〈大量私有化〉轉入〈大量公有化〉」的方式是存在的，而且也是可行的，只要人們有心去照著做就行了。

但，注意：此處的「公有化」不是指共產主義的「規模」上的公有化，而是指「權力」上的；相比之下，反而規模上的公有化不怎麼重要也不怎麼急迫。什麼意思呢？本書對於資本主義與共產主義之異與同的分析還不僅止於此：在下一章中，筆者會深度剖析「何以至今為止，共產主義社會皆無一例外地比資本主義社會還要更早步入【反烏托邦】？」的原因。

※就至此的解說來看：「科技發展」相比【烏托邦】及【反烏托邦】來說，只能算是「緣」（因為科技力的提升僅是把兩種走向給白熱化、極端化，它決定「力度」卻不決定「方向」），而【烏托邦】及【反烏托邦】則是「果」，「因」則在〈社會主義傾向〉與〈資本主義傾向〉所採取的「公有化方針」與「私有化方針」上。

好了，回到之前所講的。

「科技很強大：如果你讓它成為你的幫手，那麼你會有個很強大的幫手；如果你要它成為你的對手，那麼你會有個很強大的對手」，如果是如同在前段所述的情況中，科技成為了〝掠奪掉人類工作機會〟的存在的話，那麼科技便是淪為了「對手」了。而，這句話所描述的情況中的前者與後者之差，關鍵在哪？正是在於「公有」還是「私有」。因為若是在這些科技設備乃屬於「私有」的情況下，便會發生如同本章更先前在解釋「工時／工位轉換」時所說的那樣：〝若是在私有化的情況下，將會由於有了「自／他」之別，而選擇把自方的利益最大化，而由於淨利是固定的，所以「把自方的利益最大化」便是「把他方的利益最小化」的「此長彼消」的「零和」過程，在現象面上便也將呈現為「裁員」而非「減少工時」。故知：事情將往前者或後者的情況去發展，乃在「公有」與「私有」之差。〟在這整個過程中：「科技（機器人、人工智慧）」就相當於當「裁員」發生時由於較有效率而會被留下來的那一批員工，而「人類」則相當於由於較沒效率而會被解僱的那一群。

但，若是這些科技設備乃屬於「公有」的話呢？當知：當這些科技設備不屬你時，由於功勞的歸屬將是零和的，那麼它所做去的一切功勞便是你所失去的，於是你便只能等著被解僱。

可若你是這些機器人、人工智慧的主人呢？則事情又另當別論了。試想：由你自己出資買了一台機器人，而它能夠在你的工作上完全取代你，於是你把它放到你的工作崗位上讓它來為你代勞；若此情況中的機器人是由他人所帶來的、或是你的公司所出資添購的，則意味著你的〝被取代〟，可由於是由你自己出錢買來代替你自己、為你自己代勞的，由於工作照樣都有完成、都有做好，於是你的上司、你的同事們也沒辦法說什麼，而就只能乾瞪眼地看著你放長假、卻照樣領薪水。

科技之於人類也要如此。

由「超合作社」式公有企業所購買的對象將不僅止於其它私有企業，而是還包括了大量添購自動化設備；由於是公有的／由你所共有的，於是它們所做的一切功勞都將算在你的頭上，相當於「收購幫手來替自己打工」。科技將被一起用來參與「工時／工位轉換」的進行，加入「幫助人們減少工作的需要」的行列、加速「減少人們的工時」這個過程。

在「工時／工位轉換」下，「自動化」的浪潮不是敵人，而是朋友；越快越全面的自動化，將意味著人們越快擁有越多的自由時間。這不是很美妙嗎？

「時間」，才是人非常寶貴的本錢。

試想：為了達成某個目標，就需要付出或曰投資一定的代價。人一生中有許多代價可以用來進行交換，比如體力、健康、財富、名譽……等等，但唯一一個雖然還不能說〝就相等於〟「生命」本身、但即便這麼形容，也毫不誇張的代價，就是「時間」；並且，時間是不論人進行什麼活動、做什麼事、付出著什麼別的代價的同時，皆一定會需要同時同步地付出著的代價：你爆肝工作付出健康的同時耗著時間、

你玩股票時也花著時間、你上健身房時也用著時間、你做公關時也砸進時間、你陪伴與教育兒女也是需時間……等等。連健康都可能透過適當的休養而在一定程度上找回，但時間卻是一個「絕對不可逆」的代價，根據物以稀為貴的原則，「時間」是人一生中最重要的代價。

有個故事是這麼說的：撒旦想要讓人們遠離真理、遠離 神，並敗壞人間，於是召集了他的幕僚們來討論該如何達成這個目標。有個惡魔於是說了：不如我們用物質享受來誘惑人們？一陣討論後，得出了：物質享受雖然夠經典，但只對那些本來就很重物質享受的族群有效，若是對本來物欲就很淡泊的人群則沒有用。於是惡魔們又再想別的方案。這時，又有個惡魔提出了：不如我們用美色來充斥這個世界吧？一陣討論後，得出了：雖然美色很直接，但一樣沒有辦法吸引到本來就對色欲有抵抗力、有前世根基的人群。最後有個惡魔提出了：不如我們讓人們變得很忙？讓他們盲忙茫到沒有時間去進修真理、來接近上帝，沒有時間跟自己相處來反省、沒有時間聆聽自己的心聲以改進品格，沒有時間陪伴家人、就能讓婚姻制度逐漸冷淡最終破裂，沒有時間教育小孩讓他們發展健全的人格、便能造成更多社會問題？眾惡魔一聽皆覺得此計甚妙，因為沒有了時間便什麼都做不成，而且無視每個人再好的根基，都只能被身不由己地卷入這個結果中。於是撒旦拍案叫定，讓眾惡魔們分頭下去執行，用各式方法在人間的不同層面上影響著，讓人間越趨繁忙。於是：人間便變成了我們現在所看到的樣子。如此看來，要人們能夠在心靈方面深造、重新接近 上帝，替人們找回本應擁有的「時間」，是一個不可或缺的客觀條件。

所以，筆者便是帶著「要幫人們找回本應屬於他們的『時間』以及『志向』」的心來開發這套理論的。

「計劃經濟」適合用來達成穩定的「分配經濟」而非澎湃的「消費經濟」，後者是競爭性質的「市場經濟」才適合追求的。若硬要把「計劃經濟」用來達成「消費經濟」的話，則將由於成員們〃各自〃沒有競爭的誘因（來自市場的壓力：主要是「品質」上），而導致結果良莠參差不齊。

「分配經濟」可說是相對於「消費經濟」的另一種存在。「消費經濟」追求〃經濟成長〃、追求〃經濟活動〃、追求〃能夠拖動經濟活動的誘因〃……等等，但在「分配經濟」中，這一切都是不存在的：分配經濟不求有經濟成長、不求有經濟活動、不求有拖動經濟活動的誘因，而只追求種種「確切需求」的滿足而已，而這些確切需求是根據全體的民生需求來設定的；大家工作，達成了能滿足這期的確切需求的產值目標後，便分配下去，滿足了大家……大家再工作，達成了能滿足下期確切需求的產值目標後，便分配下去，滿足了大家……如此平淡地恆持下去，而談不上什麼澎湃與起伏，卻也不會有什麼〃週期問題〃。一個穩紮穩打的經濟模式，理當是耕耘民生的「質量」，而非經濟成長的「數量」。

現下世界的資源開採與生產能力等等，本來其實是夠全世界豐衣足食的，但由於不知道合理的分配方法，而，也是由於人們認同排異的見解太重而不願分享，加上有某些特別貪心的人喜歡聚斂不義之財，所以才依然有人挨餓受凍、處於貧乏。試著上網找關鍵字【Foodsharing】以及這篇叫作【台灣食物損耗嚴重 每天廚餘可堆60座101】的文章來看看吧：又是產能過剩，又是食物浪費，世界上卻還有人忍飢受凍……這個世界絕對不是缺資源或產能，而是缺合理、有效又愛惜物力的分配方式及意願。

人們應該在平穩的生活中，把時間、把生命花去追求除了〃消費〃以外的別些更有意義的生活目標、甚至人生目標：研讀真理、充實內在、與所愛的人們建立回憶、進行創作……等等。這些才是真的對內在的茁壯、靈命的成長真正有助益的；屬靈的成就才是不會失落、隨肉體消亡的。

筆者在看到了現下的一些社會現象時是這麼想的：好比「NEET（尼特族）」的興起，乃是由於新一代年青人（心靈境界已接近或已經是第⑤靈階甚至第⑥的了，但由於不得其法而跨不進去）「追求心靈成長的需要」高過了「追求生活品質的需要」，於是當在洞見了「若遵循現下的這種生活方式、生涯規劃後所會面臨的『被綁死』的未來」後，感到失望，故不願踏進去，但同時也不知如何是好，故寧可安於一直以來的現狀——他們會希望有一種「少量工作就能得到『過日子所需之最基本需求』的鞏固，且擁有大量活性時間以進修個體成長」的生活方式。說不定，「NEET 現象」也是由於現下年青人們下意識地發現了「工時過高（得放棄工作以外的『人生』）」與「工作機會不足（『收入』得不到保障）」這兩個現象的矛盾：「那就只要把工時高的人的工作分配給沒機會工作的人就好了啊？為什麼不這麼做呢？」，但卻又不知具體解決方式的「無奈控訴」；反映了年輕一代對這世代「以工作為人生目的的導向」的生活的反抗，亦即不再願意為了「工作」本身而活，而該是為了「某些別的、更有價值與意義的人生目標」而活的生命態度，而這態度確實也本該是一切現下的人們都要有的：之所以沒有，是因為對這種異常已經麻痺了、無感了，反而年輕世代所感到的這種抗拒可能還正常些。人們必須要重拾對「時間之於自己的重要性」的體認。

原理都解釋清楚了，接下來要來描述具體有哪些步驟、是怎麼個做法、有哪些事要注意了的。

一直以來，世界之所以沒辦法跨入到新世界的姿態，憑這麼多人在追著由馬克思自己所形容的〝共產主義的‘幽靈’（因為打原理上註定不可能實現。惑眾莫大於「似是而非」）〞來看，並不是由於人們無心進步到烏托邦的世界去，而是由於不知道具體做法；有目標，但若不知道確切步驟該怎麼做也是枉然。所以：

具體實行步驟／項目

◎**事前準備：國家調查各類情況的民生必需品**。

》依數量：個人／夫妻／家庭／新生兒……等等。

》依重量（不論男女、年齡，各情況皆基本能以此來見）。

這是為了得出以〈人〉來計算時以及以〈戶〉來計算時的消費水平。

◎**所謂「民生必需品」**：

》物資：依重量而得出的每人之合理三餐份量、柴米油鹽醬醋茶、鍋碗瓢盆衛生紙……等民生必需品與工具。

》服務（定時定額配給，有多餘時可累計）：稅金、水、電、瓦斯……等等。

》服務（定時定額配給，有多餘時不可累計）：學費（就學權、子女受教權）、房租（住權）、健保看病項目、勞保、電話電視與網路……等等。

» **額外福利**（定時定額配給，可累積）：例如國民每人平均一年旅遊幾次與平均開銷等。

有了這些數據後，方能設定每個人日常耗費的容許值（正常水平再加上一些些份外額度，勿太緊迫盯人），只要不超過這些額度的話，都還不會被額外收費。

※ 有個別情況者應報備並得到許可。

---

1. **起手**：成立國立超合作社後，開始收購（拿現成的、已有全國規模普及度的企業來起手，會省事很多）。

• 可以先從能夠解決大量民生必需品的、具自有品牌與產業鏈的「超市」、「量販店」入手，然後漸漸擴充、收購其它種產業。先從能「覆蓋越多〈小康〉及〈小康以下〉人口的產業（使越多人越快受益）」以及「涵蓋產業種類越全面（使之成為一個國家內部自給自足的微型經濟體，能夠生產一切事物，不論農或工）（收購項目一定要包括「食堂」，以支付人們的「正餐」權）」開始考量，接著進行整合以簡化物流（降少內部運作中的「熵」）。

• 若沒有信心對既成的企業進行改造、不願等待人們慢慢地憑自願來加入新的受薪模式的話，則才另起一個新的企業來進行。

• 又或者在收購前若是由於宣傳的關係，已經有先打聽到了某家企業全公司都很有意願過渡來到這種模式下，則也可從這些企業開始收購。

• 若國內已存在民營的「合作社」了的話，則在對其解釋情況與計劃、並徵得同意後，直接將其納入麾下並整合，使整體成為能夠提供完整的各類資源的產業鏈（先至少能夠產出用來支付給社員們的酬勞）。

• 此模式也可以是「多點發端」：先零星地從每個城市的公務崗位開始進行轉換，之後不斷擴大至、擴大成小型社區、再來籠罩一個個縣市，最後把全部連成一整個國家的規模……終至往世界上別的角落、別的國家推進、融合。

• 當想要收購〝持有著社會上大規模實體資產〞的對象（大地主、大廠主），而〝有無收購對方〞將對未來的發展影響非常大，但對方卻又惡意刁難時，才可考慮動用國家的徵收權限；而若到真要徵收了的時候，則是以〝對方當初購得時的價格，乘以這些年來的幣值升貶，並且加上了對方這些年來對這些資產所進行的升值活動（開發、擴建等等）所意味的增值〞總而言之「公道」的價錢向對方徵收。然而這是下下之策，應儘量避免，而多訴諸市場的公平競爭原則、在「尊重意願」的原則下來進行擴張。

※ 此系統在收購了一整個完整產業鏈的子公司群時，將仍暫時有「只接受著薪資支付方式」的勞工群，但亦不可因此而強迫人們接受「以福利的支付方式」，而是先在系統內推廣，讓「有心參與」的人們在自願下加入。重點不在於是什麼〝有產〞還是〝無產〞者，而是「有心參與」者。收購這些企業的當下，僅是先確保了它們在「所有權」上是「公有」的就行了，並且今後其運營政策也能夠聽從上級的指揮就行了，至於內部的員工願不願意過渡到新的受薪方式，則就讓每個人在自願下自行來轉換、來參與；在此之前，依然暫時原封不動地用原來的支薪方式與金額給他。

2. **社員**：在全國做宣傳，從有心參與者、待業者群先任用，再來則是貧戶、街友、鰥寡孤獨廢疾等等有需要者（若沒先有工作能力正常者來生產紅利，則沒有餘裕來顧及無法全然正常工作者，故鰥寡孤獨廢疾者才排後面點）。一切品行不良、甚至有犯罪前科者例外。

3．**生產目標（對外，營利）**：由國家來負責對國內之各類生產的需求進行統計，反推出只需各領域各崗位的人總共生產多少時數，再把這些工時最大量分配出去、並發佈給人民知道，好讓他們能自願來報名；越多人做則每人只需工作越少時數，如果能有科技的幫忙將能減少更多工時。如此，將能在每個人都能有著最小量工作卻又過上各種需求被滿足了的生活的前提下，隨著時間的推進帶來的科技進步，將需要越少工時，朝向無需工作的狀態逼近。（當然，筆者沒有辦法知道每個社會整體該生產多少事物，若知道了的話就能大概地呈個例子出來了）

◎把〈薪水〉定義且轉換為〈本於所做之工作所應得的報酬，可以是金錢、或等價之別種項目〉，故而可以跳過金錢，用以外的別種方式進行支付。

◎國家作為統計機關，負責：

・對民生需求項目進行統計，依不同優先度劃分達成目標之先後次序。（必需〉……不同程度上必需／條件性必需……〉非必需）
（生產業〉加工業〉服務業）

・對國內人力進行統計，得出現有及潛在的、對應各行各業的工作人力狀況，並各自之於各行業現存之工作崗位比例是否過多或過少。

・基於前述兩項統計結果進行整理，得出當國每月需有各行業之各崗位投入多少工作時數方能達成各需求項目的基本滿足，所謂「必需項目」，並排定於未來依次達至種種「非必需項目」之滿足。

・以滿足各需求項目之〈工作所需總時數〉來動態算出、分配工作崗位。如：某需求項目需某行業某崗位生產8小時，有2個人需要工作，現況為1人工作8小時、缺時間、領8小時的薪水，另一人無工作做、不缺時間、無薪水，因為生產同樣能得到滿足，故而採取的措施乃是：把8小時的工作所需時數分拆為2個4小時工作崗位，使成為2人各工作4小時同領8小時的薪水（這種做法在「合作社」類的體制下皆屬合理且可行的）。

・**市場「內需化」**：想要能夠達成本章開頭處所述之「目標設定」，就必須要能夠有個易於掌握、計算的範圍，而這就是「內需市場」。若真想實現「分配經濟」，則須把「內需市場」與「外需市場」的滿足問題分清楚、脫勾。國家一切產能之主要應對目標該是內需市場；外需市場並非不重要或沒有用，但其規模、其重要性不該大過、高過內需市場的。若一個國家真心想要重視自國民生之質量問題、且也想往分配經濟去過渡的話，則應主要以內需市場為著眼點，外需市場之滿足則應該只是次要的、附加的目標。這不僅是為了容易計算國內生產所應有的目標，也是為了使國家從〝容易受到外來的波動所影響（不論是貿易、金融等等方面的）〞的狀態中脫離出來，「自力」也。

且試想：何以能夠成功進行「工時／工位轉換」？前面已經解釋過了面對56小時的產能需求，「每8個人中，8個人皆各有7小時的工作」跟「每8個人中，7個人有8小時的工作，1個人沒工作」的總體結果產能、產值皆是一樣的。同理：

面對48小時的產能需求，「每8個人中，8個人皆各有6小時的工作」跟「每8個人中，6個人有8小時的工作，2個人沒工作」的總體結果產能、產值皆是一樣的；

面對32小時的產能需求，「每8個人中，8個人皆只需4小時的工作」跟「每8個人中，4個人有8小時的工作，4個人沒工作」的總體結果產能、產值皆是一樣的；

面對16小時的產能需求，「每8個人中，8個人皆只需2小時的工作」跟「每8個人中，2個人有8小時的工作，6個人沒工作」的總體結果產能、產值皆是一樣的……類推。

這種種情境當中，後續的〝「每X個人中，X個人皆各有Y小時的工作」跟「每X個人中，Y個人有X小時的工作，Z個人沒工作」的總體結果產能、產值皆是一樣的〞能夠成功進行轉換、能夠成立，前提是先能確立出了前頭的〝面對W小時的產能需求〞才行的。

於是：假定現在有生產100公噸鋼鐵的需要，當中80公噸為內需（相對穩定、長期皆會有的需求）、20公噸為外需（浮動、受制於人的需求），而為此則須有48小時的產能之運作，亦即有由鋼鐵工人所湊出的總計48小時的勞動（不論幾人、怎麼調配）；此時，前述的「每8個人中，8個人皆各有6小時的工作」或「每8個人中，6個人有8小時的工作，2個人沒工作」的情況則皆派得上用場（但後者到前者的轉換則是唯有「公有化」且「合作社化」後才能做到）。且，由於此市場主要是應付內需，故長期皆將有此需求，亦即在這方面對「產能要求」從而對「工作時數」的需求皆穩定，由於「目標」被明確訂出來了，於是才有辦法實現「工時／工位轉換」，追求「人均工時」的減少。試想：內需市場意味著是國家內部自己要用的，是知道絕對有用、絕對會用到的，且由於使用者為國家內部亦即自己，生產的當下便意味著使自己受益，故無論如何不會是浪費、不會有浪費，若內需市場佔訂單之絕大多數而外部訂單則相對少數，則就算有什麼外部起伏也不會受到太多影響；但若此時一個國家的市場活動絕大多數是由起伏很大、會受制於人的外需市場所構成，則一切外來波動皆能使此市場受到程度不輕的打擊。故：若一個國家的市場是由有一搭沒一搭的外需所構成，比如前例中的情況，不過換成了「20公噸為內需、80公噸為外需且可能從0到160、240不等地浮動」，則國家將長期處於對「產能要求」從而對「工作時數」非常浮動的狀態，可能這個月需要16個甚至24個人來上班、但下個月又變成完全不需要人來上班的情況，在這種一曝十寒的市場環境，有可能成功地進行的「工時／工位轉換」嗎？不可能的吧？反觀，若是一開始所形容的「80公噸為內需、20公噸為外需」的情況，則即便這些外需訂單消失了或乘倍了，也只是某幾天讓社員們早點下工、或某幾天加班的問題而已了。

※當然，並不是說一個國家沒有權力拒絕外來的訂單，只是若其經濟基礎皆建立在外需上，那麼它會有權力拒絕外來訂單嗎？所以此段對佔比的控制的重點在於外需市場於「重要性」上不可高過內需市場，外需市場之於一個國家的產能來說，其佔比與重要性必須總是「能夠推辭掉亦不受打擊」的程度。

就前所述，試想：就連一個〝只要市場稍有起伏便無法穩定了〞的經濟都無法實現「工時／工位轉換」了，若是一個〝持續追求成長以製造活動、一直把目標延伸而永遠看不到盡頭〞的「消費經濟」又怎麼可能做得到呢？

※「市場內需化」也將刺激一個國家去建立各方面的自有產業鏈，促進「自力」的完備：「自力」的重要性之一在於「不受制於人」。雖說是內需化，但其實是指「從內求取，向內供應」的「供／需」兩方

皆向內轉的過程，故「市場內需化」意味著要一個國家朝向「（有能力）自給自足」的方向去發展，而這就意味著於各方面（不論第一、第二、第三產業的各行各業）召回、建立、發展自有的產業鏈，由於具備「自力」了，從而便能不受制於他國的影響、甚至制裁。

※未來全世界的每個國家皆該有「平衡的產業結構分布」以及「以『內需為主、外需為輔』的經濟生態」：「由第二、第三世界國家廉價生產，由第一世界國家高度消費」，從「世界一家」的觀點來看，就像是一個家中有人負責起全部工作、卻有人只負責吃一樣，這是極度不公平的（但這卻是世界的現況）。世界家庭的成員的每一位都當「親手做正經事」，不該、不能有〝某些誰只出腦幹涼活、別些人則動手幹粗活〞的事發生。全員皆須以合作社的形式貢獻於世界的運作；生產、加工、服務業，都該是平均分攤的。

◎國家作為佈告機關，負責：

・告知群眾自國現下各行業必需之崗位職缺，讓人們自己去接單、自己去選擇適合自己的工作。
・宣導人民對自身能力進行多元培育，最好能5種，最起碼2種非常不同的職能力。
・依現下國內各工作領域之崗位供需傾向來建議人民培育時之選擇。

◎以國家為單位，對擁有大量〝已自動化了的工作崗位〞的企業進行收購：回收工作崗位。

※「由國家來統整告知社會缺少什麼，然後讓人民們在自願下自己去接單」這點很重要，也是與過去種種社會形態相比下之重大差別。

用「設定各種不同的程度目標」來確立出「所需達到的產值」，好比：僅是生產能充份維持人民生計所需的民生用具的話，需要多少產值；綜合著過去近幾年內外銷的所需產量向上估算以有庫存，來得出維持國家現下狀態所需的產值；又或是要在近幾年內各類事物的生產與進展應該要達到什麼期待中的程度，而為此所需要設定的目標為何？為了滿足「必要」、「充份」、「奢華」各等級生活水平所需的物資量各自該是多少？

對一個國家的經濟來說，在人民〝自由發展〞各行各業的同時，國家整體層面上的各種發展所需也要能夠得到配合應當是非常困難的。如此，反過來想：一旦一切所需生產的需求上限皆是「明確的」，那麼事情就好辦了，可以透過現有科技力等等生產能力來反推出為了達成既定目標產值的各行各業總體所需工時，而有了這個工時數後，便能再除以人民數量來達成「工作機會最大化，工時最小化」的平均分配狀況；由於計算出的已是國家整體所需產值，既然能滿足標準，則接下來一切民生用品、服務等等皆可以無條件的合理提供、平均分配，以達人人皆能先至少有民生用品，再來民生福利，接著社會甚至國家的發展等等。

4．**報酬（對內，不營利）**：對於社員們的報酬乃是以由「民生必需項目」所組成的「福利套餐」來完成的，而非以真正意義上的「薪水」；為此，全國上下必須要有可以便利兌換、領到的地點。

※在此體制下，大多事物皆是以「福利」套餐的形式來支付的，而這點很重要，因為：以直接的「物資」、「服務」等等實利來進行支付，意味著超合作社的整體是直接以「成本」來支付社員們的，跳過了過程中種種被抽成、耗損的可能。

以一個平民百姓的需求全部都能以超市價還是比價網的價錢來取得來算好了，人一生的需要真的不多。就以新台幣來計算好了：

- **食**：就拿一個人能活滿 100 歲、過著規律的生活來說好了，若一餐能吃滿 1 公斤，也只需要 100 年 *365 天 *3 餐 =109500 公斤，除去兒時及老時吃不了那麼多，四捨五入後人一生也就吃得掉 100 噸食物，而 100 噸，回算為 1 年吃 1 噸食物 =1000 餐，三餐下來平均每餐花費 $100 元來算好了，1 年在吃的方面花掉十萬，100 年花掉一千萬。這是食的方面。
- **衣**：一個人一生中能穿的衣服，以每 5 年代謝掉 20 套包含了內衣 + 內褲 + 外衣 + 外褲 + 襪子的衣裝，加上兩雙鞋子 + 兩件外套好了，以四件衛生衣算 $1000、四件內褲加四雙襪子算 $1000、四件衣物 $1500、四件褲子 $1500、兩雙鞋算 $5000、兩件外套 $10000 元，1 年也就 4 套衣裝 +0.4 雙鞋子 +0.4 件外套的開銷 =($1000+$1000+$1500+$1500)+$5000*0.4+$10000*0.4=$11000，10 年也就 40 套衣裝 +4 雙鞋子 +4 件外套 = 十一萬，100 年 400 套衣裝 +40 雙鞋子 +40 件外套 = 一百一十萬。這是衣的方面。
- **住**：若一個人需要有地方擺放書桌、衣櫃、床、冰箱、餐桌、晾衣區、廁所，10 坪的民宿或學宿給一個人住的話，也夠愜意了吧？以一些租屋網於全國地區的價錢來算，10 坪以 $100000 租一年，約為每月 $8350 的價錢來算好了，100 年需一千萬。這是住的方面。
- **行**：除非是物流人員，若以一個學生族或上班族來算，不論是用走路的或開車的，每天能行經 100 公里就夠多了吧？以一些大眾運輸的車票來算，若假定一個人一年 365 天下來算作平均每天花 $100 在交通上，1 年下來就 $36500，100 年下來就是 $3650000。這是行的方面。
- **育**：就公立教育機構的費用來看，若以幼稚園 $7000*2 學期 *3 年 =$42000、國小 $2000*2 學期 *6 年 =$24000、國中 $3000*2 學期 *3 年 =$18000、高中 $3000*2 學期 *3 年 =$18000、國內大學 $25000*2 學期 *4 年 =$200000、國內研究所 $25000*2 學期 *2 年 =$100000，共 $402000。這是育的方面。
- **樂**：假定一個人一生中每個月都能有 $3000 的零花錢的話，$3000*12 月 *100 年 =$3600000。這是樂的方面。

一個人一生的基本開銷約為：食 $10000000、衣 $1100000、住 $10000000、行 $3650000、育 $402000、樂 $3600000=$28752000，再加上點各式各樣的稅金 =$30000000 三千萬左右。

$30000000/100 年 =$300000/ 年 =$25000/ 月，於是，在這個估算下，對於一位開銷皆極其〝基本〞的人來說，若直接以現金來支付他每月的開銷，則為 $25000。此時，若這一切酬勞都是由社會直接給其以物資、福利的形式去享有的話，則對社會來說的耗費可以更少，可能只有表面上的約 80% 即 $20000 而已，則 $5000 對於社會來說皆是計酬時所額外回收的紅利（不過，實際運作時要給個「容錯值」，亦即在人均開銷上再多加點另外的額度，所以把這個 $25000 就直接算作受福利者所能耗費的成本額好了，則其表面上所能享有的額度將為 $25000/80%=$31250，四捨五入為 $30000）。而前述金額就算以中華民國自 2019 年 1 月 1 日起的最低薪資（雇主非常有賺頭了的情況）$150 來算，則 $25000/$150=166.67，這個人一個月須工作 166.67 個小時，即透過約 21 天的 8 小時工來達到這個要求。如此，可見：即便是以最低薪資來計算（雇主的利益在現行法規下的最大化情況），這個人每個月的完整工作量中，當中 21 天的工作量便已夠拿來支付他自己的生活開支了；若此人工作所生產的價值比這還要多的話，則皆為雇主方所得去的紅利。然而：在超合作社社會下，此處的「雇主」即為社員們自身，而身為由人民所產生的「國家」機器所成立之「國有（人民所公有）超合作社企業」則扮演著統整著一切身為〝員工兼雇主〞的社員們的機關，故一切紅利、盈餘皆為社員們自身所知、所有，從而其福利可以在大家的共識下、在不過份的尺度內再適度上調。可是記住：福利越上調則紅利累積越少、越慢，而擴張越慢，越晚達成對全社會的覆蓋之目標，這點要讓已加入了的國民／社員們清楚，才來議論對福利的上調。

※以上所假設的內容，根據世界上不同國家的國情可能非常不一定，應視各國情況來假設。

※注意：這個體制是用來鞏固民生「底限」，而不是用來提升民生「極限」的。

此處的「極限」指什麼？指賺大錢、成暴發戶、累積自己的財富云云……這些是社會民生水平的「極限」，因為它描繪給你一個若成功時則很美好、很強大的夢想，可是卻沒告訴你若沒成功的話你會多落魄。一個社會的民生「極限」有無提升，見於有多少暴發戶、多少穿金戴銀的有錢人的浮現。當今世界多只一直把社會之好的、繁榮的一面展現給人們看，卻非「水洊至」，從低處開始補漏，所以現下許多社會的實情是百孔千瘡的，「虛榮」也。

此處的「底限」指什麼？指人人最基本的民生需求得到鞏固。雖然這樣的社會沒有炫目的繁華展現給人們看，可卻是最真實地、一步一腳印地把種種積弊給解決、處理掉，把種種體制中不完滿的漏洞皆一一補完，而非被其它那些長袖善舞、表面光鮮亮麗的成就所迷惑，而忘了一棟建築的脆弱往往是來自基礎之不穩固、用料之不實在而釀成的危機。一個社會的民生「底限」有無提昇，見於多少貧乏之人們脫離了困境。要「重視基礎」，此乃當今世界所缺乏的「踏實」態度。

就如「木桶效應」所示的那樣：一個社會，其經濟體系的完善與否，並不由其所能創造給人民的「最高、可能收入」所反映，而是由其所能替人民維持的「最低、基本收入」來反映。在不提升基礎的情況下所展現出來的一切光鮮亮麗，都只是好高騖遠下的鏡花水月，一扎就破的膨脹氣球罷了。

由於人的需求本來就是有極限的，從而經濟本來就是不可能無限成長的（比如「人口紅利」就影響很大了）。且，就以「二八法則（關鍵少數法則）」來講好了：考試時想答對80%的題目以取得80分，只需要掌握課程中那20%的重點，但為了答對那剩下來的20%題目以取得100分，你卻得讀精那剩下來的80%的課程。亦即：對於一切〝有上限〞、〝會飽和〞的目標，你的努力總會呈現出「邊際效用遞減」現象。社會必須認清這件事實，然後追求「平穩」但「永續」的經營才是正道。不要一直看表面上的數字、「GDP」有否〝增長〞，而是要看國民們的民生有沒好好滿足、「幸福指數」如何就夠了。社會資源的生產與分配既然夠了，就當歇下產能，讓人們多點個人時間與自由，不要再被工作綁住了。在這方面，許多國家的發展應當要學習以「國民幸福總值」而非「國內生產總值」為指標、碳排量為負值的【不丹】才對。

當然：除了大家皆相同的基本福利外，還要有發放給社員的額外、可自由支配的「點數／代幣」可使用：若沒有這部份的話，則人們將除

了國家所支付的福利套餐所包括的項目外將無任何別的、可累積的自由財產可挪用（這部份其實就相當於／包括了前面例子「食衣住行育樂」項目中的「樂」一項，所以可以直接再就前例中所述的情境進行重新估算）。這部份則是可以根據所操作之專業難度、責任大小等等而適度增加的——雖然工作時間都一樣長，可是總不能讓一個需要高超「專業」的崗位，所領的薪水卻完全等同於無需任何專業的崗位，這樣的話也不對；另外，「責任」大小也將影響這部份的酬勞；再來，最後：使「評價」好者有多點獎勵，但又不至於多到使人不惜做假以至賠上名譽也要得到的程度。

在這方面，可以是「先定酬，再選人」，以避免爭議：「假定社會上的每個人若有朝一日皆將輪流到某個工作崗位上來任職的話，則每個人設身處地想領多少、該領多少？」，定好報酬後才開始決定人選，以避免偏頗、偏見。

至此，要在一個國家內實踐此社會經濟模式的「項目」都有了。

「福利套餐」之解釋

- **社員證**：當中有每天的「（正）餐權」（每天補滿，不可累積）以及該社員的「（社內用自由支配）代幣」（可累積）（兩者乃不同系統），其乃如同金融卡(debit card)，以扣款的方式運作。可跟既存之通用扣款系統（悠遊卡、一卡通、支付寶等等）整合在一起，使這些卡片的刷卡機也可刷。餐權也可被兌成印有有效日期的餐卷（當日使用），至於電子代幣則可無償兌成實體代幣。可以設計成須配合指紋或某種別樣的認證方可運作。社員證可以有兩種：金融卡式與充值卡式（僅可攜代幣），可同時分開或分離存在。金融卡式的系統設計成就算停電或斷線時也能運作，系統正常後會檢查主機與店家的消費記錄符合否。充值卡式的可以有：須認證，無限額度；須認證，有限額度；無須認證，有限額度。也可存在純粹的餐權證。
- **餐權**：社員證每日自動補滿三份正餐權（另外計算，跟代幣系統不重疊），於一切有加入超合作社的食堂、國立學校的食堂（給社內的學生）等等皆可刷用，不可累積。怕人們會就此大吃特吃嗎？事前所調查出的「依重量人均進食量」的數據就派得上用場了，因為人根據重量而每餐進食量應該是能被計算出來的。加一點容錯值，讓人可以吃到舒服又不至於敢放肆。同市面上許多自助食堂、飯館的計價方式一樣：菜類計入正餐權所消費之額度內，內用則湯飯不限，外用則可帶走有限之湯飯數量。超過餐權的額度則須花費代幣購買。
- **福利**：超合作社內部應能有供應民生之一切食衣住行育樂需求之產業鏈與供應鏈，全國上下各種被收購了的子公司超商、量販店、食堂……等等，皆是接觸口。當社員使用社員證內之電子代幣或實體代幣於這些隸屬於超合作社之店面消費時，其產品或服務的出售皆對社員以近乎成本的價格提供（對內不營利）。在這些已經〝全體、或至少大多數員工皆入社了〞的商店中，其產品皆有兩種價格：

  「對社外價格」：以現金標示，遵循〈對外營利〉原則而為市場原價。

  「對社內價格」：以代幣標示（視跟對社外價格會否差太多，若只低了一些，則可同時備註此價格若換算成現金則省多少，以吸引人們入社；若價差太多則不標示換算後的結果，避免給尚未加入超合作社的店家們難堪）；遵循〈對內不營利〉原則而近成本價。

- **代幣**：乃是根據全合作社所持有的整體實值財富來建立起的獨立內部貨幣系統；對於每一個受酬的社員來說，乃是一種超合作社內部自用的「額度」。平時以電子代幣的形式存在該社員的超合作社員戶頭裡，可以無須手續費地以實體代幣的形式取出；若兌換成現金，則要扣手續費。每個人一生只能兌換$100萬的現金成社內代幣，超過了之後便只可從代幣單向換成現金，無法再由現金換回代幣。這是為了讓外部之貨幣系統不打亂社內的經濟生態，還有使社員們能多先從社內尋找其需求之供應來源，而非先從外部。若國家覺得麻煩而決定跳過代幣系統的製作而直接以現金來發放的話，一來將無法阻斷一切外在貨幣之起伏的影響，二來則無法透過手續費之存在促使會員多先從社內尋求其需要之滿足。
- **服務**：水、電、瓦斯……等等，直接以「額度」來配給；有超額則須以代幣支付；有餘額則可累積，用以抵消可能的超額；不可兌現。

  例：配給每人日用水量250公升，若今月只用了200公升，便累積了50公升的盈餘額度，若下個月用了275公升的話，則所超出的25公升可用盈餘額度來抵消，免去罰金。
- **住權**：居住於含個人衛浴甚至廚房的國民住宅內的權利，包括了一切基本服務水電瓦斯等等外，還有基本傢俱、設備，如桌、椅、床、冰箱、衣櫃、電熱水器、冷氣、網路……等等。
- **教育**：是的，福利中包含了讓社員及其子女們去國立教育機構就讀的受教權益。孩子們在學習、課業方面所花費的時數，加總起來則每日最多不該超過8小時。孩子們應有更多時間去探索別的事物以及與他人相處，而不是把人生都砸進書本裡。
- **健保**：項目可直接降為免費，但每年有（由醫生綜合醫療數據所得出）合理次數之限制，該年合理次數耗完後開始收費，這是為了避免發生如同現下人們濫用健保資源的情況；隔年重置次數，不可累計，這是為了根據醫界之建議而使人們習慣於去做這些檢查，但同時又不會讓人覺得可以留到未來才使用。除非是由醫生開立回診單則可不計入所消耗次數或長期病等特殊情況外，其餘由患者主動提出之看診皆會從合理次數中進行扣除。例：如流感之類的疾病常為換季時出現，一年四季，故「普通健檢」每年可有4次；牙醫建議每半年檢查一次牙齒，故「牙齒健檢」每年有兩次。
- **稅收**：在這體制下，一切被國家所保留下來了的紅利中亦已包含了對這些人民兼社員們的稅收。除了水電瓦斯等等是以定額配給的福利外，其它平時須上繳給國家的稅金，除非情況過於特殊，各項目加總後相比配給一切〈小康家庭〉水平的人們的稅金總數超出太多，否則無須額外付錢，亦即在這體制下基本上應該是遇不上國家對個人收稅的情形的。
- **遺產**：因公殉職者，依賴死者來作為家中經濟來源之家屬，得享相同於死者在世時的給付／照料，直至困境得到了解決。（如：家中另出現了經濟支柱）
- **可能還有其它暫時尚未想到但也應納入考量的項目**。
- **中止的情況**：若有社員因各種私人原因而放棄工作，而又領著這些俸祿的話，則其福利尚可延續至缺工的下個月，之後便中斷。若其欲復工，則將有一個月沒福利領，作為彌補之前所白領的那個月，或是以罰鍰的方式補上他所虧欠國家的，然後方可復工。

- **停權的情況**：第⑤靈階世界中，「人格信用」非常非常重要。或以上各福利之發放有被濫用或駭入等等欺詐情形發生，將被停權待發落。情節嚴重者終生不得再入社。

計酬方式

這兩個部份「福利」與「代幣」配合做著「半天制」或「全天制」的社員之計酬，可以用兩種方式來組合：「項目固定」或「時數固定」。若以所謂的「全天」是指「8小時」來計算的話：

「**項目固定**」組合方式中：

- 「半天工」者：領著「福利」部份的全項目。
- 「全天工」者：才可以領「代幣」。

注意！此處的「半天」與「全天」並不是一個固定的時數概念，並非半天工的時數剛好是全天工的一半，而是指〃只做了足夠其領取基本福利〃的部份。

例如：若國家計算出了能夠支付給一切社員的「福利」的部份，換算為現金的話相當於之前例子中所述之$25000，

通過斟酌大體的紅利累積與可以配給社員們的「代幣」的部份，換算為現金的話只相當於$15000而已的話，

$25000+$15000=$40000，$25000/$40000=5/8，

$15000/$40000=3/8，則所謂的

「半天制」意味著每天工作5小時，領月酬$25000（以福利的形式接收），

「全天制」意味著每天工作8小時，領月酬$40000（當中$25000以福利的形式接收，領代幣$15000）。

「**時數固定**」組合方式中：

- 「半天工」者：領著「福利」部份的「部份項目」。
- 「全天工」者：領著「福利」部份的「餘下項目」及「代幣」。

此處的「半天」與「全天」則是固定的時間分配，半天工的時數剛好是全天工的一半，須要被拆分、變動的是福利之「項目」。（此處的全天工為8小時，那麼此處的半天工就是其一半的4小時）

例如：國家在根據民生需求的種種項目之重要性而排出了優先度後，斟酌出了比較精要的部份項目與比較次要的餘下項目。

精要部份項目的內容可以是餐權、住權，定額的水、電、瓦斯、健保、勞保……等，使其加總後若換算成現金能剛好差不多為$20000（因全天為$40000，半天便為$20000）；

次要餘下項目可以是就學權、子女受教權、電話電視與網路……等，使之加上所欲配給社員們的自由代幣後剛好接近於前項目之$20000（有做滿全天工才補上這些福利項目，以及發放代幣部份的$15000）。

（註：為什麼沒有這種可能？「代幣」的金額大大多過「福利」，然後使「半天工」者領著「福利」部份的「全部項目」＋部份「代幣」，而「全天工」者領著餘下的「代幣」？因為就如之前所解釋的那樣：這個體制是用來鞏固民生「底限」，而不是用來提升民生「極限」的。基本上是希望國民們能在「福利」中就得到了民生各方面的滿足了，而「代幣」的部份則是如同「零用錢」一樣的存在，僅是為了有些除

外的、可累積的、可供自由支配的額度使用，非為了使國民能累積大量私人財富。真要把「代幣」的部份調高到超過了「福利」的話，則肯定是虧蝕了大體的擴張用基金，故這種事是不該發生的。且，就如前面所解釋的，「這體制是用來替人們找回其『時間』亦即『生命』的」。故：即便全社會都已經被此體制覆蓋到了，也是會從「減少人均工時」以「在維持著同樣的消費能力的前提下，舒緩人們的生活步調，以不帶來更多負擔給環境、生態、大自然、地球」來做起，而非從「增收人均收入」而「提升了人們的消費能力，緊湊化、奢華化了人們的生活步調，而導致了對環境、生態、大自然、地球帶來更多的負擔」。之所以套用了「需求決定活動」的分配經濟，不正是為了避免發生「過度生產」的問題且同時達到「減少浪費」嗎？從而：不該有允許「代幣」的金額大大多過「福利」的這一種情況與方案出現）

為什麼允許「半天工」的存在呢？有可能有些人會覺得就算做滿了這個體制下的全天工，所多領到的這些「代幣」仍然不比過去的工作所領的多，於是會想要「半天花在超合作社下打工領福利、半天花在原來的資本市場環境中打工賺大錢」，所以才廣開這個方便之門，讓每個人自願地去組合屬於他們自己的時間。全天工的社員們無須因此而感到背叛：「超合作社」本來就只是為了提升普遍民生環境之「底限」而存在的體制，因此，若有人本來就是來自某種〝年薪上百萬〞的大公司之高層崗位，則就算其覺得在這個體制下賺得不夠多、不夠刺激，也是人之常情下的反應。這是個為了對治民生問題而存在的社會經濟模式，是很實際的物質生活問題，而不是個信仰，所以無須因此而感冒。反正，根據超合作社本身的「擴張」性質：這股浪潮是遲早要普及全社會的。屆時，就算有人想去找個〝社外企業〞來工作，也是不存在的：因為早已被全數國有化、社內化了。

總地來說，〈半天工酬〉僅為［福利］，〈全天工酬〉則為［福利］＋［代幣］的部份。［福利］的部份乃全民全職皆一樣的，是在［代幣］的部份才有落差，而［代幣］部份所根據的乃是「因果量」，即，此工作基於其〝之於社會的影響〞而有的「份量」。

在社會大量地「合作社化」且「規模足以在內部自給自足地作為一個小型社會來〝自支撐〞著」且「計算好各自相對應的代幣部份的酬勞」之前，此過渡期間，無須倡導人人只應工作8小時。於現下，一切實際工時超過8小時的工作（※）：基於其8小時以內的勞動量，其可以領取〈全天工酬勞〉；8小時以上的勞動量，皆可以比照現下薪資等等方式來領取差額。

差額：假定此〈全天工酬勞〉的成本，對於社會來說，相當於支出了 \$50000，若某樣實際工作超過8小時的職業在現下社會應領、可領 \$80000，則 \$80000-\$50000=\$30000，則當處於超合作社制下的這類職業的工作人員們，只要他們有正常做完其工作（全天候待命）時，便另外補貼 \$30000 的現下貨幣或合作社用代幣，使其收入能相近於現下社會。

若已然規劃好了「各職責依〝因果量〞的不同而可得之［代幣］部份之不同額度」則可直接跳過前述〝過渡時期作法〞。

※比如消防隊員、政要等等這類「全天候待命」的職責，這些職業在現下社會也是有分基於8小時以內勞動而領的「正常工作薪資」，以及基於8小時以上勞動而領的「加班費」。前述之現下社會中〈全天工〉之「正常工作薪資」，即相當於新社會制度下的〈全天工酬勞〉。〈半天工酬勞〉亦類推，相當於現下社會之4小時工所受薪。

※除非是上述這類「全天候待命」而又沒有更多人來替代的情況，否則，在未來，隨著平均工時的減少，比如：當減少至4小時便已算

作〈全天工〉了的時候，想來也會有人想利用閒下來的時間來多接社會上的委託來多賺錢的吧？亦即，比如：明明4小時便已可領取〈全天工酬勞〉了，可卻選擇接更多工作來做。此時，難道可以不給資嗎？自然是不行的，可是，要減少百分比，以示「不建議」。比如：若再多找4小時的工作來做（此時其已做了8小時工），則其應得之［代幣］（因為一切［福利］類的報酬沒辦法二次領取，沒意義，所以一旦滿足了一次〈全天工酬勞〉，之後一切再多做的工，皆是領［代幣］作酬勞）為原來之80%；若再加4小時的班（此時其已做了12小時工），則為原來之50%；再加班則沒錢。

在〈全天工〉僅需4小時的情況下的加班：

0~4hr=100%

4~8hr=80%

8~12hr=50%

12~=0%

換言之：在社會沒有需要的情況下，加班只會減錢，而非加錢。這是要人們去找別的事做，而不要把生命都砸在工作上來麻痺自己。

例：https://www.nippon.com/hk/currents/d00337/?pnum=3【日本動漫製作第一線面對的「危機」】

前述的兩種組合方式的例子，若是社會的「人均工時（全天）」由於「工時／工位轉換」以及「大量自動化」而降低成了「4小時（例）」的話，則將呈現為：

「項目固定」組合方式中：

$25000+$15000=$40000，$25000/$40000=2.5/4，$15000/$40000=1.5/4

「半天制」意味著每天工作2.5小時，領月酬$25000。

「全天制」意味著每天工作4小時，領月酬$40000。

「時數固定」組合方式中：

「半天制」意味著每天工作2小時，領月酬$20000。

「全天制」意味著每天工作4小時，領月酬$40000。

「人均工時」的調配

就現下世界上的每月工作天的不同種算法來看，皆平均座落於20天又多一點；又以當中每天8小時來算，則一個人的月工作時數為20*8=160小時；以每週算5個工作天來算，則平均一週要工作8*5=40小時。

隨著前述的「人均工時（全天）」的降低，有可能意味著一個人一個月的總工作時數只需要80小時、甚至於更未來降至40小時就可以領著同樣的完整福利、報酬了，而這些工作時數意味著幾天呢？若一個人一個月的總工作時數只需要80小時（每週平均要工作20小時），則他只需要工作10天8小時，或20天4小時；若一個人一個月的總工作時數只需要40小時（每週平均要工作10小時），則他只需要工作5天8小時、10天4小時，或20天2小時。屆時，人們在接工作時便能有很多種安排自己與他人之間時程的方式了。

若以一個人一個月的總工作時數只需要 40 小時（每週平均要工作 10 小時）來假設：若在超合作社社會上的某家公司的某個部門的某個崗位只需要有一個人一直在此崗位上，此崗位為朝九晚五的典型 8 小時工，而這家公司在這崗位上有ＡＢＣＤ君四位社員，則他們可以這樣調配他們之間的時間：

星期	一	二	三	四	五
09:00~11:00	A	A	B	C	D
11:00~13:00	A	B	B	C	D
13:00~15:00	A	B	C	C	D
15:00~17:00	A	B	C	D	D

或

星期	一	二	三	四	五
09:00~11:00	A	A	A	A	A
11:00~13:00	B	B	B	B	B
13:00~15:00	C	C	C	C	C
15:00~17:00	D	D	D	D	D

……之類的方式。

若以一個月平均有 20 個工作天，每週有 5 工作天來算的話，則算作每個月有 4 個完整的工作〝週〞，則他們也可以這樣分配他們的工作：

星期	一	二	三	四	五
第一週	A	A	B	C	D
第二週	A	B	B	C	D
第三週	A	B	C	C	D
第四週	A	B	C	D	D

或

星期	一	二	三	四	五
第一週	A	A	A	A	A
第二週	B	B	B	B	B
第三週	C	C	C	C	C
第四週	D	D	D	D	D

……之類的方式。

總之只要做滿每個月的 40 小時就行了，報酬還是照樣領全額，但由於「人均工時」的普遍減少，每個人都多了很多可自由支配的時間以及自由調配這些時間的選擇。甚至，若把每個月都假定為連續的 4 個工作〝週〞，則他們還可以：

一月全Ａ君來做，其他人休息；
二月全Ｂ君來做，其他人休息；
三月全Ｃ君來做，其他人休息；
四月全Ｄ君來做，其他人休息……類推。

雖然這樣已經很不建議了，因為已經放鬆、生疏太久了。

甚至可以是春季全Ａ君來做、夏季全Ｂ君、秋季全Ｃ君、冬季全Ｄ君的方式。※註：這個方案則很適合作家、旅行家等等「寧可集中工作，以便騰出長期空白時間」的人們。

※以上這些情況也未必得是由上司來安排，而是也可允許社員們自己來調配，總之只要當月打卡顯示工作時數都有夠就行了。

※限制工作機會最多以「年」為期來進行平均分攤：有些生產工作是不可能〝僅憑一年內前三個月的勞動量，後續的九個月便都無須再工作了〞。試想：如果是原木傢俱，說不定你可以花一年全生產完，接下來10年間只需要顧著賣出就可以了，但現實中可能會面臨〝木頭腐爛〞、〝設計風格過於老舊〞等等問題；其它像是奶茶的珍珠，則是甚至連多放一天都不行，只能每天做，要不然客戶們都只能吃到陳舊珍珠了……類推。

除外也是為了對應當要是來自機器人的產能因故突然蒸發掉了的時候該如何處理：

每年總勞動量，除了預先支付給「退休」的勞動量外（必須是以8hr/d的方式來計算），其餘勞動量（皆可以是2~8hr/d）皆應設定〈期限〉。亦即：即便有意願一次性地做大量的工、把一段〝時期〞內的工都全部預先做完，以能夠好一段時間內都無需工作，但這段〝時期〞最多只能是〝一年〞，而不可以是更多：這是為了防止要是發生什麼事故而造成比如機器人停產等等狀況，而導致人們需要回復到8hr/d的工作時數時的情況，因為此時若大量人民早已預先以2hr/d的方式做完了他自己10年間該做滿的工，由於沒人做工，則將由於不可能有10年份的實值儲備可以支付給人民，國家將破產、經濟崩潰，而進入社會動盪。如《禮記・王制》所言「**國無九年之蓄曰不足，無六年之蓄曰急，無三年之蓄曰國非其國也。**」若把〝提前勞動〞設定成最多只能把上限為1年份的勞動量做完的話，當發生這種危機事態時，僅是1年份的儲備的話，國家理該還是要提供得出來的，所以沒有問題。（因為超合作社的內用代幣是有本位的——一種基本上以餐權為基礎的「福利本位」貨幣，亦即，是要「能兌現成福利」的）

除外，也能強制人們至少每年都要重新勞動一次，不致使其懶散、危害了健康。

※有關「人均工時」：若它順利地一直減少，則筆者〝希望〞它能（暫時）停留在減至「2小時」就好了，不要再少了。

如果一切生活所需的產品製造問題終將被科技所攻克，那麼最後人們將只是為了維持每日「基本社交活動量」以及由於負責「創意類」的工作（無法被人工智能所取代，因為任何個體的創意都是獨有的）而有著〝最少量〞的工作。此時，不論是誰都將有著大量「自由時間」，從而僅剩的「工作時數」顯得特別重要（從對身心健康的維繫效果的角度來說）。

伏爾泰先生就曾經留下這麼一句話：「**工作使人遠離三種罪惡：無聊、惡習和匱乏。**」

要保持工作的另一個原因則是：每個人都能保有其〈個人世界〉、〈各人體驗〉的機會。再來，工作也使人的日常保有「規律性」：不是誰都懂得規劃自己的人生的。於是，哪怕是被動的，工作便提供了其一個〝規劃自己人生〞的動力，替其維持了最基本的身心活動量。筆者對世界的民生狀態之想望是「幾乎無需工作就能溫飽」的日子。之所以說〝幾乎〞倒也不是因為真地沒可能達成〝無需工作就能溫飽〞，而是〝完全沒工作〞對身心健康並不是好事，僅此而已。

有限私有制

在地球這種【南瞻部洲】（佛教用語）的環境下，由於這類世界中的居民就是有「我（自我）」與「我所（私有）」的「自我認同」概念，所以人們便傾向於營私，而無法像【北俱盧洲】（佛教用語）那樣「無我，無我所」，從而總是能天然地就形成了理想的世界。有鑑於此，南瞻部洲（以及【東勝神洲】、【西牛賀洲】）的眾生，便都需要透過完善的「歸屬」制度以及教育才能建構起理想社會。

在地球這類南瞻部洲世界的情況，由於具有「私有」的概念而傾向於營私，若無法營私則興致缺缺。從而：在一切類似共產主義的環境下，由於人們不論做多少，都領同樣的薪水，並且，也由於無法屯積任何的財富給自己，於是便興致缺缺，表現為缺乏事業心、競爭力；及至心裡的不平衡感嚴重時，便會開始想辦法撈油水來「犒賞」自己，於是貪腐現象便出現了；並且，由於是出於心理上的不平衡感而對自己進行的犒賞，所以在做的當下其實是沒什麼愧疚感而不在乎將錯就錯的，使得這類現象一旦產生了便難以遏止其增長、擴散。如此，全然的公有制是不可行的。

可是：全然的私有制也同樣是不可行的。有讀過《貨幣戰爭》的人便能發現：一旦一個社會允許了「不受限的私有制」兼又有著「競爭」，結果就必然是「有能力者越來越坐大，越來越有剝削他人的本錢；無能力者越來越落於下風，越來越被壓迫」，最後使得社會貧富越來越分化。如此：豈止「專制」不是好東西呢？任何事物一旦走極端了、而沒個中庸之道可言時，便都成不了什麼好東西。當使人不至於完全沒有私人財產，但也不會過份地擴張，而是能止於適當時——此乃兜率天（知足天）之景色也。

故在超合作社社會中所使用的，將是【有限私有制】。此體制中是「可以有私有財產」的，只不過，是有上限的。

就拿「住權」來說好了：假定一個社員所可以住的坪數為10坪或20坪好了（視經統計後所得出社會能夠提供的基本福利而定，亦可以是由於升級了自己的福利套餐內容的原因而增加的），一開始僅是有工作就有得住，所謂「住權」，但這住權相當於跟超合作社社會租房而已（即便非常便宜），可由於終究不是人們自己的，可以預見人們對此將沒什麼踏實感。為此，超合作社社會將是設定每個人所能擁有的各類有限資源的上限，比如「土地」就是一種絕對有限的資源，於是，對每位自然人個體便提供確切的上限額度。

※當然，筆者並沒有資料以計算能是多少。具體額度大概得是在「不會擴大現存的、已對地球所造成的環境傷害（例：伐害雨林以爭取土地）」的前提下，透過把［（地球宜居土地）減去（公用土地）除以（地球總人口）＝人均可分得空間］來計算出。若比20坪、40坪還要大的話，自然是可增加的。另外還可考量一些人造空間。比如：可透過向上發展的塔狀巨型未來都市來「製造」空間。

- 有工作就有「住權」（租），但可用代幣另外購買土地與房產。
- 所欲購買之不動產，在限額以內可買斷；若想要更大的地與房，則只能用租的。
- 透過再另付一筆相當於50年的住權（租金）的金額，人可以長期、終生擴充自己所能住的公宅坪數（這是若選現成的國民住宅來住的話，但也可自己花代幣來蓋）（國民住宅：可以成本價跟建商購入滯銷的現成建築）。

- 住權可用來指定建造以及指定移居。
- 可以一次付清終生租金，但跟買斷的差別在於死亡後即被政府回收，不算入可過繼之財產內。
- 「住權」在結為家庭後可以合併。比如：夫妻各有20坪，可一起加總為一塊40坪的土地的購置權。夫妻以外的情況則須以建立法人的形式來進行並受審核。
- 18歲以下子女認作無自主謀生能力，各附加10坪於父母之住權上。18歲以後，除非讀大學，應開始有工作，半天的也好。

前述購置土地的情況：丈夫跟妻子可各自購買20平方米（假設此為經計算後所得出之土地方面可私有上限）的土地面積，合併起來便可在一片40平方米的土地上建覆蓋其土地全面積的房子；若想要更多面積充作庭院，則需要付代幣跟政府租；或者蓋高一點，在20平方米上多蓋幾層樓，便省下了另外20平方米來作庭院，且無須付租金給政府。所蓋之房可出租。

以上為以「住權」來做的範例。

總之：根據民生常態標準以及必需品來推算出合理的每人所能擁有之「零和」類資源上限。

再來：由於人們所擁有的財產可分為「生產」用或「生活」用，而，是唯有當握有的是「生產」方面的資料時才會形成勞資關係以及可能的剝削，所以也可是根據這種分類來限制人們所能「不受限擁有」以及「須受限擁有」的物資種類：可以是讓人們對除了像「住所」這類「必需生活資料」除外的「非必需生活資料」之屯積不受限（家電、汽車等等），而僅「生產」資料（包括：各種生產用器材、自然資源、土地、水、礦產、動植物等等）必須是跟其他勞動者們所公有的。如此，有了「生活」資料的私有與改善，便有了更多打拼的動力；沒有「生產」資料與自然資源的私有，則沒了剝削他人的本錢，剝削問題便能改善或全然得到了解決。

【官方整合帳號】與【人格信用評分系統】的想法

- 讓一切自然人自出生時就有個屬於自己的「身份」帳號，協同「身份證」一起運作。當事人懂事前不開通給其使用，由父母或監護人代管；要開通時須由父母／監護人陪同至相關政府部門開通。
- 此帳號之特殊性在於：任何人皆只能以其「真實身份」來使用，有鑑於此特殊性，須使用至少3重之多重身份識別方能登入。
- 一切與此人相關之來自公家機關之稅金、補助項目……等等，人格信用項目（例：性對象之登記，應可被公開調閱）等等，皆整合顯示在此帳號之下。
- 此帳號以如同Google、Facebook、Apple的帳號一樣，可用於連結、登入種種其它類服務上；一切現存之社交帳號皆應能整合、綁定至其下；唯此手續只能至政府之專門部門辦理，須帶上相關證件。

- 一切法人在成立時亦會被給予類似的官方身份帳號。
- 此帳號將可用於連結第⑤世界中之**【職人評分系統】**（或曰職能評分系統）。對各行各業之評級分「外部」與「內部」。（此系統不限於超合作社下）
- **外部**：一切面對大眾運營之自然人或法人皆登錄於一「職人評分系統」（只能拿「身份證帳號」來延用，亦即，只能使用真實身份），欲對職人們進行評分的用戶們亦然。此系統乃一職人用戶互評系統。不論職人或用戶，因為兩種身份是並存在一帳號下的，每個人皆能同時是職人、也是用戶，如網購網站之買家與賣家身份可同時存在一樣。帳號的開通由政府相關部門進行。職人方在此系統下所受到的評論與評分，在超合作社體系下將影響所受之酬勞，以滿意度80%及以上為正常，滿意度95%或以上整體酬勞相比原來上升20%，滿意度80%以下整體酬勞相比原來下降20%，滿意度60%以下時停職調查……等等。作為用戶的一方在此系統下所受到的評論與評分雖不影響什麼，但皆是有留公開記錄之事而可被人用以查閱其相關人品如何。對於所受評論與評分有申訴系統，接受不論是來自用戶方或職人方之申訴，會請申訴方與被申訴方來配合被調查；若評論與評分不當，則該評論與評分被遮蔽（評論不被顯示，評分不被計算）。總之，套用類似Uber、網購等等之評分系統。
- **內部**：上司與下屬亦另有互評系統，即績效評估系統。以滿意度80%及以上為正常（甲），滿意度95%或以上則整體酬勞相比原來上升20%（優），滿意度80%以下整體酬勞相比原來下降20%（乙），滿意度60%以下時停職調查（丙）……等等。

內部申訴系統有「越級申訴」與「公開申訴」。

» 「越級申訴」：設有ABCDE五人，為上下層關係，A身為最上層者、E身為最基層者。
當DE層的人之間的評分有問題時，E層人可向D直屬之C層人申訴調查D與E之間關係；
當CD層的人之間的評分有問題時，D層人可向C直屬之B層人申訴調查C與D之間關係，B則可向E層人就D層人的人格信用方面進行咨詢；
當BC層的人之間的評分有問題時，C層人可向B直屬之A層人申訴調查B與C之間關係，A則可向D層人就C層人的人格信用方面進行咨詢……類推。

» 「公開申訴」：前述介入無效時，則提出公開績效考核，由評分部門見證一切相關人等之立場辯正。

※ 亦即在代幣方面，外部與內部之績效賞罰相加，最高可拿到140%的獎勵，最低則在被停職調查前可被扣至60%。

資助方式

加入合作社的人，其私人資產並不會自動變為合作社的資產，而是要其自發捐獻、或者出售給合作社，否則絕不使用；或者以此資產當初之購得價／成本價貸給合作社隨著時間付清後自動歸為合作社公有物（※）。這一切行為皆並不增加其股權，故人人得以持續平權。

※ 此做法也可讓現下資本主義之勞資契約下的「因為提供了最初生

產資料，便一次性地永久取得了此企業未來所生產出的一切價值」的現象提供解方：在初期、參與者資金不足的情況下，先把一個企業以合作社的形式成立，若某位社員，雖然跟大家一樣是社員，可同時也是生產資料的提供者，但是他不想無償出借給人耗損、也無意無償捐獻給合作社的話（他也確實沒義務這麼做），也可把此生產資料以其當初的取得價／成本價（若有被使用了的話則扣去其耗損度，總之務必要有共識）貸給此合作社（無利息或有利息，總之跟面對外部貸資者的態度一樣，不應因為其同時身為社員的身份而對其客俗、失了分寸，亦要在尊重中達到共識）。接著，隨著此合作社的運營，逐次以此合作社的公有紅利付清此貸款，並且在完全付清這些貸款的瞬間，這些生產資料自動真正成為此合作社之公有物。在此過程中，此社員之［社員］身份與其［貸資者］的身份是該被分開來對待的：作為［社員］，其是作為跟大家一樣平權的一員來參與著合作社的工作；作為［貸資者］，其跟外部的一切貸資者一樣，不該因為其社員身份而被〝客俗／沒分寸〞以待。

然而，一切借貸的做法應避免，因為常常容易出現意外事端。比如：要是出現天災而一切毀壞的話，便血本無歸、也無從償債了，而使得社員們虧欠了借貸方（不論其來自外部或內部）；甚或，被惡意借貸者本身所設套以處於長期償債狀態（如《貨幣戰爭》中金融寡頭們對多國政府的借貸其實都是設好的局）。總是花費自己確實擁有的錢才是在道義上比較心安理得、也比較安全的。

分紅方面

https://zi.media/@yidianzixun/post/uQbLig【農村合作社怎麼分紅？分多少？90%的人都稀里糊塗！】

如文中所言的，應是一種雖然「股權」會影響「分紅權」，但卻不影響「決策權」的情況；可是這樣的話，人們所分配到的，仍然算不得平均。但另一方面，若是一個「分紅與股權」完全相當、且完全平均的原始合作社運作模式，想來它的「分紅」問題也將會是造成它運作低效的原因之一：由於大家都平均分攤紅利，不因為做了比較多或比較難的任務而多得，想來，這現象將使得人們總是以全體開會的方式來進行決策、分派任務，而難以組織化，使得合作社的運營將趨於停留在小規模下；或是真要遇上了困境難題、需要有人扛起多一點、大一點的責任時，人們之間恐怕也只會想踢皮球，或是採定期輪流制，而非選賢與能。簡而言之：由於就算當上了高層、做出了比較難的決策，也並不會多受賞，但扛起了比較重的責任、出亂子時，卻要受罰，這便是「有功不賞、有過要罰」的景況，於是，因為權責與賞罰不對等，故人們對於承擔責任興趣缺缺，而使原始合作社的運作若無專人指導的話往往在原理上是易流於「基本」的，而成不了氣候（相比社會上種種大企業、跨國公司等等，還沒聽過有合作社做到那麼大的，因為在合作社以外的企業是多做的人則多拿，有賞罰，故能培養事業心）。

在超合作社中，由於要保留擴張、收購用等等的公有資金而〝不完全分紅〞，僅是在普遍規範中設定好了人人從紅利中所直接以特定方式組合好的福利套餐（所以是直接以成本價被提供）來受酬、受薪，並且透過評分系統、崗位系統來合理增加所擔責任較重者之所得（組織中最上與最下崗位者所受之酬勞不應差太多。詳見【福利＋代幣】酬勞制度），便能構成賞罰系統，以此來構建起有效率的組織並擴張。

例：一個超合作社，社員十人，打從創立之初就設定好了每個人作為社員所能領的基準酬勞，相當於 $25000 的福利（注意，不是指以支薪的方式計酬，而是直接的權益，餐權、住權……等等），還有 $25000 的代幣供社內消費（僅根據職務稍做調整、加乘），真要對社外消費時才跟公庫換成貨幣。如當月賺了 $100 萬，每個人的月酬為約 $50000（給付每位社員的福利＋代幣的成本），共花費了 $50 萬在計酬上；由於不分紅，於是當月便剩下了 $50 萬的發展／擴張資金（構成公庫的一部份）。

由於酬勞固定，就算當月賺了 $150 萬，也是僅 $50 萬用於支酬，餘 $100 萬皆入公庫作資金。這也就是為什麼說超合作社能迅速累積擴張資金的原因之一。若要提升平均福利，則要待修改內部規定才與以執行。但記住：社員們花在自己身上的錢多了，則超合作社的擴張就慢，就越晚建立完成大同世界。

當然：無紅利或紅利不夠時，大家平均減酬，共體時艱。這樣子，才會知道不好好發展不行了吧？

注意：每位社員所領的酬勞中有 $25000 是福利，是指所賺之 $100 萬總共有相當於 $25 萬的錢被用於採買、提供、覆蓋 10 位社員們的福利了，這是實際花用掉的；另有每人 $25000 是代幣，亦即，公庫中除了 $50 萬的發展／擴張資金外，實際上還有另外的 $25 萬的貨幣，可是這貨幣不能被動用，因為它是保留來兌換給社員用的儲備之一部份（當其想要在社外消費時）。

花用於支付福利的 $25000，是以對社外的貿易環境來說的價錢，因為一個超合作社剛起步時未必具備能自給自足的一切能力，所以一切開銷未必能做到皆以成本計算。

比如：若 10 位社員皆沒地方住，於是，為了支付他們的「住權」福利，便需要對外租屋，此時被用於涵蓋各位社員們福利的這 $25000 中的 $5000 可能都將被用於租一個平均約 8 坪的完善小套房給他們了；若超合作社自己不具備食堂，於是，為了支付社員們的「餐權」福利，便需要發固定的金額給他們去外部找餐廳吃，若一餐（約半公斤食物）$150 左右，則一個月下來 $150*3*30=$13500 都用在吃的上了。若是超合作社自有宿舍與食堂可支付住權與餐權，自然不可能花費這麼多：提供住權的成本可能也才 $2000，而提供每份餐權的成本可能也才 $50，那麼必然節省了許多成本。此時有三種選項：維持福利的內容不變，視所節省下的成本為合作社所多賺到的（算進發展資本）；或是提升福利的內容，使其以成本價計算時，相當於支付給外包時的價格（例：前述的情況中，是由於外包住權與餐權，所以才會 8 坪小套房月租 $5000、吃飽半公斤食物要 $150；可若是超合作社自己有宿舍與食堂時，則省下許多提供這些福利時的成本，變成 8 坪小套房成本 $2000、吃一餐之半公斤食物成本才 $50。那麼，若是以成本價來把 $5000 支於提供住權，則可提供 20 坪小套房；若是以成本價來把 $150 支於提供餐權，則可提供 1.5 公斤的同樣價位食物，或是吃 3 倍高檔價位的半公斤食物）；或是以代幣的形式釋放所省下的這些成本給社員們（由於在住權上省下了 $3000、以及在餐權上省下了 ($150-$50)*3*30=$9000，自此，每位社員每月可多領 $12000 的代幣）。

當然，這些紅利的處置方式也可複合運用。

超合作社與傳統合作社之比較

可先見見這些內容：

https://www.earthday.org.tw/column/65/5940【不只賣冰棒「合作社」其實很強大】

https://medium.com/@104204046holden/台灣勞動合作社的困境講座筆記-71555dbc8200【台灣勞動合作社的困境講座筆記】

https://www.peopo.org/news/334653【台灣合作社超過 5,000 社，社員人數超過 250 萬人，比社會企業還棒，你會加入哪類型？(一部影片)】

傳統合作社之經營有七大原則：

一、自願與公開的社員制（Voluntary and Open Membership）
二、社員民主治理（Democratic Member Control）
三、社員經濟參與（Member Economic Participation）
四、自治與自立（Autonomy and Independence）
五、教育、訓練與宣導（Education, Training and Information）
六、社間合作（Co-operation among Co-operatives）
七、關懷地區社區（Concern for Community）

但超合作社有一些則滿不同的。

※ 圖表：超合作社與傳統合作社之同異表。

	傳統合作社	超合作社
股權	股權相同，一人一票	股權相同，一人一票
參與	自願，公開	自願，公開
資訊	透明	透明
管理	民主，自治，自立	民主，自治，自立
入股	各種形式的出資	固定入股費
資助	各種形式的出資	除非捐贈，否則一概以公款買下，避免計算複雜；對象作為「社員」與作為「買賣人」的身份是分開來看待的
營利	不營利	對內（社員）不營利，對外（非社員）營利
產品	不追求有競爭力	追求有競爭力
規模	維持	追求擴張、收購
紅利	分紅	酬勞近乎固定，不分紅，保留發展資金
計酬	平均，或分「普通股」及「發展股」社員	非根據股份，而是責任大小及評分來有所微調
納稅	某些免所得稅	營利，故如一般公司納稅（可直接算進福利的成本）
涵蓋	分各種種類	聯合一切需求成產業鏈，涵蓋社會上各種需求之方方面面，務使內部成一能自給自足之小社會，以達成能以成本價來提供福利給社員，進一步幫助社團節省開支。

※注意事項：

・有鑑於此經濟模式具有「可與一切現存經濟體制共存、混用」的特點，國家僅先把此經濟模式發展至佔國家GDP的50%來觀望一陣子社會的適應度、接受度如何，期間順便使這公有企業與市場上其它私有企業競爭，以評比其運作效率。

・要有公有財產（福利：不可兌現）也要有私有的（代幣）；不可全然無另一個，太走極端則社會便難和諧。

・若此國企要在國外擴張的話，報酬同國內計，否則便將淪為如同資本主義一樣地〝吸血蟲〞了；若遇上了在地的合作社同道，則可合併。

・新社會制度中，由於每種工作的存在都是社會所真正需要的，故每種工作都是值得嚮往的（殺盜淫業除外，惡職非職）。在這方面，日本的【職人精神】是很該借鑑的。

・想要物資不浪費，一切生產上就要簡樸實在、寧缺勿濫。

・整合、統一物流以降低運作中的「熵」：越少道手續則越少功耗。

・本來，世界上是應該不能存在什麼所謂的「產能過剩」的，因為：任何一個有資格「產能過剩」的國家，若是懂得如何運作「結果向收束式分配經濟」模式的話，都是能立馬轉換過去的，因為產能過剩意味著它產的比耗的多，如此，你就只需要「減少」然後「分配」就行了。相反的，「耗能過剩」的國家才是沒有辦法輕鬆轉換過去的。這道理跟「高的人可以透過蹲下來輕鬆降低，但低的人卻無法不藉助外物的幫忙來一直維持高挑的狀態」一樣。

・在人均工時的調降每次以1小時為單位，半小時的話太無感了。在確認全社會明確地具有著能調降「人均工時」的「充份」資格前，寧可人們工作後稍享清閒，也先勿輕易調降，以因應任何不足。何謂充份？例：國家計算出已經可以把人均工時從8小時調降為7小時了，可是應稍事等待，等到社會的實際條件顯示其足以調降至6.5小時時，才把人均工時從8小時調降至7小時。類推。

・為了使這個公有制度能夠良好運作，其內部運作必須得是選賢舉能的，所以需要是合作社式的；而為此，主要但不限於以福「利」的形式來發放的工資，以及主要但不限於以「名」望來進行的賞罰是必須的：工作方面，主要以類似拍賣網站的評分制度，以「〈反映道德操守〉的〈名〉的賞罰」來代替「〈反映才華能力〉的〈利〉的賞罰」。所以，並不是如資本主義的「全差別待遇」：由於其是以〈生存〉為代價來進行競爭，而優者全拿、劣者全輸，故有容易造成〈歧視〉風氣的缺點；可也不是如共產主義的「無差別待遇」：優者不受賞、劣者不受罰，由於無競爭、無審核，而有容易造成〈貪污〉風氣的缺點。由於人普遍是有得失心的，一旦一個制度全然劃一待遇而絲毫無基於績效好壞而予以的賞罰，便將會催生普遍的懶散心理，而原本有功勞之人也將由於心理的不平衡，而透過撈油水的方式來平衡自己的心理，於是也漸漸淪於墮落者的行列（一直以來的社會主義與共產主義內部的貪腐問題）。如此，在這種〝類社會主義〞的新世界社會經濟模式中，為了能達成與資本主義環境下時同樣的「透過競爭來達成職能監督」的效果，「『名』的懲處」就變得格外重要。

・在合作主義中、在超合作社內，在選舉方面上：不可組黨、不應組黨，否則只會把原本一人一票的「選舉公正」給複雜化。

・國家所最初委任至超合作社中之官員，不為什麼得一直是超合作社中的高層，而是可以被內部選舉所退位的。這些公派幹部此時便可僅是負責跟國家匯報此國立合作社內部運營狀態的觀察員、連絡窗口、顧問而已。當然：他們在社內所被分派到的工作，通通得做好，沒有特權。

- 可考慮依地區來成立多家超合作社，並且暫時性地不合併，以考察不同人員的績效。
- 說是「國有」、「國營」超合作社，其實皆是指「國立」而已：僅是初次注資是來自國家而已，可是之後皆該像一切事業體一樣，要自己想辦法營利，否則請等著吃自己。

一切公司的本意就是開來賺錢的；就算是超合作社，它也僅是「對內不營利」而已，但卻是「對外營利」的。設立超合作社，不僅要求它對內得是「能夠服務其一切社員」的，除外還要求它對外得是「能夠賺錢」的。它必須是能夠為國家盈利的，或最起碼能夠自我維持的。若不夠競爭力、沒辦法盈利、賠錢了，國家可是不該救的，因為並不該拿其他仍未參與這個／這些超合作社之運作的國民們的錢來為其「競爭力不足」買單。

任何國立事業體的幹部皆不應有「若經營失敗了的話，國家會收拾爛攤子」的錯覺，否則也就不用奇怪為什麼辦事不力了。真要賠錢了的話，就……等著被解散還有究責吧！

- 同理，除了初次或偶爾的注資、請款外，包括超合作社在內的一切「國立事業體」本該就是要能夠營利、能夠為國家帶來收入的，而非相反地還成為一個財政黑洞、包袱。其營運必須是要能為國家獲利，或起碼自我維持，而非成為累贅。為此，它必然得富有競爭力才行。否則……人員等著被撤換吧。
- 「**治人事天，莫若嗇**」、「**儉，故能廣**」不論對個人還是對一個國家來說，懂得節約是好事。人多是對可見的事物才比較有反應的。這點對於一個福利型社會來說，則呈現為：由於對人民的勞動的大多支付皆是直接以社會福利的形式，於是跳過了中間的一切轉手營利過程，便相當於一個國家能對外把物資直接從生產國以原料價購入後，便投入使用於福利上來支付給人民，中間沒有再被任何私人賺一筆，從而在人民保有著一如既往的產能的前提下，能省去了大量維持社會運作的成本，這樣一來國家便能省下很多資源可用來償還過去的債務以及發展新的規劃。不過這些多省出來的社會成本卻也常常被政府官員用來為私家聚斂：看那些社會主義國家的領導人們往往會有他們自家家族坐擁大量財富的問題。比如：現下民不聊生的委內瑞拉，其被窮人所稱譽有加的前總統查維茲的女兒，即被於其帳戶內發現擁有著近40億美元的存款，雖然不確定這個數目相對於一個社會主義國家所能省下來的社會維持成本來說是不是只是個小數目，有可能是、有可能不是，但要是這些錢曾被拿去發展生產業及加工業來分擔國家的經濟壓力的話，委國一直以來幾乎單靠石油所支撐著的經濟也不會那麼脆弱。如此，一切諸如此類的福利型國家運作模式中，最需要注意的就是「懶散」造成的「貪污」、以及因「認同」造成的「黨見」問題：若跟一家一姓犯了認同的話，則資源會被聚斂給一家一姓；若跟一黨一派犯了認同的話，則資源會被聚斂給一黨一派。類推。

為什麼要特別注意這點？因為在這種本該能節省下許多資源的國家運作模式下，比起別種國家與社會經濟模式，本該能有著更多可進行各種發展與規劃的優勢的，但這些多出來的優勢每每會被終究還是只想著〃自己人〃的內鬼們所侵吞掉。這一切需要靠人們普遍平時便不斷地去除〃認同意識型態〃以及培養「以義為命」的生命態度才能達成。

※筆者的一些想法：

・物質條件的穩定是人們安居樂業的基礎，而這很重要：因為不是誰都有辦法如聖賢君子一樣，「窮」的時候不會「斯濫」的。

・社會上有許多問題其實很早就可以得到解決了，但就是會有人由於〝若把這些問題解決了的話，自己就將處於〝無利可圖〞或〝失業了〞的境地〞，於是一直把問題擱著。諸如：非消耗品（器具等等）的「計劃性報廢」、或消耗品的「過度包裝」等等所造成的浪費及污染問題，還有一些醫學上的「過度治療」以申請更多補助、放置某種其實已經有解方了的問題以避免失業等等……都屬於此範疇。在此種社會制度落實以後，這些現象期能儘早消失。

若進入了完全福利給養的無競爭時代，一切創新將僅是為了造福使用者們、為了讓人們享受到更好的事物，而企業們無需耍什麼手段來使自己的銷量能夠續存。想來，此時「消費主義」以及其所帶來的「浪費」，也都能夠步入歷史了吧？如此，賣創意者（比如3C產品設計者）都把創意工作當作副業，維生另靠主業，便無需計較一個產品推出時還得〝留一手〞以推出下一個產品來維生。試想一個〝Nvidia及AMD都把自家的技術貢獻出來一起製作顯卡、各家手機都把專利開放出來讓別家手機拿去自由設計自己的產品，而不會有計較專利侵犯等等的問題〞的景象；在這樣子的環境中，一切產品的推出將只是出於想要把創意實現出來的熱忱，而不是為了競爭，並且由於沒有留一手的風氣，人們所使用著的一切技術將皆是最新、最好的，一切事物皆很耐用，創意也都是深思熟慮後才推出的，故人們每很長一段時間才會想換新的用品，並且也不會有常常更換新機的問題，從而不會有消費主義的資源浪費問題。

比如：手機，它並不是食物、並不是消耗品，它本不需要時時刻刻汰舊換新，然而公司卻因為需要讓客戶保持在持續購買公司的產品的狀態否則會沒收入，於是便刻意讓產品不那麼耐用、廣告不斷地的宣傳，好讓客戶一直把手機如食物一樣的進行補充。於是：由於讓「非消耗品」的事物如同「消耗品」一般地更替著，便理所當然地造成了浪費，而浪費則便造成了垃圾，而有垃圾便造成了污染、髒亂。

・在未來的大同世界中，種種社會與科技上的進步，將不再是源於「競爭」，而是出於為了人們著想的「善意」，並且也都將不在乎於樂於跟他人分享，以此來提升著一切的水平。

・若世界能先暫時放下一切並轉型成「結果向收束式分配經濟」社會模式，然後才來重啟過去的一切發展的話，便能在越早「減少了很多空轉與空耗、失業與就業、資源分配……等等問題」的前提下，再續發展。

・「**總要勞力，親手做正經事，就可有餘，分給那缺少的人**」

「結果向收束式分配經濟超合作社社會」其實也就是第⑤靈階的社會經濟模式。在講究〈個體性〉的第⑤靈階中，每個構成整體的個體、每個構成全體的部份，都應當有自己的生命力，從而每個國家都應當要遵循著「生產業〉加工業〉服務業」的次序，來有著〝平衡〞而期能〝自給自足〞的發展，才不會一直依賴他國，而是成長到甚至能夠「支援他國」的地步。（直至一切「國家」體制在世界政府下皆成為了「文化區」，屆時便只是運營一個「巨型合作社」的問題了）

「分配經濟」對比「消費經濟」

請先看一下這篇：

https://buzzorange.com/2018/05/28/under-capitalism-terrible-illusion/【資本主義下可怕的錯覺——當你認為是在拼命消費到死，但真相是拼命生產到死】

資源有分可再生與不可再生。不可再生資源自然無須多說；但即便是可再生資源，也有其被開採的承受能力與再生週期。就好比人體：每個人的一天皆有24小時，而每天都需要休息約8小時，剩下的16小時皆是活動，用這種方式來生活，以現下社會小康家庭的生活品質，如果不是橫死或得病的話，你能夠妥妥活到80歲左右沒問題。但：你卻沒辦法在10天內先積累160個小時的活動後，再靠80小時的睡眠來回復體力——這樣子的話你可能連第8天都撐不過去而暴斃。為什麼？因為人體有其可供支用的體能上限以及回復週期，這是人體的常道；一旦你超載它了，便開始啃蝕你肉體的生命力本身。同理，地球資源也是如此。

不要再讓消費主義延續下去了，我們的地球已經不堪負荷了；似乎還有很多人好像以為我們的世界是「還很安全，在極小的可能下才會毀滅」，但事實則是「非常危險，在極小的可能下才救得回來」的狀態。對地球來說，「人類」的數量其實並不少了，甚至已經有些學者在預測未來的許多問題將是由於人口過多的問題，這包括了濫伐（爭取田地）、犯罪率上升（受教率趕不上出生率）、物種滅絕（人類正在造成第六次大滅絕。見維基百科【全新世滅絕事件】條目）、環境污染……等等。就這一切來看，人類現今的數量其實真地就很多了，所以不用再追尋增長，持平就夠了。

然而：卻為什麼又有一堆國家會哀號著〃國民生育不夠〃而導致的〃人口成長放緩〃甚至〃負成長〃是個〃問題〃呢？是難道地球受人類的氣還不夠多嗎？無非又是「消費經濟」思維下對「人口紅利」所帶來的經濟刺激效果的追求。可以說：近代以來人類社會對〃明明會造成環境傷害〃的「人口成長」的刻意追求，都是消費經濟思維下的結果。消費經濟著實是害地球不淺！

而也是在消費經濟這種〃需要被不斷地拖動〃的經濟及此種經濟思維下，才會產生出【鐵山報告】這種黑心的思想。

據此些特質，可以說：【消費經濟】它打原理上就是會對生態帶來巨大負擔的一種經濟模式，它打本質上就是來摧毀地球環境的，是不可取的！

共產主義實施計劃經濟，資本主義實施市場經濟。

可謂，依「規劃方式」來分類，有分「計劃經濟」與「市場經濟」，但是，依「目標運用」來分類，則分「分配經濟」與「消費經濟」。當中：分配經濟是把所生產出來的結果合理地平均分配出去，消費經濟則是把所生產出來的結果再用來「自投資」以製造更多需求來拖動自身的運作（製造消費便有產能需求以製造工作機會，製造工作機會便有收入以製造消費……如此來無止盡地自循環並每次越擴大規模、加大胃口；經濟必須要成長……成長……再成長……無止盡地這樣子持續下去），此系統，其〃消費壓力〃（被迫要〃持續消費〃的壓力）是呈「指數型」成長的，可謂是一種「黑洞式」的經濟模式（黑洞：質量產生引力，引力吸引更多質量，造成著更多引力……如此循環下去），乃是一種「愚人的自縛」，最後社會將註定自我吞噬、人們陷在無止盡的消費壓力中、與大自然的資源共耗於殆盡之下。

雖然，「計劃經濟」與「市場經濟」的對比並不就完全等同於「分配經濟」與「消費經濟」的對比，可是它們之間也有相容性、配合度等等的整合方面的「磨」或「合」的難易度問題。（當中，「計劃經濟」適合「分配經濟」，「市場經濟」適合「消費經濟」）

一直以來的社會、共產主義之所以無法成功，除了體制問題外，也是由於不知道「分配經濟」的正確理念以及做法，從而用著一個本質上跟「計劃經濟」不相容的「消費經濟」方針來〝拖動〞計劃經濟吧？但計劃經濟本來就不是一種被構想來〝製造拖動〞或需要〝接受拖動〞的經濟模式。若要以動物與誘餌來形容這一切的話，則「市場經濟」像馬（激烈），「計劃經濟」像牛（平和），「消費經濟」像鞭（以人為的需要來驅動），「分配經濟」像草（以天然的需要來驅動），於是，用「消費經濟」的方針來指揮「計劃經濟」的運作，無非就只能像是快鞭打在慢牛背上，收效是非常有限的。由於不知道具體作法，就算把願景描繪出來了也實現不出來。

更何況，「計劃經濟」的正確用法，應該是這樣子的才對——本質為「**被動計劃經濟／弱計劃經濟**」的「**協調經濟**」或曰「**引導經濟**」：超合作社社會所施行的計劃經濟並不是傳統意義上的「主動」式的、「強態」的「主動計劃經濟／強計劃經濟」，而是「被動」式的、「弱態」的「被動計劃經濟／弱計劃經濟」，因為政府在超合作社社會中所扮演的角色並不「控制」而是「協調」、並不「號令」而是「引導」、並不「指揮」而是「建議」，所以應該也可以說是「協調經濟 Coordinative Economy」或曰「引導經濟 Inductive Economy」。

在這種經濟模式中，政府負責統計並告知人民在社會中有哪些工作需求需要被滿足，然後陳列給人民知道；而人民面對這種種工作的可能性時，則就像在 RPG 遊戲中面對告示版時一樣：有很多委託，標示著薪資以及最低合約時長，然後由人們自己來決定要接哪些單（故曰「協調」）；當社會上有哪方面的需求增加了，而需要更多人力流去這塊領域工作時，則政府把這塊領域的工作在一定時期內加酬（故曰「引導」）。這才該是計劃經濟的正確用法。

這種從告示版上「接單」式的協調經濟／引導經濟，類似零工族、現領族的作法。比如這篇報導中所述的情況 **https://www.youtube.com/watch?v=i0d4VzWcLyo【【高學歷低薪 失落的世代】 華視新聞雜誌 2018.05.13】**只不過差在說：在超合作社社會的分配經濟＋協調經濟下，人們將不是由於〝別無選擇〞所以才來接零工的單，而是由於這種社會本身的運作方式就是極具靈活性的；只要能滿足工作內容，在任何一種工作崗位上皆能領到愜意的、近乎等同於在任何其它工作崗位上所能領到的報酬，從而人們將會是樂於自行輕鬆轉換自己的工作崗位，而非由於不得已。

「消費經濟」是一個需要靠「一邊消費、另一邊勞動」來拖動的經濟，乃是把「消費」當作維持自身續存的方式，所以為了維持這個體系運作，社會將須不斷「製造需要」，從此進入惡性循環。

消費經濟必然會仰賴人口紅利，於是會受出生率的影響。此時，要麼倡導出生潮導致人口過剩而對環境造成傷害，要麼放任經濟衰退。這是消費經濟固有的缺陷。

現下世界上一個個國家皆要求GDP一直上升，這意味著一直生產，之所以一直生產，是由於一直消費，並且每一段時期會試著透過增加人口紅利來擴張消費。可是：地球也就那麼大，人口必是有限的（並隨著飽和、生存空間受到擠壓而生活品質下降）；人口有限，需求便有限；需求有限，則消費一定會飽和。此時就算搧動、要求、甚至逼迫人民消費，用撐的又能多出多少%呢？還不計入環境其實是扛不住這種耗費資源的方式的。所以消費經濟是註定無法永續經營的，有很難懂嗎？

若說從理論上得知了「需要」是「有上限的」這件事昭示了分配經濟的可行，則事實所反映出「資源」是「有上限的」這件事便宣告了消費經濟之不可行。

因為，注意：消費經濟，為了拖動經濟活動、為了其順利運作、為了交出亮眼成績單，不論是出於哪一個原因或兼而有之，它並不滿足於持平，而是要求經濟必須是〝每段時期相比前期皆有所增長〞的；它依循的是一個相對目標、相對指標，而非僅止於〝確保了人人之食衣住行育樂之每個充份細項皆得到了滿足便行〞的絕對目標、絕對指標。可是：你今年吃三餐，難不成明年有辦法吃四餐、後年吃五餐嗎？由於環境堪不起這種剝削，所以消費經濟這種〝拖動經濟〞每很大一段時間必然要求把一切消費大環境給〝重置〞才行，然後再從低谷重新爬起。人的需求是「有上限」的，一定要認清這一點。你不可能逼一個平時正餐都只吃半公斤食物的人從此開始吃一公斤、或平時吃一公斤的人突然開始吃兩公斤來〝製造〞出需要以帶動消費。既然有上限，一旦逼近這個值了，供需關係便會飽和，然後經濟成長開始放緩，呈現出邊際利益遞減效應。

就像貨幣的需求是跟人口呈絕對正比一樣，消費模式下的經濟成長也跟出生潮呈正比，不過，經濟衰頹將導致出生潮的下滑，而出生潮的下滑又將導致經濟的衰頹，從而進入惡性循環。於是：1、靠消費來拖動型的經濟，對地球是浪費且不可永續經營的，應該改變。2、以現下世界人口的飽和程度來看，人口與經濟最多能保持持平就夠了，無須再追求過多的突飛猛進，而實在也是持平的人口便會挾帶著持平的經濟運作（恆持的人口＝恆持的消費＝恆持的經濟）。

分配經濟中並非不會有經濟活動，而是追求其一切經濟活動僅須用來解決一切由「消耗品」所構成的需求，然後不刻意製造額外的、本無須存在的需求。

消費經濟不是：它一直擔心社會上沒有經濟活動，並且不滿足於僅由「消耗品」所拖動的經濟活動量，動輒擔心〝要是不催促消費，經濟就會停擺〞，於是在在處處搧動著、催促著人們消費，甚至不惜把不是消耗品的事物當成消耗品來賣（可網搜【手機垃圾山】）、製作成消耗品來賣（可網搜【計劃性報廢】）。不可不說這是一種「焦慮」。並且，「消費主義」乃是「消費經濟體系」的產物，而非原因：由於認定經濟只能這樣子運作、只認識這一種「消費經濟」這種運作方式，所以被這種思維逼迫出了消費主義傾向與行為；不是喜歡消費，但是不得不消費才能維持經濟機器的運作，因為不知道原來有別種可能性存在。

很意外吧？亦即人們是被這個「體制」機器本身逼著消費的。再換言之：撇去是否有人喜歡消費主義、壓榨，但事實是，就算你沒有這種惡意，也將不得不如此。為什麼？因為人類至今為止所認識到的經濟體系就只能這樣子運作，而也不知道該怎麼掙脫它。

筆者在對消費經濟分析後理解到了這件事實——並非「消費主義創造了消費經濟」，而是「消費經濟創造了消費主義」。消費經濟才是因，而消費主義僅是果。一直以來人們是「無法改變」消費主義的現況，而非「不願改變」它，這正是因為跳脫不出「消費經濟思維」，所以一直被困在這個牢籠中而逃不出來。

在本節開頭處所引用的文章中形容是「資本主義有如詛咒，導致我們走上生態浩劫」，但正確來講並不是「資本主義」導致了這種走向，而是「消費經濟」之體制、之結構，導致了這種走向。資本主義僅是提供了「追求利益最大化」的「逐利性」而已，但卻是消費經濟之體制、結構，才使得這一切不得不這麼運作著。

但……雖然知道了這件事實，在看到了《鐵山報告》這種文件的時候，果然還是要說：真地是要夠喪心病狂才寫得出這種東西。須知：相對東方文明來說，西方文明整體上是更偏「物本(materialism)」的，因此，當此文明在提及所謂的「理智／理性」一詞時、跟東方文明在提及所謂的「理智／理性」一詞時當下所直覺理解到的意思，本質上是兩回事：西方用詞中所謂的「理智／理性」更多時候指的是「不帶感情的冷靜計算(rationality)」，而不是如東方所理解到的「符合真理的性質(logity)」。從而，西方文明用詞中所謂的「理性」，是能夠導致人們做出「自私」、「利益最大化」行為的冷靜計算。正是資本主義的弱肉強食傾向＋消費經濟總會面臨須〝重置經濟循環〟的需求，才產生了《鐵山報告》這種冷血的事物。

※reason(推理)=>rationality；logos(真理)=>"logity"。

至於在排除了某些少數稱得上真正邪惡的人以外的普羅大眾，則：人不為什麼需要去刻意製造一個「突顯條件好與條件不好的各個個體之間所會享有的優勢與劣勢差距」之社會。筆者相信沒有任何一個自覺善良的人會同時邪惡到享受〝優越感〟、以〝歧視〟為滿足。有人說「有競爭才有進步」，但若真要是在如此的心態下才會誕生的優勢，想來也不會是什麼本於善意的心態，而僅是為了求生存而不得不具備的優勢，但其背後卻不會有什麼為了他人而著想的仁愛之心，故而，此種優勢所帶來的，恐怕也不會是進步，而僅是更多剝削他人的本錢。若是在一個沒太大競爭心理的氛圍中，而環境僅是提供一個公平的審核機制，使人們唯一的競爭對手僅是自己的話，那末，在這種環境中所誕生的一切長進，便可知其將不會是出於恐懼、不是出於強迫，而是確確實實來自想要長進的心以及努力，並且，若有任何為了他人所做之事，便可知也不是為了剝削而存在的優勢，而是真心為了他人所生發的善心。

需要靠「拖」才能「動」顯示了——消費經濟這種經濟體系本身有問題：它長期以來靠人為製造出的需求來運作，而非自然需求。

製造出的需要＝問題（對《鐵山報告》的回覆）

「有之以為利，無之以為用」、「常應常靜，常清靜矣」，事物的活動若想要正常、不走極端，則便該使其能在不斷地有無之間弱態循環，而非不斷刺激其走極端化。雖然宇宙的正理總是能使一切回復其本應有的均衡，但真要到走了極端之時再來修改、甚至〝被〟宇宙所修改的話，到時可就難過了。

例：就好比微胖的時候就趕快減肥，會比肥胖的時候才來減肥容易多了；若肥到不減重便會死的程度的話，你到時就算不想減想來也不得不減的吧？又或者你會被關心你的人逼著來減。若最後你真地胖死了，則問題確實也沒了：屍體有在乎胖不胖的嗎？

「**三十輻，共一轂，當其無，有車之用；埏埴以為器，當其無，有器之用；鑿戶牖以為室，當其無，有室之用**」，此處的「無」其實也並不限定於名詞意義上的無（空洞），而也可以是動詞意義上的「無」（使用、消耗）。

一切天然的、合乎常道的需要，是為了「體驗生命」而存在的。廚房的存在是為了煮菜，煮菜便會弄髒，弄髒便要打掃。這樣看來，每次打掃廚房之後都必定又會被下次的使用所弄髒，那麼打掃豈不是很沒意義？可即便如此，廚房可以不打掃嗎？打掃才不會骯髒、才不會越來越多污濁，致使廚房不堪使用。若廚房的「整潔」狀態從來不被允許打亂、一直被保「有」，那它便只是個好看的擺設而已，而無法有其作用，所謂僅有其「利」；透過「無」去廚房的「整潔」狀態，廚房方得以有其「用」。反過來看：若廚房的「髒亂」狀態一直持續、一直被保「有」的話，將再也無法進行料理；是當「無」去其「髒亂」狀態之時，廚房方才尋回其〃可被用來料理〃的狀態。人應法地、法天、法道、法自然：就好像對天氣是以「四季如春」來形容其完美一樣，而不是以如「酷夏」或「嚴冬」來形容一樣，事物的正常、健康、和樂的發揮，既不是死亡一般的〃全然不動〃、也不是在極端之間〃大起大落〃，而是在和緩的、符合常道常情常理的自然之「有」與「無」之間不斷地循環。

換言之：若是在自然的需要之上，又另外「人為製造」了需要、起伏，無疑是在製造問題、為之後的痛苦埋下原因。

一切「需要」本是為了能越來越「不需要／不再需要」而存在的。因為：「需要」須被「解決」，而當談及一切所謂的「解決」時，都是指解決些什麼呢？解決「問題」。跟一切「天然的需要」不一樣，「人為的需要」則是本可以避免的。故知：「（人為的）需要」可謂就是「問題」的代名詞。當你「製造需要」時，你無異就是在「製造問題」、你必然也就是在製造問題。如此：

政府的存在是為了調解民生問題，
進而使政府的存在越來越不被需要；
科技的發展是為了解決民生問題，
進而使人工的存在越來越不被需要；
醫生的存在是為了發展醫術、改善人們健康，
進而使醫生的存在越來越不被需要；
災害對應與法規等等的存在是為了避免災害，
進而使消防員的存在越來越不被需要；
教育與司法的存在是為了提昇人民心靈素養（從善）、解決犯罪（去惡），進而使警察的存在越來越不被需要……等等。

可謂：工作之存在顯示了需要之存在，需要之存在顯示了問題之存在；當社會的「問題」越來越得到解決，便會顯現為越來越少「需要」，從而也就越來越無須「工作」存在了；當發現種種工作越來越不再被需要，便意味著社會的問題越來越得到了解決。注意：是因「問題」消失導致「需要」消失，「需要」消失導致「工作」消失，而非你讓工作消失就代表了需要消失、甚至問題消失了，勿倒果為因。在全部的需要中，大概只有「維生」以及種種「正當的體驗」、「求知」、「創造」等等……才能算是固有、而無法、無須去解決的自然需要吧？其餘皆可謂只是由於人力尚不足以解決、或者是被蓄意製造出來的人為「需要」，亦即「問題」也。

如此，若事物的發展能朝著使社會越來越少需要，某種意義上的從「有為」到「無為」，便意味著它們才真地是朝「使種種問題得到了解決」的方向去前進；反之，若事物的發展反而使社會上又浮現出了越來越多需要，連本來「無為」的方面也越來越多「有為」了，便意味著它們只是在製造更多問題，而非解決問題。

你若為了使醫生存在而製造病痛，
你若為了使警察存在而製造犯罪，
你若為了使消防員存在而製造災害，
你若為了使清潔員存在而製造污染；
你若為了使媒體存在而製造新聞，
你若為了使政府存在而製造假想敵，
你若為了使軍隊及武器存在而製造戰爭，
你若為了使消費存在、拉動經濟，而製造憂慮、搧動物欲，
那麼：製造著這一切問題的你，肯定才是「問題」本身。

一個社會的究極大治，應該是「無聲無臭」而「百姓皆謂『我自然』」的；用最少的介入與動蕩換得人們最大的安和樂利：所謂「太上，下知有之；其次，親而譽之；其次，畏之；其次，侮之」、「聲色之於以化民，末也」、「上天之載，無聲無臭，至矣」，連到底是因為誰的功勞才得以如此安和樂利都不知道、也無須知道，化解人們的苦厄於稍無聲息之中，看不到其君上的介入，這才是至治；需要透過一天到晚拜票、打廣告、刷存在感、要人們歌功頌德，搏得形象來維持地位的治理者，都還算是次等、及至劣等的。甚至，若還蓄意、人為地製造問題，使社會能持續地處在亂糟糟的狀態，以讓自己的工作得以續存，這只是拼業績、拼表面數據、拼表現機會、拼名聲；透過製造本不存在的需要、假想敵，來讓自己有機會作秀，進而說服人們自己還有存在的必要，好讓自己能繼續貪污、繼續享受權力感，則絕對談不上什麼為人為公為民，只是最糟糕、最失敗的政治無疑。

這即是一種「靠消費來拉動經濟運作」的思維，乃由於早已僵化於「得失型社會」的運作，故也想像不了、想像不到、想像不出「一切都能（幾乎）白白地得到」的「福利型社會」到底是如何運作、該怎麼運作。當一切免費時，何須推動消費？還是寫了《鐵山報告》的那些人們，是由於怕自己所學、所擁有的一切都淪為廢物，所以才刻意人為製造著種種社會亂象以有舞台來一展長才？唯有當人們除去了這一切〝假命題〞的忙碌，才能有時間去做種種本來該做的事。會去做這類事的人們，真地只為了維持「體制運作」本身嗎？還是為了錢與權力慾呢？是難道沒別的事好做了嗎？人生就這麼空乏、無目標嗎？

回到對分配經濟與消費經濟進行對比一事。

至於「分配經濟」：它沒有「週期問題」，因它不是靠〝拖動〞的；只要設定好目標，便能進行分配（透過工時／工位轉換）。分配經濟主要先是為了解決自己的需求，然後才是外部的需求，所以不依賴外部，也不被外所影響。由於在【消費經濟】中，所謂的「需要」乃是指「經濟活動」本身，所以在消費經濟中 GDP 的成長「必須」總是正的才行；在【分配經濟】中，則未必，一切僅端看「民生」的真正需要。

若不是因為不知道、不認識分配經濟，人們又何須一直爭經濟成長的數字？現下這種需要〝刻意製造經濟活動〞才能維持住的世界經濟運作模式，透過分配經濟，是可以避免的。

在分配經濟中能夠做到：整體產能不足時、人民生活品質低落時、人民想要過奢侈一點時，就調高人均工時（可自由支配的代幣增加，物質生活比例增加）；整體產能足夠時、人民生活品質足夠時、人民希望清閒一點時，可調低人均工時（可自由支配的代幣減少，物質生活比例減少）。理想的作法是：產能足夠時，就降低人均工時，讓想要更多物質生活的人各自去加班多賺他們自己想要的收入。

在分配經濟中，若只是想要 GDP 數字漂亮，就只需要調高人均工時就有了。可是：何必呢？人生活本不是為了向他人炫耀，而是使自己能過上愜意的日子才是最原來的重點吧？

在分配經濟下，想要計算 GDP，則得根據對系統外的非社員的價格來計算才準，因為：對內都是以近乎成本來供給的！

https://www.bbc.com/zhongwen/trad/science-38289591【研究：精神健康與伴侶關係是幸福的關鍵】可見世界應創造「幸福」，而非「財富」：前者是心本的，後者是物本的。誠然後者會對前者造成某種程度的影響，但畢竟不是絕對因素。

「只看 GDP 來擔心國情」：這是一種透過提升民生「極限」而不是透過提升民生「底限」來敷衍一個國家內部民生水平的方式。

在本書【社會之虛，社會之實】章中有提到：實業的發展才能為社會帶來物資，有物資後才有得談『合理分配』以達成均富的前提條件——「分配經濟」就是這個環節。

分配經濟是根據「結果向收束」的目標才得以成立的，故可以這麼形容：「**知足不辱，知止不殆，可以長久。**」（**道德經**）

是由於有了明確的所需工作量，以及由於統合了受薪者群眾及福利涵蓋者群眾（合作社下，一切勞方皆是資方），故能對工作進行分配。

（以「果」來收束事物的發展：這是一種「義」的境界，屬第⑤靈階的文化；「義」適合用來〝收束〞，但〝著手〞上想要完全完善，則還要學第⑥靈階文化之「禮」。見本系列書【第一卷：事理，名實】）

之所以會需要一直發貨幣來刺激經濟，而若市場上沒有貨幣流動便要稱之為「衰退」，僅是就「消費經濟」它那固有的「需要拖動才能運作」的機理而言，對「分配經濟」來說卻不然：既然不是產能不夠，那就意味著市面上並不缺乏足夠分配給大家過上好日子的物資，為何會是「衰退（匱乏）」？？這種情況是僅對消費經濟來說才是問題，對分配經濟來說卻不是，因為僅須要把物資分配下去而已。在懂得了分配經濟後再回過頭來看消費經濟……嗯，夠「有病」。

※像產能過剩的中國其實才正是最能、最有本錢轉入分配經濟、並透過分配經濟來減少人均工時的國家，怎的會問題一堆呢？不懂。除非：貨幣量增發速度其實遠超了社會實際財富增加速度，並且一直以來是以此浮誇的帳目來運作國家，亦即國民們的實際財富其實並沒有那麼多？

「消費經濟」乃是「需求配合活動」，
「分配經濟」乃是「活動配合需求」。

注意：包括古典經濟學、凱恩斯主義……等等，至今的經濟學分析以及其所構思出來的對經濟的推動方式，都通通屬於「消費經濟思維」的範疇。人們一定要把一直以來的總是讓「需求配合活動」的思維轉成「活動配合需求」的思維，才能理解什麼是「分配經濟」。

※再一些分配經濟的特點：

- 「分配經濟」配合上「用不壞」的產品，便能大量減少浪費。比如：把【Phonebloks】這類的產品作成高效能且不易用壞的狀態，於是每個部份就能用很久才換；並且其材質還得易於全面回收。在分配經濟下，可以設定成每個人每5年可以獲得一次免費全面升級其所使用的電子產品的機會，在此之前則是皆需要自行付費才能升級，以此方式來避免浪費。在建築上，則有所謂的【代謝派未來都市】可以參考。
- 分配經濟超合作社社會中，由於物價都是近乎成本價了，故買大量物資並不會有折扣。此亦是為了打壓消費從而打壓浪費，讓人們只取所需就好。
- 分配經濟超合作社社會中，商場等等地方的內部乃是根據民生需要以及搜索的方便度來擺設的，以讓人們僅取所需，而不求吸引其眼球，或甚至為了促銷而不惜用上潛意識訊息。
- 內容農場的出現：還是為了錢，而浪費著大量網路資源，實屬消費經濟的產物之一。在分配經濟下則將能成功打擊。

……等等。

※對應消費主義應該要：

- 浪費太多要開罰（促人不多訂／零售商需要時才訂、生產商接到訂單時才生產）
- 只消不產要開罰（使人把頭重腳輕的第一、二、三產業比給重新正常化，不要把粗活都丟給第三世界）

【訂貨經濟】

訂貨經濟是指讓人們習慣於「要什麼商品皆須事前確定數量且付款」並「除非由於瑕疵，否則不可隨便退貨」的經濟。這是由於：在「節省資源」一事上，與其「事後減少廢料」，不如「事前節約製造」。透過網路的協調，讓廠商依消費者「有確切付了錢的訂單」才生產並出貨。只要人們肯等、願意等，不再追求第一時間便有著最好、最快的事物，以「寧缺勿濫」為方針來處理生產業，就能為世界減少絕大部份的浪費、丟棄，也讓業主們不用一直自行吞下種種沒賣出的、即將報廢的產品。只是不知道人們願意來配合這麼做麼？

在現下這種靠「拖動」來維持的「消費經濟」下，許多物資皆被輕鬆地浪費著：產品一直輪替、不斷地丟棄著物資。應當要多使種種需求是「預約」後才製造，並且要使種種物資皆該是「高耐用」的。世界應該自此多專注於各種可再生資源的生產以及使用，而謹慎使用任何剩下來的不可再生資源（比如石油製品）。

- 有折扣，但指定日期，不得逾時導致過期卻還要店家吸收。跟店家指定自己要哪些商品、何時去領，於是店家便有了一筆固定的買賣了；而為了獎勵這類行為，店家便提供折扣（可高至5折），但同時明白告知客戶其所訂的商品就是為了當初指定的日期所準備的，若是客戶自己晚來拿，放到壞掉了（比如食物），店家可是照樣把錢收走不理賠的：因為是客戶自己爽約的。若當初有協定好逾期多久沒來領的話則店家可回收商品，此時當初所付之錢最多只會退回 50%。

  例：小明某月 **1** 日跟超商訂了 5 塊蛋糕、5 塊披薩，共計 **$1000** 元，指定 **10** 日去領，由於超商給這類訂貨行為打 **8** 折，於是小明在 **1** 日當天便只須付了 **$800** 元便成功預購了。接著，超商便能特地為了那天多叫了這些商品，等待小明去領。然而，小明卻15日才去領，但商家依然只須提供當初在10日時便準備好交貨的那些商品（有冷藏）給小明，無須更換新鮮的給他。若當初約定超過6日則店家就回收這些商品的話，而小明確實也沒出現的話，則店家可只退款$400元。

- 器材類以外之非消耗品（如3C產品）不應可以隨意退貨。
- 絕大多數之消耗品（如食物）不應可以隨意退貨，除非有安全問題。
- 倡導「訂貨經濟」的同時，平均地合理縮減社會上種種物資可以退貨之時限，培養人們「慎重做出決定」的習慣，而非總是能輕易反悔。

【合作主義比較資本主義與共產主義】

- 能夠在任何一個地方遍地開花，而所需要做的就僅是好好經營一家公司（超合作社）而已。
- 透過確保每個人都有工作做，從而能助益男女平權：除非是失能或是懶惰，否則絕不會淪於需要依賴他人作為經濟支柱的境地。
- 在分配經濟下所允許的人均工時之自由調整，能夠讓一切產能、金融等等一切方面上的波動皆石沉大海。不追求能吃香喝辣，但定要人民衣食無憂。
- 合作主義不限於什麼社會階級，而是允許一切有心參加並締造一個平等社會的人們能夠把「理想社會」在任何一種資本主義社會下以和平、合理的方式來擴張、傳播。
- 把兩個主義去蕪存菁的結果：共產的普及，資本的選拔。對內靠眾意來共識，對外由市場來監督。
- 可以在「競爭」以及「無償」之間、在透過和平又合法的方式來取得平衡。
- 合作社是「由下往上」築基起來的。
- 跟共產黨那「高高在上、以力量挾持民意，但由於利害不相關導致心裡的認同感畢竟跟人民脫節，從而將隨著時間而越來越脫勾及疏離，而不可能真正成為人民的代表」不同：合作社社會下，由於人人皆是主人，一切興衰皆是切身之事，故將沒有人不希望它運作得好的，而極力推舉賢能。

以「超合作社」模式來運作的合作主義重點在「眾有」而後有「公有」，而非「國有」，所以可以是國營、也可以是民營，但務必得是由身為社員者之間來「民主」地運作其內部賢能之選舉，實現「基層自治，大體為榮」；是一種「計劃經濟」沒錯（被動計劃經濟／弱計劃經濟），可卻是由社員們來一起規劃，而不是由某個高層來說了算。因為：若不是民主、若不是由身為利害問題切身相關的身兼社員又是主人的一切參與者們自己來做決定，卻是由某個不痛不癢的人來發號施令，則勢必不會努力追求其完善與效率最大化，終至無競爭力與腐敗。

筆者在書中所提的這些都是方案、構想、建議，實皆拙見，因為若能憑大家的力量來集思出更好的方式，則也不為什麼不能是別種樣子。

在諸如【社會福利】、【福利國家】、【無條件基本收入】這些條目中（見維基百科），可以看到有人批評其是竊取有在納稅的人去養沒在納稅的人。雖然有的人之所以不納稅不是像某些批評者所說的是出於懶惰的原因，可是這些做法其運作原理中皆有「假他人之資，行一己之善」的成份確也是事實。

消費經濟需要拖動；而就常理來說，資源則需要正當理由才能以合理的方式分配出去。那麼，實施著分配經濟的超合作社社會便給予了這個理由。

在分配經濟超合作社社會的這種新型社會模式下，不會有失業問題，從而也不可能有任何「無正當理由卻領失業補貼與社會救濟」等情況發生。分配經濟社會講究「有什麼出什麼：有錢出錢，有力出力」；就算是部份身心障礙人士，也必須要看得到「有心」想要為社會盡一份力才行。是必須要有完全充份理由（完全身心障礙）才可以全然不工作就維生，但只該是基本的需求而已——畢竟是靠別人來養著的，不該要求太多。總之：沒有充份理由是不能不勞動的。

結合著本書之【資本主義與共產主義之內在聯繫】一章的內容，可以這麼形容：不要僅是在「維持著失衡的權力架構」之前提下幫人提出新做法，而是要解決「權力架構失衡」本身。因為沒有人會想要剝削自己，所以，一旦解決了權力架構失衡這問題本身、而人們有了決定事物的權力，人們便自然能夠為自己訂定出公正的勞動與福利環境。

當知：若僅是由於想要行善，便把有勞動者們的財富無償拿去救濟無勞動者們（社會主義的作法），便是一定程度上的「盜」的行為了（決定著不屬於自己的財富），所以作為非常手段尚還說得過去，但卻不該使其常態化、正當化；另一方面，只因為是自己的財物就慳吝到一毛不拔，而全然喪失了仁慈心，則是一種「不仁／無慈」的行為（資本主義的作法）。「仁道」者，「本份之道」也。所以：身為接受救濟者，不該奢求，乃至忘了自己乃是身為被救濟者的本份；身為救濟他人者，不該慳吝到一毛不拔，忘了自己身為人而當有的慈悲心本份。此之謂仁道。

所以正解是：像實現著分配經濟的超合作社社會這樣，分配工作機會給一切人、使人人都有工作可以做，又同時兼能減少人均工時的一舉兩得，方才是既不犯剝削、又不失公正的做法。執其兩端，去惡存善，去蕪存菁，用中於民。

往世界推進——「建立大同世界」

為此，有兩條應同時進行的路線：

- 「**烏托邦化**」：不同國家各自的國有超合作社在擴張並實踐「工時／工位轉換」以減少工時的同時，引入「自動化」來再進一步減少工時；從人均社會福利之底線來改善起。當許多國家都達成這樣子的景象後，結合世界政府的統籌來解決不同國家內的難題。
- 「**世界政府的成立**」：包含〃透過逐漸納入更多國家至〈無關稅區〉的合約裡，直至此現象延伸至全世界〃來達成的「關稅的消失」，其後就是「統一貨幣」（未必一定要指各國之現行貨幣，也可以是各國的超合作社自己的「代幣系統」間之統合，若是這樣的話，能避開、繞過、免去很多現存之國際貨幣問題）。此兩者的達成能促成世界上各種物資的便利流通以及包括薪資在內的種種價格上的「趨同」，消弭貧富差距。

【「統一貨幣」方面】（超合作社內用代幣可採之本位）

現下的許多貨幣問題（主要為「價值稀釋」問題）要能夠解決，在於背後為此貨幣背書的儲備必須是具有「實值」且可參照之物，加之不會短缺。過去一直以來的〈金本位〉之所以無法恆持下去，有說法是指因為黃金將由於無法被持續開採而短缺……等等原因，才無法在現下這種貨幣量狂漲的世代持續使用，即，「取得性」問題。

看到有些人說「黃金是野蠻的遺跡」，是這樣子的嗎？但筆者甚至要說「貨幣」本身就是個野蠻的遺跡：它允許了「面額」（虛）跟「實值」（實）的脫勾，以此來忽悠人們以為社會總體財富〝增加〞了，但實際上卻只是被〝稀釋〞與〝轉移〞了。亦即，筆者認為：「貨幣」這種制度本身就已經太老舊了。社會若能儘快平穩過渡到另一種「只需貿易（物資的流動），無需貨幣」的運作模式的話，未嘗不是好事。

來說說什麼是「貨幣」吧。

本來，人是只承認「貴金屬」的價值的，即過去的〈金本位〉或〈銀本位〉等等；後來，由於種種便利上的需要，比如：由於重量問題，人不可能帶著大量的貴金屬到處跑，從而透過發行鈔票來代表等值的貴金屬，亦即，「鈔票」的本質類似於一張張的「兌換卷」：當你拿著一張張鈔票去銀行時，銀行必須要能兌換給你此鈔票所值的金（幣）或銀（幣），這就是〈金本位〉與〈銀本位〉。

但：人所真正承認的其實也不是〝貴金屬〞本身，而是一種基於〈實質〉的〈實值〉，而這些被當作信用基礎的〈實質〉，可以是由哪些事物來擔任呢？在此來回顧一下歷史：

人類歷史從原來〈無交易行為〉的「自力耕生」時代，到開始〈有交易行為〉的「以物易物」時代。此時，對「物」的「價值」之承認，還只停留在「實物」的階段而已，亦即只有實物具有價值。

再來：所交易之物，從最原始的、具體的「實物」交易，進展到了更加抽象的「擬物」亦即「服務」之交易，便開始有了雇佣關係。好比：透過付出勞動力（擬物）來換取食物（實物）。此時，人們便有了對「抽象價值」的承認，並由於〈實體價值〉與〈抽象價值〉的同時存在與被承認，純粹的「價值交易」便得以產生了。

在這種以物易物時代的中期或後期，稀有或小體積卻高用途價值（貴金屬，哪怕是其觀賞用途也算）或具有獨特性（貝殼）或兩者兼有（寶石）的事物（所謂「商品貨幣」：由於此貨幣本身具有作為商品的【內在價值】，故得此名），由於其小體積而具有「便攜性」及「流通性」，便能被約定俗成為貨幣來使用。亦即：透過「代表」的制度，在「使這些事物能代表一定量的價值」或曰「使一定量的這些事物能被拿來換得某樣別種事物」後，「貨幣」就此產生——「貨幣」制乃是一種「代表」制（即「虛」與「實」之間未必等同：它們之間是透過「代表」才建立起聯繫的）。

在人們開始運用「貨幣」及搞懂了抽象的「價值」之存在、習慣了這些概念後，便能進一步地對事物進行「定價」。亦即：在共識下、在約定俗成中，賦予、指定「能用來交易的貨幣」及「所交易的對象物」之間在價值上的「相對應／相對等」關係（靠「指定」來的），從而把抽象的〈價值〉定量化為〈價格〉：「此貨幣能等於多少彼物？」「此物能等於多少彼貨幣？」

至此，市場上可被交易的「商品」只囊括了「具體物（器具、用品、食物等）」及「抽象物（勞動、服務等）」而已，貨幣還只停留在使用「本身具有一定實值（內在價值）的代表性事物」上（貴金屬、寶石等）而已。是之後當人們熟悉了「透過〈指定〉來賦予兩事物的價值間關係」後，方才進一步能做到以同樣的動作來指定並賦予除了「商品貨幣」以外的事物來成為貨幣的。

先是【法定貨幣】：即「單單由於國家立〝法〞規〝定〞其能等值於多少商品貨幣」而就有了價值的貨幣。如初期的銅錢與鐵錢，其本身非由貴金屬所製成，故只擁有少量或缺乏本身即能成為商品的內在價值，可能是由於國家出於種種原因而無法或不願發行商品貨幣的情況下的通用替代品；但由於國家在發行這類貨幣的當下立法規定了其能作為等值於多少金幣或銀幣等實質商品貨幣來使用，故有了作為貨幣的一定價值。不過，由於其所能代表的價值少，通常會需要很大量地帶著，而有〝笨重〞的問題。

再來【代用貨幣】：代用，意指它是作為〝某樣別的事物的代表物〞來被使用著的。如過去中國歷史上存在過的【飛錢】，乃為了解決鐵錢過於笨重的問題：明明本質上僅是〝紙〞的票據，由於〝共識〞而得到了可以跟鐵錢互相兌換的價值，乃「紙幣」的雛形。

由於是〈代用貨幣〉，如現行的「紙幣／鈔票」，其背後都要有一個作為依據的〈本位〉以及相對應的〈儲備／存底〉。例如：以「黃金」為本位來發行的〈金本位貨幣〉，在當持有人拿去銀行進行「憑票即付」時，銀行必須要拿得出等值的黃金來給付；以「白銀」為本位來發行的〈銀本位貨幣〉，在當持有人拿去銀行進行「憑票即付」時，銀行必須要拿得出等值的白銀來給付；若是以「美元」為本位的〈外匯本位貨幣〉，在當持有人拿去銀行進行「憑票即付」時，則銀行必須要拿得出等值的美元來給付（而美元本身則本該是〈金本位〉的……本該是。可網搜【布雷頓森林體系】）……亦即這些〈代用貨幣〉本身是〈不具有價值〉的，乃是由於其背後作為依據、依憑、具有實際內在價值的某樣別的事物的支撐，才得以有價值的。

在習慣了種種「價值的抽象化運用」後，人們便趨於能接受財富以純粹的〝帳面上的數字〞的形式來呈現了，這包括了銀行的存款簿、股市的行情表……等等。

不過，其實：若根據「代用貨幣之所以能有信用，是由於其背後有支撐著它的實際價值」以及「貨幣之所以能有價值，是基於人們對其背後所代表、所意味的事物之用途的認可」來看，則可知：人們在「用途〉實物〉擬物〉貨幣〉法定〉代用（至此還僅是支用「實際存在的存款」）〉信用（開始有了對「實際上不存在」亦即「無法兌現」的「虛數帳目」進行「預支」的動作了）……」這條「透過『認同』的作用，出於方便或需求，而一直找尋新的事物來『代表』前項事物的價值」的路上，其實是越來越朝向財富之「虛（形）」來前進，而已經離財富之「實（質）」越來越遠了。

當這種事發生時，人們對自己的財富其實是「越來越沒有辦法掌控」

了，或曰，人們的財富已經「越來越脫離真正主人的控制」了，因為人們已經沒有辦法僅憑手上所持有著的事物就確實地確定自己持有著一份有著「實值」的「實質」（由於有著內在價值、實際價值，而能夠「在自己及他人眼中皆具有價值」進而「其本身可以被用來進行交易的事物」）。

好比：例子中的〈金本位〉、〈銀本位〉等等，這些制度的實際價值，乃根植於人們對於〈貴金屬的價值〉之承認，因為貴金屬能拿來製造有用的器具、漂亮的飾品，還有其來源最起碼的〈獲得不易〉、〈開採不易〉（「稀者為貴」原則），從而人們願意承認只需要少量的貴金屬就能代表／相等了大量的食物、勞動量……等等的實際價值，進而賦予了這些貴金屬能「堪任」貨幣儲備的資質。

當人們懂得讓事物之間能夠進行「代表」（認同）時，人類社會便從「易物時代」邁入「貨幣時代」了。

不過，一旦當人們作為主人越來越遠離了自己的財富之「實」、而只保留了財富之「虛」時，便將允許了例如以下情況發生：由於代用貨幣的「實值」在於其所能跟貨幣發行者所儲備著的、真正能兌換得到的「具有內在價值的事物」，若一貨幣發行者只有1克黃金的儲備，當發行者從原來的「每1克黃金儲備只能發行1元貨幣」的情況下發行了2元貨幣，則你（貨幣持有者）回去找發行者兌換時，將只能兌得0.5克黃金，亦即你手中所原來持有的價值（購買力）被憑空蒸發掉了一半；而若你想要兌換回完整的1克黃金，則你將需要帶上2元貨幣去換才能夠如願。過程中，雖然貨幣發行者單方面地把你存在他那裡的價值（購買力）給「折半」了，卻不會自動幫你把你的存款數字給「乘以兩倍」———此即是【通膨】以及其所帶來的【貶值】現象，乃是一種明明白白的「剽竊」。這便是當「手中所持有的財富是以越來越〈無實〉的形式存在時，則便越來越脫離真正主人的掌控了」的現象。

當「用途〉實物〉擬物〉貨幣〉法定〉代用〉信用…」這條「從最『實』到越『虛』的〈代表〉與〈被代表〉的系統」被越延越長、離「實」越來越遠、越來越多中間環節時，也就越來越允許了有人從中做手腳，而越允許了「剽竊」、「詐騙」等等邪惡情事的發生。

※應立法讓一切「單方面（亦即非在共識下）把他人財富給貶值了」的一方也必須要同時負起「把他人的財富之數字給乘倍」的法律責任，亦即：不可用價值稀釋來剽竊他人財富。

總的來說，一切所謂的「貨幣」：

- 其價值來自於人們對它的「承認」。
- 此承認，來自於此貨幣的「可信度（信用）」。
- 此可信度，來自本於其「實質／用途」的「實值」。
- 被拿來當作〃此實值的參照標準〃者，謂之「本位」。
- 擔任此本位者，須是一個〈價值相對穩定〉的「指標」。

根據上述這些原則，則知其實一切「具有能夠被承認的實質」又能夠進行「儲備」之事物，便皆能夠擔任貨幣的「本位」。如此，就算存在〃小麥本位〃、〃白米本位〃、〃麵粉本位〃、〃澱粉本位〃等等……其實也都是可以成立的（事實上，現下也確實存在〃石油本位〃、〃糧食本位〃等等的想法甚至做法了），並且其後依這些本位來發行貨幣，因為這些事物都是能夠被「憑票即付」的，而且被兌現出來的事物皆是有實際價值的。

打個比方：「小麥本位」貨幣可以是〝每100元面額的這種貨幣可以換得1公斤小麥〞的貨幣，因為小麥可以吃，意味著一定的熱量，所以有實際用途、實值，故其價值是能夠得到承認的，所以是可行的；又或者由其它農作物來擔當本位以發行貨幣，亦是可行的（農作物的取得須靠勞動來［生產］，故有勞動量所代表的價值在其中；農作物有［用途］，可以被拿來吃以維持溫飽……這些便相當於貴金屬的取得須靠［開採］與［提煉］的過程，而貴金屬也有其自己的［用途］等等來構成其自身的價值）。

既然只要是「有能被承認的實際價值」者就堪任「本位」，那麼就算由比較抽象的〈時間〉來擔任「時間本位」也未嘗不可，也可以說是「工時本位」：憑著一張〈工時本位〉的兌換卷／鈔票，可以換得他人的〈工時〉，即〈定量時間的勞動〉。因為人可以運用自己的時間來做工以創造價值，而時間對任何人來說都是1天24小時的「絕對平等標準」，所以會是個理應行得通、至少〝本〞應行得通的本位。

為什麼這麼說？因為：時間之於每個人是一種〝輸出〞類資源，而每個人在輸出他自身的這種資源的時候，會乘以其能力，從而最後得出的價值還會再被放大或甚至縮小。

好比：一個純粹只動手來工作的樵夫，他1小時能劈出的柴為100支，而他一天最多只能工作8小時，而一年只能最多工作240天，並且之後終生都只會是這個產能。若以一年來參考，則其作為勞動者每小時最多值(100支柴/小時*8小時*240天)/(24小時*365天)=192000支柴/8760小時=21.92支柴/小時；而一位工程師，可能他一開始需要花更多時間來構想一台劈柴機器，但假定他一旦製造出來了這機器後他自身便無需工作，只需由這台機器來代替他勞動，並且假設此機器的運作無需成本或日可以忽略不計的成本，而這台機器可以每小時劈出200支柴，一天24小時都能工作，一年365天都能工作，假定這位工程師不再去另外從事生產而只靠這台機器的代勞來過活，則此工程師作為勞動者其每小時能最多值(200支柴/小時*24小時*365天)/(24小時*365天)=200支柴/小時。

也就是說：雖然每個人的時間都一樣多，但由於利用時間的方式不同，根據每小時的產能來計算，這位知識份子作為勞動者的價值為樵夫的將近十倍。基於「輸出後所最終得出的價值並不僅止於時間本來的價值而已」這個原因，即便時間之於每個人都是個絕對公平的資源，也無法當作一種本位來使用。

從「產出」的方面找不出個方便確立的標準，那麼，要不試試從「消耗」的方面來尋求呢？

什麼意思呢？在此，筆者設想了一個不怎麼常見的本位：一個人維生用的每天所需乃「三餐／正餐」，而以成年人為標準，其每天所需、所能攝取的各種營養所意味著的食物總量，哪怕需要計入地球上各類不同人種的不同需要，也都是有個「平均值」能被計算出來的。因為「進食」這種事，可以這麼設想：一位平均體格的成年男性，在不想要吃得很撐的前提下，其一餐能吃進1公斤的食物其實就已經非常多了；若他感覺吃得少了則他自然會自動再補充些、若他感覺吃得多了則他只會賺到〝難過〞而不再多吃；且，只要不是追求特別奢華的一餐，在比如現在人民普遍都吃得起的食物種類及價位裡尋求平均值，再加上現下世界上所充斥著的健美瘦身風氣等等……以此標準來建立的貨幣本位將會是猶如海平面般地相對「普及」且「穩定」的。一個國家能把糧食以「人平均每日食量」為單位來進行儲備嗎？能！所以能進行把糧食、餐權發放成貨幣的準備。額外，每個人每餐或每日的三餐之正常飽食狀態下所能造成的〈滿足感〉，也能試著用來換算成種種擬物的價值，其後再換算出種種實物的價值。

「日三餐本位」的貨幣：〝工作多久便可以換得多少日的三餐的機會〞的貨幣，是一種〝機會本位〞或曰〝權益本位〞或曰〝福利本位〞的貨幣。不計入點心等等額外飲食，此貨幣1單位約可值現下台幣$500元。又或者：如果是處在一個完善的社會體制下、不存在〈拿來進行交易〉的需要的話，則能直接以〈餐權〉的方式來進行支付，也是可以的。亦可以用前段中所述的方式（不同國家平均用來組合出其三餐的內容都不一樣），來跟別的外系統（別國貨幣）進行「價值換算」以達成「普及」、「通用」（無匯差兌換）。

※試想：若全世界皆採用了同樣的標準、同樣的事物來作貨幣之儲備，並且統一其面額之制定，那麼豈不是能繞過金、銀等等貴金屬，而自然達成「統一貨幣」了嗎？

希望讀者們不要覺得這很異想天開。筆者以為：有時複雜的問題能在簡單的事物中找到解方，而這種兌現／支付的方式，說不定是非常能給人以莫大的安全感的。這個概念可能比「工時」又還要更加地抽象，並且也比單一種類的糧食還要複雜於計算出其內在調配方式。

但：「一日的三餐得到了支付」即「又一日的溫飽得到了鞏固」，因「進食」是一切生物透過每日汲汲營營的勞動所希望對待的根本問題之一，即「維生」，不進食即「無法維生」，無法維生即「沒有未來」，沒有未來，人就會不安。所以：若能確切地找出調配及換算成「日三餐」價值的方式，是非常值得的。可以試著把它看成是一種〈複合糧食本位〉，而參與的這些糧食之佔比則統一根據可靠及穩定的「世界成人平均每日所需營養」的相關研究報告來調配。若依此本位來準備儲備的最終體積太過龐大，只要能符合人體一日所需，就算（部份）以營養錠、濃縮液、罐頭、代餐等等的替代形式來儲備，也未嘗不可。

「**甘其食，美其服，安其居，樂其俗**」，筆者相信人的心底深處要的真的不多；之所以會下意識地對金錢產生源源不斷的渴求，多少都跟人們作為一個生物「無法確切地得知自己的未來是否得到了保障」、「沒有辦法把這份資訊以量化的形式來確切看出」有關係。

設想：1年才365.25天（算進閏年），即便一個人希望從現下起算的未來100年之溫飽都得到鞏固，也只需要確認自己在儲蓄裡有著至少365.25*100=36525個這種〈日三餐貨幣〉的單位，便意味了未來100年內起碼都是〝有得吃〞的了；若需要兌換出來，則可以是以餐卷的形式（視所決定的制度）。相比種種〈生產出來給大眾消耗〉這種無法確切計算出來的籠統事物，〈每個人自身所能實際消耗〉的事物才是相對非常穩定的。而這種本位的貨幣，有成為世界統一貨幣的資質嗎？有，因為它所採取的〈本位〉普世存在，定價標準也好辨識，即以〈日〉來計算的〈三餐權〉，故各國間都能統一以此作為1元、10元或100元的單位；而它用來進行調配以換算的研究報告，可以是基於世衛或世糧的相關統計數據，亦即是世界上的各國都能夠取得並參照的資料。若世界上能有個普世公認的統一貨幣標準、並且能有個統一的世界政府的話，便能夠更公平地對種種事物進行定價、對種種問題進行處理，才不會在世界上的一些國家中，超商店員時薪從10美元起跳，而世界別些角落裡卻發生〝徒手搬運一千塊磚頭後的日薪才1美元〞、〝每天採可可豆的工人卻一輩子沒吃過巧克力〞這種種事。

「仁階」境界（第④靈階境界）的人，由於只重〈有心〉，由於不關心找出該有的〈終點／目標／上限〉在哪，於是在處理事情時常流於亂槍打鳥。以上這種貨幣本位的想法，是從「義階」（第⑤靈階境界）以後境界的人之〈體認到「結果」的重要性〉的心境、懂得從「結果」的角度來看待事物並投以〈收束性〉的眼光下所得出的觀點。說不定

可以用來參考看看。（「結果向收束」式分配經濟，也是從「結果」視角來反推事物該當如何運作而得出的解方）

找出個堪任貨幣本位的「絕對普世標準（或至少近乎絕對）」，是逐步把世界的貨幣進行統一的先決條件，才不會發生〝任由某一方自行定價〞（任意把他人之財富升值／貶值）而造成〝不平等交易〞的現象；而統一貨幣是設立世界政府所需要解決的一項重要問題。故而，若能解決了此問題，便是向著「成功建立一個〝能指揮大家來一起解決大家的問題〞的系統」前進了一大步。

※針對由於金融體制病態而造成的「價值稀釋」問題，可以這麼做：使銀行們作為「銀行」時及作為「放貸機構」時的職能分清，使銀行回復為純粹只是保管錢的地方，儲戶的錢不可用來放貸，並且只以管理費作為唯一收入，不產生利息；而放貸機構則只以初始資金進行運作，並且只以利息作為唯一收入。如此，社會上便不會產生重覆借貸的貨幣乘倍現象、以及因除了基本貨幣以外的信貸貨幣之出現而導致的通貨膨脹問題。除外，這樣做還能使人們僅能透過在銀行以及放貸機構「以外」的地方掙錢，來儲蓄於銀行、或者償還利息給放貸機構，而不會只想僅憑存錢就獲利，進而認真地去投資、發展事業。

世界上的不平等（包括貧富差距在內）（原因）與爭端（結果），先撇去信仰等等形而上因素不談，僅就形而下的方面來講的話，便八九不離十是資源的分配問題；一旦分配不均便會心理不平衡，若又有能力發難於他人，則便會產生爭端。有省政府，各個城市才能整合在一起；有國家政府，各個省份才能整合在一起；要有世界政府，各個國家才能整合在一起。如此，若真心希望目前世界上各種問題真的能得到解決，則「世界政府的成立」是勢在必行的。

目前世界上的各國並非沒有〈資源〉與〈能力〉大家一起來共同解決大家的問題，而是之間沒有〈信任〉連帶沒有〈意願〉。要一起來解決事務，便須先整合在一在，但世界上目前並沒有個能使人信服的統一指揮系統來把地球上的各國如同省份整合城市、國家整合省份一樣地整合。如聯合國：雖然它由地球上諸多國家一起來參與及決定種種議題，但其實世界各國並沒有交予它〝指揮權〞：聯合國對世界上各個國家的資源及內務並沒有〝指揮權〞；它是一個國際〝組織〞，但卻不是個〝政府〞；它對許多問題依然只是能〝關切〞、〝提議〞等等，但卻沒辦法〝指揮〞。為什麼？因為目前人類中各個體在「整體意識」方面之「認同敞開度」之〈最大值〉（亦即「心胸」的最大值；而這還只是整體的最大值，不論及最小值及平均值，而這個整體當中的各個體的心胸則在這個最大及最小值之間飄忽不定）還依然停留在「國家」級別的範圍而已，亦即從過去的「個人」「家庭」「氏族」「部落」「城市」「省份」到了現在最多只跨度到了「國家」的大小而已（簡而言之：目前世界上普遍人們看待事務的「眼界」最高只到「國家」而已），而還沒提昇到「星球」的級別（當然也就更不用說什麼「星系」「銀河」「星雲」「宇宙」等等的級別了），從而世界各國間本質上依然是彼此不互相信服、各強權間誰也不服誰，互相猜忌著〝要是把指揮權交出來給誰，則本土的資源只可能會被來自他方的政府單方面拿去利用給他方的國家，而不會一視同仁地關照各方〞，可說是一種〝殖民疑慮〞，亦即〝深信國家與國家之間只可能存在〝殖民〞與〝被殖民〞的關係，而沒可能在一個共同的指揮系統下享有著如同一個國家中之不同省份間的〝比鄰〞、〝共事〞關係〞（當然：

這種觀感也跟西方國家們自身的文明性跟其那可怕的殖民歷史、殖民傾向有關。筆者將在續系列作——「世界之終」系列《審判之書》中進行剖析），從而誰也不願意交出指揮權，而最多就只能在一起就某個議題來〝商量〞、〝聽取意見〞看看，卻沒有個具體的「執行權限」；而這種程度的介入力度，既然沒有辦法〝指揮〞、沒有這個級別的權限，便沒有辦法跟「國家對省份」間、「省份對城市」間的執行力來比擬。還是，總是得要像電影一樣，要是沒有出現個更大的共同之敵（例如：大災難、外星侵略者等等）來作為〈他方〉的對照組，就沒有辦法把別國互相感覺為〈我方〉嗎？若是沒有個能夠一起來進行〈排異〉的對象，互相之間就沒有辦法產生〈認同〉嗎？是這樣子嗎？「舉世同心竟因災」，上帝都曾這樣子感嘆過人類了。

「烏托邦化」在之前的段落中已經解說過了要怎麼做了，那麼，便還差：「世界政府的成立」而已：

想要沒有殘忍的戰爭兼能一起解決種種問題，各國族之間就要沒有紛爭、沒有分裂，但為此，則各國族需要不分黨派，換言之，即是要統一，所以「世界政府的成立」是有其必要性的，但它卻不能是被某些少數人所壟斷的「家天下」，而得是為公為民的「天下一家」才行。世界政府應當就像其名字一樣，應該是指一個「全世界的人們的政府」，而不是一個「其實只屬於某些特定人群的政府，卻涵蓋著全世界」。

- 就像市政府上有省政府，省政府上有國家政府，國家政府上也需要成立世界政府，才能方便調動國家間的資源來分配與互助。
- 要想有個能在世界共同議題上公平的世界政府，則也必須得像合作社的票權一樣：「一人一票，份量皆相等，無人有『一票否決』之類的特權」才行。換言之：現下的聯合國是「不行」的。
- 透過前一點來達成：必要能選賢與能，以去除管理層的瀆職與貪污與聚斂的任何可能。

※當然，若世界上的政府們畢竟沒辦法達成共識，則也不是沒有辦法：憑著超合作社這種本質上會擴張以及自然聯合起來的性質，世界政府也是能自然從中誕生的，雖然可能要等一陣子就是了。

「自力」是很重要的。現下全球經濟動輒就容易〝被〞牽一髮動千鈞，這代表：各自作為「個體」的自力基礎都太薄弱了，以致於像過去幾次金融危機、金融海嘯發生時，總是一次性地便影響了全世界。除外，也可參看一下筆者在本書中【社會之處，社會之實】章中提及的委內瑞拉與俄羅斯的國情對比，何以一者容易被外在環境所影響而另一者則不會。

所以：每個國家都應當朝著「有自給自足的能力」為目標，以「生產業最重、加工業其次、服務業最末」的比例來發展齊全國內的產業生態，再來講求對世界能有所貢獻；種種產業先追求能憑內需市場就得到收入的鞏固，才來開發外需市場。達成市場〝內需化〞將能使每個國家擺脫對外的依賴與自外的影響；然後，一個〝結果向收束式分配經濟〞的社會，由於其本質是〝抗消費主義〞的，將會是一個無需不斷刺激著資金流通才能維持運作的社會，故也能不受種種金融震盪的打擊。

為了能夠有效率的處治世界上種種的問題「世界政府」是有必要的，其運作也將需要「世界稅收」（若是由超合作社之間的聯合來誕生，則相當於「世界級公庫」）；而為了便利貿易，「統一貨幣」（也可以是從各超合作社之內用代幣系統之聯合而生）也可能是很有需要的過渡手段。但跟《貨幣戰爭》裡所說的唯一不同點就是：不可有任何私人成份在整個過程裡，人民所上繳的一切將只能完完整整地善用回民生上。「**總要親手做正經事，便可將有餘的給別人**」，任何人都該力求直接進行生產，先是形而下資源上的生產，再來就是形而上資源類的，總之要對社會有實質貢獻才能過活，而不能僅是每日動個數字、打個算盤就想暴富。

確切來講，人需要的既不是〈分離〉也不是〈併吞〉，而是「整合」：在每個個體皆各自都擁有自己的生命力的前提下，為了整體的互惠共同理想而來自發地合作。好比：一棵樹，它根幹莖枝葉花梗果各部位分明，所以是「很多回事」，但是它運作起來就是一棵樹、就是「一回事」；同時，它運作起來就是一棵樹、就是一回事這件事，卻又不影響它每個部位在全體之中皆有著各自的獨特性並依其所能、所應負責的事而來運作著（陽勢性質），又有著由共識而有的意願而來互相順服、配合的具體行為（陰勢性質）。從小企業、中企業、大企業、跨國企業，到市政府、省政府、國家政府、世界政府等等……任何追求長治久安的組織皆須達到這種境界。

詳見本系列書之【第三卷：價值觀，兩性】與【內法心法篇】。

※對於新世界的其它想法：

‧透過超合作社體系內的「福利發放」體系，「貨幣」這個體系必須要能漸漸被世界所代謝掉、退出歷史舞台：未來世界應過渡到一種不再使用金錢的境界，只有物質依需求而調動，而不會有金錢的聚斂與稅收。

‧在第⑤靈階的世界中，「國家」將更名為「文化區」。亦即：這些區劃的存在，僅是為了「保留各地文化特色」而已，而這是由於在大同世界中，將有許多政、社、經、商各層面上的全然融合。所謂「文化區」者，乃如〝博物館〞一樣的用途。為什麼？因為：一旦政（世界政府與世界憲法）經（關稅的消失）體系融合了的話，每個社會將會以極快的速度〝趨同〞，但這就像一個調色盤上的各色水彩，由於盤子上沒有分隔的區塊，於是隨著畫家調著調著，最後都沒像樣的顏料可用了，所以未必是好事，故而說要命定「文化區」，亦即：雖然政經等一切體系皆融合了，但保留最起碼的〝文化標籤〞，來減緩趨同的速度。

‧「國家」這種「認同體制」乃是人們「能互相為地球另一端的眾生們著想」的阻礙，它必須及早被「文化區」所取代，而一切世界上的社會問題將由全球來一起共同解決：就如一個大家庭解決其家中不同區域的問題一樣地自然、一樣地理所當然。想一下：種種政府對人們的「監控」不正是來於「國家」體系的存在嗎？既然有了〈把世界分割成了「國」與「國」來看待〉的〈認同問題〉，那麼便會有了〈我方與他方〉這種利害較量的問題；不論真是出於一種需要抑或只是出於更大的掌控慾的藉口，只要國家體系不再是各國所考量的中心，而是有了個世界政府來調配世界各地區之間的利益問題的話，也便不會有了互相監控、對人民監控等等的諜報問題了。很多人都只想得到私人利益、家族利益、民族利益、國家利益，但有誰想到全人類利益、世界利益、地球利益、眾生利益呢？為了能夠成立一個真心為了全地球生靈服務的世界政府，這些侷限的、只看見小我的利益考量思維往往只能是阻礙、絆腳石。

‧（想來，成立世界政府後，一切國家皆如省份，從此諸如一些被綁架、被誘拐的人們也不用害怕被沒收護照或遣送回國的問題了。）

對於世界政府建立起來的進程與方式：若各國內部的國立「超合作社」成長順利、且及早達成跨國合併的話，便能繞過現行之一切政治、貨幣等等問題而同樣達成世界政府與大同世界的建立，若是這樣的話，則無須另外特別追求世界政府的設立。不過這只能先觀望一陣子再說了，所以相關話題目前就在這裡打住。

【本章小結】

於世界規模上，在各國的社會經濟層面中，要達成的「結果向收束」式「分配」經濟「超合作社」社會中：

1、產業國有化
2、工時／工位轉換
3、儘全面自動化

重點！僅透過這三個步驟就可以實現讓全世界的人（近乎）不用再工作就能過上好日子。這三步是主軸；一切過渡到大同世界所需的社會經濟制度層面上的改革，皆以這三點為嚮導。

資本主義與共產主義之內在聯繫

資本主義主張「市場經濟」以及「私有制」——

- 市場經濟：放任讓社會中的一切自然發展——不管採取了什麼作法、手段，都是允許的——，總之讓市場的自然機制優存劣汰；只要〝合意〞、只要〝不傷他人〞，都是可成立的交易。
- 私有制：在所謂的「市場的自然機制」中所賺到的、得到的，便都是應得的，不該被予以限制。

持有資本主義思維的人這樣子覺得：在這樣子的環境下，即便發生了剝削現象，也是社會的自然運作中的一部份，不該予以制止。

共產主義主張「計劃經濟」以及「公有制」——

- 計劃經濟：對於社會上的一切資源皆由國家以強權來帶領、指揮其發展與配給，計劃之。
- 公有制：人們全然不對資源持所有權，總之一切皆大家所共有、共用。

持有共產主義思維的人這樣子希冀：透過強制把一切公有化，便不會再因私有制而發生剝削的現象。

資本主義

就更前章節中所描述的，可見：主張所謂的「自由市場經濟」的資本主義，其本質說穿了就是個遵循「叢林法則」——「弱肉強食」的主義。然後，伴隨著「私有制」，人民享有著〝自由〞……至少表面上是如此。「自由」這個辭藻很正面，但可別被這美麗的措詞給忽悠了。

因為：政治上的「民主自由」、人權上的「意志自由」，跟私有制的「佔有自由」，可以完全是不相干的事，有時甚至能是對立的。要知道「私有制」所指、所講究的是「全然的支配權」，而這可以是很邪惡兼冷血的。

美國開國元勳之一，亞歷山大・漢密爾頓 (Alexander Hamilton) 即曾在《**聯邦論**》第七十九篇指出：「**控制一個人生計的權力，就是控制一個人意志的權力**。」

好比：「奴隸制」便是一種對「人的價值」的私有制（支配權），「血汗勞工」亦是一種對「勞動的價值」的私有制（支配權），於是才發生著隨意定價、輕賤、糟蹋這一切事物（人、勞動等等）本應具有的尊嚴與價值，而使得沒有什麼是不能夠被握有支配權的一方所隨意定價、買賣的，而使私有制上的「佔有自由」有時甚至直接成了民主、人權上的自由的敵人。

且見一些相關的解說文章：

http://www.epochtimes.com/b5/4/10/5/n680220.htm【陳宗巖：全球化資本主義下的惡果】

https://www.coolloud.org.tw/node/86474【孟加拉的災難資本主義氣候變遷如何為血汗工廠供應勞動力?】
https://borderless-hk.com/2017/10/11/ 剝削的結構 %E3%80%80 被弱點利用而不自願的勞動 /【剝削的結構　被弱點利用而不自願的勞動】
https://www2.hkej.com/commentary/finanalytics/article/360009/【資本主義制度是公正、平等、自由的嗎?】
http://blog.ylib.com/lai/Archives/2010/05/10/15334【馬克思與資本主義崩潰說】
https://www.thenewslens.com/article/89443【「自由得一無所有」，你我都屬於馬克思所定義的「工人階級」】

資本主義確實是極具剝削性的沒錯：只因為資方最初的那一次投資，便從此佔有了後來由勞方們的勞動才得以創造出的絕大部份價值，這還不夠剝削人麼?

某些反思：
https://readandanalyse.blogspot.com/2013/12/blog-post_8931.html【民主政治解決不了的貧富差距】
https://readandanalyse.blogspot.com/2013/12/blog-post_3.html【反資本主義革命在革什麼命?】

而在台灣當地呢?豈有自外於此浪潮了嗎?
https://news.tvbs.com.tw/fun/831722【勞工悲歌!綠委嗆：台灣是全球血汗低薪冠軍】
https://www.mirrormedia.mg/story/20180323soc011/【【血汗資進黨】血汗勞工過勞超時　這幾行慣老闆超多!】
https://tw.appledaily.com/headline/daily/20180807/38091323/【家樂福 南山 血汗榜首 7 千企業違法「沒給加班費」最多】
https://tw.news.yahoo.com/ 康寧外籍生淪血汗勞工 - 教育部行政懲處康寧 - 要求照顧學生權益 -062707138.html【康寧外籍生淪血汗勞工 教育部行政懲處康寧 要求照顧學生權益】

這種明明白白的剝削主義在檯面上的名例之一，當屬美國的蘋果公司了吧?因為相對於蘋果自己的利潤是這樣：
https://news.cnyes.com/news/id/4204852【蘋果手機利潤佔比 62% 笑傲全球 遠遠領先三星、華為、OPPO】
https://www.ettoday.net/news/20180920/1262927.htm【iPhone 利潤超驚人　是中國大陸 4 大手機品牌總和的 3 倍】
https://www.ettoday.net/news/20180420/1153116.htm【蘋果 iPhone 獨吞全球 86% 獲利　iX 利潤狂勝 600 家安卓陣營 5 倍多】
https://www.managertoday.com.tw/articles/view/56697【要價 5 萬的 iPhone XS，成本到底多少?揭密蘋果暴利的真相】
代工廠們的處境則是這樣：
https://www.cw.com.tw/article/article.action?id=5061436【台廠代工 iPhone6　一支僅賺 135 元】
https://www.chinatimes.com/realtimenews/20180705001677-260412【蘋果光照不到 新 iPhone 代工一台廠悲情出局】
可見，所謂的「勞方」、「被剝削的對象」其實根本不限於自然人而已，而是身為代工廠的一群，在一整個產業鏈中也能是被剝削的一方，撿著大公司的殘羹剩飯。若得不到對方的訂單，則便相當於失業，儼然就是被剝削的自然人勞工的放大版。當然，代工廠下的員工就更不用說了，相對於他們所替全產業鏈的總體資方（Apple）生產出來的價值來說，他們自己所分到的紅利是微乎其微。

這就是馬克思所說的「**異化**」：身為資方的「有產者」們（握有生產資料者）之所以能有剝削淪為勞方的「無產者」們（不握有生產資料者）的本錢，正是在於佔有著生產資料；可是，隨著身為勞方的無產者們的薪資被市場機制所任意定價、打壓，那麼利潤將朝向資方去聚斂，而使其又擁有了更多剝削無產者們的本錢。於是：勞方們透過他們為資方所進行的勞動，反而在替資方創造著更多剝削一切勞方們的本錢。如此，勞方們的勞動反而成了勞方們自己的敵人，這就是勞動的「異化」。由於這個現象，便使得富者越富、貧者越貧，貧富分化於是加深。

如此，打著「捍衛自由」的大旗來捍衛「市場經濟」、「私有化」的「佔有自由」，把對「佔有自由」的捍衛宣傳成對政治上的「民主自由」及或人權上的「意志自由」，完全是一種偷換概念的行為。這些人所想要捍衛的，其實並非什麼「自由」，而是「聚斂」，並且在有了聚斂之後，自然就能壓迫、剝削了。

且再看一下這些報導：

https://news.ebc.net.tw/News/Article/149420【貧富差距大！全球前 26 大富豪財產 等於 38 億窮人全部家當】

連這些有上檯面的富豪都尚且如此，《貨幣戰爭》中所述的那些沒上檯面的國際金融寡頭們就更不用講了，說不準直接等於現下全球 75 億多人口的前 75 億人的資產總和。

所謂的「捍衛自由市場經濟」、「市場自由化」跟【大憲章】一樣地深具欺瞞性：它看似是反對著最高權力（政府、君王）的模樣，可同時卻也並沒真地在捍衛著平民階層的權益，而是捍衛處於中間的特權階級（大資本家、貴族）。

人們不要忘記了：社會可不只是基層［老百姓］以及最上位的［執政者］兩個族群而已，他們中間還夾有一個［權貴］階級，而［權貴］跟［執政者］一樣同樣有可能壓迫老百姓，甚至，來自［權貴］們的壓迫與剝削，往往能比來自［執政者］的還更普遍乃至更嚴重。

※ 在此，筆者所謂的「權貴」包括了：封建社會下的倚地為權的領主、貴族、（西方）教士們；君主集權社會下倚官為權、倚出身為權的官僚、世族、（西方）教士們；資本社會下倚財為權的大地主、大廠主、大資本家們等等。

把對「佔有自由」的捍衛宣傳成對「民主自由」、「意志自由」的捍衛，就像英國拿出來忽悠老百姓們說【大憲章】是〝民主的基礎〞一樣地具欺謊性。事實是：大憲章確實是「制衡了君主的權力」，可也不是「為了捍衛老百姓的權益」，而是「為了捍衛（中間的）權貴們的特權」。

「抵制君主」就是「捍衛民主」？不，也可以是「捍衛權貴」。【大憲章】所提的是「捍衛〝自由民〞的權益」，但在大憲章生成時的十三世紀初的歐洲，英國社會可是 85% 左右都是農奴，而僅有剩下的少數貴族、教士、城市人以及自耕農才是所謂的〝自由民〞。

當知：就像中國社會是在秦朝改【封建制】為【郡縣制】後，由於君主集權了，所以人民能集中力量並且僅須推翻唯一政權後便能帶來改革，才有了人民抗衡強權階級的客觀條件（可見維基百科【農民起事】條目中，中國自從秦朝以後的起事頻率，幾乎是每100年就有一波），而歐洲則是自羅馬帝國以後從來沒有統一過，各地各小國是各自於不同時代從封建制過渡到君主專制、君主立憲、共和等制度下的；而農奴制的廢除，於歐洲各地，最早也是從殖民時代（西元十五世紀）才開始，之後才於不同地區於不同的時間點發生的（在維基百科【農民起事】條目中反映為歐洲那屈指可數到可憐的起義數量，而這可不是由於沒有起義的憤慨，而是因為在歐洲連本該是為窮人發聲的信仰代表：教會，自從西元四世紀被國教化後，也一併加入了剝削社會底層的行列；於是，人民便面對了「雙重剝削」。西方中世紀所謂的「monk修士」跟東方的「monk和尚」完全是兩個不同的概念：中世紀的教會可是屬於「統治階級」；若是主教侯，則甚至還可以向領地徵稅，這件事有多少人知道呢？筆者將於未來的著作中詳說這些事）。如此，所謂的〝捍衛自由民權益〞中，哪來的〝捍衛老百姓權益〞？？完全是話術。（見維基百科【農奴制】條目）（可網搜【大憲章】【民主】【謊言】等關鍵字結果）

在比如 http://blog.sina.com.cn/s/blog_646ae1f80102w5p4.html【欺世盜名的《大宪章》——反民主的伪造品】以及 https://mp.weixin.qq.com/s?_biz=MzUwOTA4MjQ4Ng==&mid=2247484416&idx=1&sn=c853e109b25163729f124ead9972fcf7【《大宪章》与〝民主自由〞，一个延续了八百年的谎言？】的文章中，便揭露了許多大憲章之於民主體制產生的功勞之虛偽，因為當初它實在不是出於這種開明的理由而訂定的；憲政一開始的出現根本不是為了保護平民們的權力而設的，而是為了保護權貴們的權力而設的，甚至，後來還得要求實現《人民憲章（People's Charter）》才能夠終結權貴們透過《大憲章（Magna Carta）》以及《權利法案（Bill of Rights）》來壟斷議會及政權的情況。

當然，在前述的第二篇文章中有些言論是試圖透過經濟發展來捍衛現下的「共中」：「共產黨的中國」之專制的正當性、以及唱衰西方文明與民主體制。關於專制下的經濟發展一事，由於專制體制是秉持著「解決不了問題，就解決提出問題的人」的做法，而使得許多問題一直以來皆被掩蓋在檯面下，不過近來在中美貿易戰下於中國內地所浮現的種種經濟引擎熄火、爆雷、灰犀牛……等等問題，顯然覺得「專制能帶來更好的經濟發展」的說法是不成立的。

至於對民主體制的唱衰，筆者要說：

相對於「君主」政治，「民主」政治所多出的效果乃是從「一個人自己監督自己」變成了「多人互相牽制與監督」；它在原理上並不是「扭轉」風險，而僅是「分散」風險而已，用「量變」來對沖「質變」的可能。它是消極地透過從「條件」來進行「限制」，使發生問題時不至於太離譜，但並不代表絕對能使當權者沒有問題，乃是「沒有不該有的」而已；至於要能夠積極地運作得好、「有該有的」，則筆者要說：應使本書中【社會之虛，社會之實】章中所說的「士農工商」中之「士」一類、沒有副作用的賢能之人，能被推舉出來為社會服務，方是人民之福。

問：「一個人自己監督自己」難道就沒有成功的可能嗎？非也。所謂的堯天舜日、文景之治、貞觀之治、開元盛世、仁宣之治、乾康盛世等等，皆是在君主體制下出現的；之所以會覺得換成了民主的「多人互相牽制與監督」會比較好，除了比較有參與感、自主性，也是為了透過使用這種方式來分散出現暴政的風險。因為若一個人決定全部，則一切局面之好或壞只繫於一人之變數；若是有較多人，則要使局面大好或大壞便有了比較多變數。但分散風險不代表沒有風險，亦即：當這群人全體或至少大部份都被利益所收買了的話，則便也是一樣能腐敗的。例如：美國的金融寡頭們、華爾街勢力，透過金權、官商勾結，來對美國政體及媒體進行的全方位滲透，以及少數意識到了這些事的人們對其發起的抗議行為。可網搜【佔領華爾街】運動。

所以正確來說：民主制僅是最〃風險分散〃的制度；而此處的〃風險分散〃，對於懷好意的人是如此，對於懷惡意的人也是如此。

當西元前200多年前秦始皇「廢封建，設郡縣」的時候，人民透過農民起義來推翻政權的過程也變得簡單了，因為你所要監管以及當腐敗時所須推翻的對象很明顯地只有一個。然而，一個被設計來〃由構成它自身的各部門之間互相監督〃的龐大體系所構成的政權，人民卻無法監督它，如此，一旦腐敗時，你也不知怎麼推翻它，因為太複雜、太龐大了。所推翻的腐敗此起彼落，因為它背後可能是個早已滲透入了此政體的一整個利益集團——像美國的情況就是這樣，其社會上下各層級皆已被一群唯利是圖的金權勢力所無孔不入地滲透並掌管了。

民主政治的「實」在「民本（以民為本）精神」；而，所謂的民主政治之「形式」，則從沒有個固定形式。可以說：只要是讓人民「有得選擇他們所想要的執政者以及執政形式」的政治模式，在「形式上」便都可以叫作「民主政治」。現下人們所認識的〃民主形式〃，正確來說，其實僅是指孟德斯鳩所提出的〃多權分立〃的政治形式而已，而它僅是達成民主的可行方式其中之一。但：重點從來不在〃有否多權分立並互相鉗制〃，而在〃人民為主，人民作主〃的「人民有得選擇」上。

「多人制衡政治」跟畢竟能不能「真正地使全人民受益」沒有絕對關係，而僅是多了許多監督；有時，甚至是指多了許多〃掣肘〃。這也就是為什麼就算是在發明了所謂的〃民主體制〃的西方文明中，其古時寫了《對話錄》的偉大思想家柏拉圖、以及近代寫了《社會契約論》的盧梭等人，都並沒把全民政治形容為「最優秀的」。確切來說，全民政治僅是「最保險的」。這兩者是有差別的：前者是積極的「具備所應具備的」，後者是消極的「避免所想避免的」。可說：只要不是直接民主，便會由於決策方與承受結果方的意志不等同，而相比君主體制來說僅是個風險分散的版本，卻非無風險。

※孟德斯鳩所提出的三權分立政體，亦即：把原來由君主所專制的立法、行政、司法權給分派出去讓更多人管、使更多人參與到國家大事中去，使百姓有著更多的權力從而有了積極性。從此，一國之「統治」便有了更多的制衡……也有了更多的掣肘。見維基百科【權力分立】條目。

※柏拉圖的看法可見於其《對話錄》中所描述之五種政體：哲學王治／理想國（由擁有高度美德與智慧的人們——哲學家們作王來進行統治）、名位宰制（榮譽政體，由愛惜名聲之人所統治）、寡頭政治（以財富之多寡所成立的少數人統治，類似今天之資本主義）、群眾統治（現下所謂的民主，但柏拉圖則說會淪為暴民政治，亦即如文革下的批鬥文化）、僭主（暴君）統治。

※盧梭於其《社會契約論》論及政府及其運作形式的第三卷中有表態其看法。在此摘維基百科【社會契約論】條目下所寫之大綱：

「世上主要存在著三種政府形式：民主制，即由全體或大部分人民治理；貴族制，由少數人所治理；國君制，由一人治理。

• 民主制：嚴格意義而言，真正的民主制從來就不曾有過，而且永遠也不會有。民主制需要太多的預設條件和美德，實現全民民主非常困難。「如果有一種神明的人民，他們便可以用民主制來治理。但那樣一種十全十美的政府是不適於人類的。」

• 貴族制：可以是自然的、選舉的與世襲的。第一種只適於純樸的民族；第三種是一切政府之中最壞的一種。第二種則是最好的；它才是嚴格說來的貴族制。第二種貴族制除了具有可以區別兩種權力的這一優點而外，並且還具有可以選擇自己成員的優點。用這種方法，則正直、明智、經驗以及其他種種受人重視與尊敬的理由，就恰好成為政治修明的新保證。

• 國君制：沒有比國君制更有活力的政府；但這種政府也具有很大的危險；如果其前進的方向不是公共福祉，就轉化為對國家的損害。君主們傾向於追逐絕對的權力，大臣們只是陰謀家。

結構單一的政府是最好的；實際上，政府都是混合形式的，都或多或少地借鑑了其他形式。沒有一種政府適用於一切國家，但是一個國家的政府必須與其人民的特點相適應，一個不靠外來移民的辦法、不靠歸化、不靠殖民地的政府，而在它的治下公民人數繁殖和增長得最多的，就確實無疑地是最好的政府。」

※現下【共和制】的由來（摘自維基百科）：像亞里士多德則認為國家的制度可以由兩個維度而確定，第一個維度為統治者的數量，以此可以分為「一人統治」，「少數人統治」，「多數人（或全體）統治」；第二個維度為國家機器的服務對象，可以分為「為全體服務」和「為部分人服務」。相乘後得出：

君主制（一人統治為全體服務）國家；
僭主制（一人統治為部分服務）國家；
貴族制（少數統治為全體服務）國家；
寡頭制（少數統治為部分服務）國家；
民主制（多數人統治為全體服務）國家；
平民制（多數人統治為部分服務）國家。

亞里士多德認為將以上六種國家中的君主制、貴族制與民主制三種制度三體合一，形成的制度是「共和制」，這種制度是最優秀的制度。具體的運作方式是依靠分封制度來形成的：即國王保護整個國家的土地，作為回報貴族需要向國王上貢；貴族保護民眾的土地，作為回報，民眾需要繳稅。不同的人有不同的事情做，互相依存又互不干涉。這就是早期的共和制的由來。共和制既可以保證公民的民主與積極性，又可以防止平民針對少數人的暴政。見維基百科【共和制】條目。

※西方的民主論述出現於18世紀，但其實中國早於明末清初的17世紀時便已有具體的民本、民權思想了。見明末清初三大儒之一的【黃宗羲】先生所著之《明夷待訪錄》。

所以：前述之第二篇文章【《大宪章》与〝民主自由〞，一个延续了八百年的谎言？】其實是有點〝為支持而支持、為反對而反對〞的成見了。

因為，再說了：中國的民族性是反民主的嗎？沒有的事。

西方民主浪潮的興起源於文藝復興時期之後的啟蒙運動。1698年，耶穌會傳教士巴多明（Dominique PARRENIN）來華；後來他介紹中國文化的書信，影響了法國啟蒙運動學者、同時也是啟蒙運動公認的領袖和導師伏爾泰先生，於是中國儒家的「民為貴，社稷次之，君為輕」的民本思想便透過他而傳播於西方；另一方面，當時苦於沒有反擊天主教廷自西元四世紀以來的神權政治的啟蒙運動家們，也正是得益於中國歷史的悠久，才有了工具反擊了天主教所壟斷的世界觀與歷史解釋權。（天主教根據聖經來認定現今的人們都是從挪亞一家所分化、衍生來的，然而挪亞方舟所遇之大洪水，發生於也就西元前2400多年左右，此時中國值黃帝時期，因黃河改道而產生的大水災是發生在西元前2000年前後，意即挪亞遇大洪水時中國水患仍未發生，兩者相差四世紀左右，而河流改道的規模也談不上〝滅世〞。筆者未來將於別的著作中闡述）（相較於中國會附上天象記載的史書之記錄，西方教廷那〝一切都是為了讚頌神而存在〞而動輒把各種不符合其世界觀、歷史觀的論點、學說都打成〝異端〞然後燒死的作風，中國歷史的可信度極高）

伏爾泰先生自己高度尊崇孔子以及傳統的中華文明，他曾說出了：**「東方找到一位智者（指孔子）……他在公元前六百餘年便教導人們如何幸福地生活」、「人類智慧不能夠想出比中國政治還要優良的組織」、「沒有任何立法者比孔夫子曾對世界宣佈了更有用的真理」、「〝己所不欲，勿施於人〞是超過基督教義的最純粹的道德」、「西方民族，無論如何格言，如何教理，無可與此純粹道德相比擬者。孔子常說仁義，若使人們實行此種道德，地上就不會有什麼戰爭了」、「在道德上，歐洲人應當成為中國人的徒弟」、「我們不能像中國人一樣，真是大不幸！」、「中國是地球上人口最多，管理最好，而且最優秀、最古老、也是最廣博的王國」、「法國要〝全盤華化〞！每個法國人都應該把〝己所不欲，勿施於人〞作為自己的座右銘」**等等言談。伏爾泰先生則甚至在自己的禮拜堂裡挂上孔子的畫像，朝夕禮敬，堪稱孔夫子的鐵桿粉絲。

在包括了伏爾泰先生在內的不少啟蒙運動家、理性主義者，皆把儒家的「德治」與「民本」思想汲取了去，且大加讚揚——

萊布尼茨在《**論中國哲學**》一書中說：**「我們從前誰也不相信，在這世界上還有比我們的倫理更完善，立身處世之道更進步的民族存在，現在從東方的中國，竟使我們覺醒了。」**

法國重農學派代表人物弗朗西斯·魁奈（外號「歐洲孔夫子」）也對中國文化大加讚賞；其主張的〝以農為本〞思想，正是來源於儒家的重農思想（而孔子是老子的道統繼承人）。他本人在《**中國專制制度**》一書的最后一章說：**「這本書隻是對中國學說的系統說明，而中國的學說值得所有國家採用為楷模。」**

法國百科全書派學者霍爾巴赫認為：**「在中國，理性對於君主的權力，發生了不可思議的效果，建立於真理之永久基礎上的聖人孔子的道德，卻能使中國的征服者，亦為其所征服」、「中國可算是世界上所知唯一將政治的根本法與道德相結合的國家，而此歷史悠久的帝國，無疑乎告訴支配者的人們，使知國家的繁榮須依靠道德」**等等。

維基百科【伏爾泰】條目：

伏爾泰欣賞中國的孔子，因為孔子是用道德的說服力來影響他人，而不是用宗教狂熱和個人崇拜。崇拜中國儒家思想，並將中國的政治體制視為最完美的政治體制。因為中國的文官制度能讓下層階級人民得以晉升為統治階層。他視孔子為真正的哲學家，他曾說**「那個聖人是孔夫子，他自視清高，是人類的立法者，絕不會欺騙人類。沒有任何立法者比孔夫子曾對世界宣布了更有用的真理。」**

對於天主教，伏爾泰把天主教教宗比作**「兩足禽獸」**，傳教士是**「文明惡棍」**，天主教是**「一些狡猾的人布置的一個最可恥的騙人羅網」**。他號召**「每個人都按照自己的方式同駭人聽聞的宗教狂熱作鬥爭，一些人咬住他的耳朵，另一些人踩住他的肚子，還有一些人從遠處痛罵他。」**

可見當時人們對於至那時為止的教會之極權、黑暗之封建神權統治到底有多深惡痛絕。要知道：現下天主教的樣子，僅是自從啟蒙運動後而漸漸被排除到政治領域以外、不再參與權鬥了之後，才呈現出的〝無害小綿羊〞形象，可在它自從西元四世紀開始有了政治權力後，卻是千多年來對西方文明在世俗與精神上帶來了全方面浩劫的大野狼。相對之下，在啟蒙運動者、理性主義者眼中，透過科舉來從民間選拔賢能之人的中國，則儼然是個實行著「哲學王治」的「理想國」。在啟蒙運動的初期，西方思想家們構思、尋求一個擺脫神權統治，而能夠純粹單憑理性、同理心、道德便能夠運作的價值體系，而來自東方的「民本」、「仁政」、「德治」、「王道」思想，便大大證明且鼓舞了這批思想家們，於是便積極地吸收了去。可網搜【十八世紀】【中國熱】。即便是在現下資本主義意識普遍、都曾有殖民行為的歐美各國中，也是有分較〝民本〞與較〝權本〞的族群的；從法國對儒學接受度較高、重農傾向勝於英國的重商傾向等方面上，便可看出法國較英國〝民本〞。

當然：身為遠在地球另一端的他們不知中國內部其實也是有些問題，也就是掌權者們實行的其實是「外儒內法」，所以才會出現種種「專制……但又沒西歐那樣專制，民本……但又不夠徹底地民本」的矛盾現象。儒家思想是「民本」的（以人民為考量核心），法家思想則是「權本」的（以當權者為考量核心，根據情況，可以是指君王、權貴、教會等）。一方面，統治階級想要一攬所有利益，所以其實他們所最想要的是法家文化；但另一方面，多虧了儒家文化已經深入了中國民間，所以中國人骨子裡的叛逆意識其實是很強烈的：平時比世界上其他任何民族都還要柔順，可一旦受到壓迫了，被激發出反抗行為的臨界值，卻比世界上的其他任何民族都要低。這可見於更前面所提到過的那幾乎每一百年一次的【農民起事】頻率（對比歐洲人民在受到了千多年的、來自政權、教權、資本家的多方、多重壓迫後，才終於有所動作）。

另一個證明則是「俠」文化之存在。（在此是一個前情提要：未來會有著作來解說更多）

日本有武士、歐美有騎士，卻沒有「俠」，亦即：沒有社會基層、民間力量的代表者。而「俠」是什麼？武儒也。文則儒，武則俠，二者皆「民本」主義者。

聖人立制，切中民需，故佛陀於印度宣講「佛性平等」，而孔子於中國闡揚「君臣父子」，因為中華民族的民族性本身其實就是很民本、很相信「公道自在人心」的道理的（士之德——「信」），但這往往又造成「人人皆有理」而很容易淪於〝民粹〞、〝客俗〞、沒分寸，流於「質勝文則野」、「君不君，臣不臣，父不父，子不子」的狀態，故濟之以禮，以使此民族能永續發展（火生土，禮生信。見本系列書【第一卷：事理，名實】之【五行之生與剋】章）。換言之：若不是在「發乎情」方面上有這類〝流於野〞的傾向，在「止乎理」方面上則不該過份強調禮教，否則將矯枉過正、往印度的「種姓制度」那類的方向去發展。中行為當，過猶不及。

學形式易，學精神難。且看日本、韓國等社會中，雖學到了儒家的體制——其實已是「外儒內法」了的體制，卻沒一併把儒家的民本精神學去，於是流於體制硬化、牢不可破的〝類法家〞社會環境，在兩者的社會上皆表現為高層凌駕於低層（老闆對員工、上司對下屬）、長者淩駕於幼者、齡資多者淩駕於齡資少者（學長姊對學弟妹）。韓國由於近代的基督教化而引進了歐美的「強勢」行思慣性，使得體制硬化現象又再加上了強勢姿態，而使得社會上的種種關係之兩端間：君臣、親子、長幼、夫妻……等等的對立氛圍，又更加極端、嚴重了。（相較之下，華人就沒很嚴重的這類傾向）

胡適等反傳統主義者的指控——中國文化在本質上是「反民主的」，這種說法筆者要修正一下：「法家文化」才是反民主的，「儒家文化」則剛好相反，乃是懷有民主之實——「民本」精神的。在中國歷史上，正是由於全民接受著儒家教育的功勞而慣於反抗，「權本」思想的法家文化（也就是如日本、西歐歷史上的那套）才無法全面地坐大，而歷代統治者只能最多以「外儒內法」的方式來〝在不引發人民的反抗意識的情況下，儘量滿足王權〞，產生了微妙平衡。

故適他們對中華文化的批評是說：因為中國舊體制不改革、不跟進西方的德先生（民主）與賽先生（科技），才落得了被列強所欺淩的結局。但事實是：西方之於東方的欺淩純粹是當時的力量問題，就算中國早於西方有著民主制度，力量不及人時還是照樣能被欺淩、會被欺淩，到時又是否會來哀怨民主體制？且不論：有興衰循環才是常道，所以西方並非本無衰敗之刻，只是，跟不對外進行侵略的中國相比，歐美透過殖民行為來把其自身本該經歷的興衰循環轉嫁給被殖民地區，如此便能呈現出歐美持續地「興」，但為此，殖民地們則是〝被持續地「衰」〞。

中國之所以在過去沒有民主的訴求：「雖然有民本精神，卻沒發展出民主制度」，是由於在中國歷史中的社會下層對於社會上層的印象並不總是壞的，而是有治世、有亂世，亦即好壞參半，於是人民對於「把統治委託給社會上層」的作法還不至於「絕望」（這也是民本社會氛圍的制衡力所帶來的效果）。然而西方歷史則不如此：舉凡君主、貴族、資本家乃至本該是為窮人發聲的教廷，無一不成了剝削社會基層的勢力，於是在全然的不信任下，便不得不民主、只剩下民主可選，因為別的方式皆已全然無法信任了，乃是在長期的被壓迫後終於有所動作、終於別無選擇了的結果。

要知道：「士」、「君子」這種存在被完全提純化成一種人格符號、品性高尚的象徵的現象，是只有在中國才有發生的；在歐美、日韓等地，這些「士」的存在：騎士、武士等等，皆是一種「貴族」，是一種社會階級、一種職業，一種最低階的、服待於統治階級的貴族。亦即：中國以外的這些文化，他們直至近代以來的歷史發展，皆只相當於中國的封建社會時期——秦朝以前。武士、騎士等等的行動，雖也時有為平民而進行的，但他們主要還是為其頂頭上司工作；而他們為了人民做事時，其任務之一其實也是為統治階級作宣傳，使人們對統治階級產生嚮往，透過把人心聚集向社會上層來鞏固統治。換言之：在這些社會中一直以來只存在「上對下」的力量，而沒有「下對上」的。

但中國則不一樣：在思想上，是自從孔子的「有教無類」、教育對下開放給民間以後，中國封建時期的「士」（封建時期：天子〉諸侯〉大夫〉士，此時的「士／君子」相當於日本封建時期的武士、歐洲封建時期的騎士）這個階層的服務對象便開始往社會基層去朝向，並最後在秦朝改為郡縣制時滿足了社會、體制上的條件，自此，「士」這種存在正式「民間化」成了「儒」與「俠」，符合著其「民本」精神，為民間服務，而不再是為統治階級服務；其後，當自隋朝起始了科舉制後，這類的民間力量則才再有了正式的、重新進入政治體系、好透過當官來服務社會的管道。

相較於中華文化打從西元前一世紀的西漢司馬遷的《游俠列傳》以來便有了官方記載的為國為民之武俠，若說接觸儒文化的日本也有不少〝俠〞的存在（例：座頭寺），那麼，西方剷惡鋤奸、為民除害的「英雄」文化，則僅是自上世紀（二十世紀初前後）的產物而已，在此之前幾乎是空白；而且還不是史實，都僅是文學產物。十三世紀左右的羅賓漢 **Robin Hood** 傳說，然後……就沒了；連真實身份都不清楚，甚至還可能只是當時人民對正義的期待之投射。亞森・羅蘋 **Arsène Lupin**、蘇洛 **Zorro** 則都是十九世紀莫理斯・盧布朗以及二十世紀強斯頓・麥庫力筆下的人物，跟 **DC** 及 **Marvel** 宇宙的英雄一樣，都該被列作近代的文學創作中之虛擬角色，亦即，皆不是史料上真實存在的人物。在西方文明中，代表著民間叛逆精神的「俠」的地位，大概可以說是被「海盜」這種存在給代表了，乃是一種〝放蕩不羈、不受制於官方〞的存在。不過：這些存在皆只能被以盜賊、叛逆的污名化負面形象來定位，而無法如在中國的社會環境中一樣以「俠」這種正面形象出現，意味著什麼？意味著在這些文化中，社會基層的民間力量、與社會高層的統治階級的影響力，並不是均勢的，而是全然「上凌駕於下」的，非如中國民間一樣是「上下均勢」而統治者不敢隨便觸犯民意的。

「士／武士／騎士」跟「俠」不一樣，前者皆是貴族，乃是為社會上層服務以及做宣傳的存在，後者才真地憑自力、憑自己的資源為基層人民服務、代表民間對權威的叛逆精神。

一些例子：在《復仇者聯盟》系列裡發生的陣營分裂劇情，便可以看作往「士」或「俠」的方向去靠攏的選擇：前者為官方服務、亦被其所指揮，後者則為民間服務、憑自力決斷。除外，像「匿民者」們就很有「俠盜」的風格，就像《女神異聞錄 5（PERSONA 5）》裡的設定那樣。

「俠」，是一種對「絕對善惡標準」（真理）來說的正值存在，對「相對善惡標準」（體制）來說卻未必是正值的存在；若限定成了「俠盜」時，則確定成了對「相對善惡標準」（體制）來說的負值存在（即便對絕對善惡標準來說是正值的）（這意味什麼？意味著此體制本身對真理來說已經是負值的了）。這在近代以來的西方則被稱作「英雄」；若是「反英雄」的時候，則未必是由於其反體制，而是由於所用手段是負的，甚而有時淪為反正義的存在。

有鑑於以上現象，統治階級為了不觸發中華民族的民本叛逆精神，便只好用「外儒內法」、「儒皮法骨」的做法。比如《**禮記・禮運**》**曰**：「**何謂人義？父慈、子孝、兄良、弟悌、夫義、婦聽、長惠、幼順、君仁、臣忠十者，謂之人義。**」這些德行都是成對的：「父慈子孝、兄良弟悌、夫義婦聽、長惠幼順、君仁臣忠」。既不是不要求，卻也不是單方面的要求；這些既是應對他人盡的義務（義），可也是自己應持守的本份（仁），而不應由於他人不義而自己便可不仁（**所惡於上，毋以使下；所惡於下，毋以事上；所惡於前，毋以先後；所惡於後，毋以從前；所惡於右，毋以交於左；所惡於左，毋以交於右**）。可是：在「外儒內法」、「儒皮法骨」的作法下，而法家思想是〝一切皆為了當權者、有權有勢一方的利益著想〞，前述這一切皆被閹割成了「子孝、弟悌、婦聽、幼順、臣忠」，亦即全都只剩下較弱勢方對較強勢方的單方面順從、較強勢方對較弱勢方的單方面要求。用這種方法，身為法家思想信奉者的當權者便把黑鍋丟給了儒家思想來背，而使得這成了後世人們對儒家的普遍誤解。

西方人、東方人、甚至中國人自己都以為中國人很順服權威，但事實是剛好相反：中國人民是世界上最有反抗強權、反抗壓迫意識的民族。正言若反。

判斷民族性時，要納入社會現象作考量，不然你會誤判。

由於儒家民本精神深入中國人的民族性中，才使得中國的社會基層保有著對來自社會高層強權壓迫的「反抗性」、「叛逆性」，並總會在適當時機爆發出來、推翻掉強暴的政權，而不至於像日本、西歐等等地區的歷史一樣，總是放任著種種壓迫發展到無法被推翻的情況而萬劫不復，而往往只能等待來自社會高層中自行發生改變；再來，由於儒家民本思想的西傳，而使得啟蒙運動得以長大，造成了現今的民權覺醒浪潮。「天不生仲尼，萬古如長夜」，誠哉斯言！

要不是一直被雜揉著法家成份來實施著，若是中國真能早日實施純粹的儒家之「民本」「仁政」「德治」「王道」政治的話，還怕孔孟聖人的大同世界願景實現不出來嗎？

那麼：這一切跟後來的民主制度之產生有什麼關係呢？首先：中國儒家的仁政、德治、民本思想被西方當地的思想家們汲取成了理性主義的基礎，而理性主義成了啟蒙運動的哲學思想基礎，再進而影響了美國獨立與法國大革命等等浪潮。如更之前所舉的文章【欺世盜名的《大宪章》——反民主的伪造品】中所述的一樣，英國也是在引進了中國的文官考試制度（科舉）後，政權才對人民開放、人民才真正有了涉及政治的途徑了。想一下：沒有平民的從政，就算有大憲章、有憲政什麼的……不也都還是跟「民主」絕緣嗎？不也都還只是君主與權貴們說了算嗎？所以「人民的從政、參政、表決」才是真正的核心所在，至於憲法什麼的其實都只是配套措施。

「民主」制度根於中國，其原型為「民本」文化。

如此，說「民主跟中國無緣」什麼的……是完全顛倒過來了的見解。

回題。

於是：說「捍衛市場經濟」、「捍衛私有化自由」就相當於「捍衛民主」，完全就是資本主義者們的話術而深具欺瞞性。資本主義所謂的「市場自由化／市場經濟」原則，確實是「抵觸著政府的介入」沒錯，可也不是什麼「為了捍衛小老百姓們的權益」，而是「保護了財大勢大的權貴們對老百姓的弱肉強食以及蠶食鯨吞」。要知道：在大金融家、大資本家的手上，收購、做掉某個中小企業，只是撥個手指頭的事情而已。全然放任市場自由化，無異於親手把老百姓們像小綿羊般送進虎口裡。

除了在勞資方面外，在社會上、歷史上，也同樣有種種現象都是屬於資本主義式的剝削——

https://www.hkposts.com/58153/【歐美開始流行「以性換租」：25萬女性被迫與房東發生關係】

自願？合意？有著資本主義偏向的歐美文明是極富剝削性質的；這樣子的社會中，人們傾向於「一旦有了力量，便會對弱小者們展現出惡意」。『居所』應該是民生必需項目之一；一旦沒有了居所，便是流浪、無家可歸。在文中說是什麼〝雙贏〞，但若從反方向來想，便能證明這是「剝削」了：房租被房東們所高漲著，然而政府卻不去進行限制；在這大背景下，人們正由於收入將逐漸抵不了持續上漲的房租，而傾向於付不出房租來，於是，便面臨著「沒得住、流離失所」的困境。此時，房東提出以〈性服務〉來代替〈租金〉，而性服務正是房客們所僅有的，於是便不得不只能靠交出性服務以換取不流浪。這樣子，在這過程中，難道房客們有拒絕的權利嗎？難道她們有別的選擇嗎？既然別無選擇，那麼便無論樂意或不樂意都不得不答應了：若不答應的話，豈不就會被趕去流浪街頭了嗎？誰願意流浪街頭呢？流浪街頭的話，豈不是更危險了嗎？這好比把女性丟進相連的兩間牢房中，一邊是飢餓的獅子、一邊是強姦犯，而她只能透過在兩間牢房中間的一道門穿梭以做出選擇。此時，為了不被獅子吞掉，便不得不來跟強姦犯待在一起，進而被其強姦。如此，何來合意、何來自願呢？這便是一種資本主義之弱肉強食現象：房東為握有資產的強勢方，房客為有住房需求的弱勢方，於是不得已只好用其手上可以提供的籌碼（性服務）進行交易。

此現象之出現有房租太貴的原因在。即便一個市場可以自由競爭，但必須要加入「合理」這個因素，亦即：要先有個定價標準，然後，若無正當而充份的理由，事物不該能被憑空坐地起價。人不該被生活逼迫至此，被迫到需要出賣靈肉的地步、視性剝削為常態。在文中可見多發於資本主義傾向的、以及因物本主義而不在乎〝性開放〞態度的國族，所以人們視出賣靈肉若稀鬆平常。與其說資本主義支持〝自由〞，不如說它支持〝自由的私有化並支配〞的行為、〝對一切人事物皆可以自由地私有化〞的制度、的權力。「沒有什麼是不能被私有化與定價並且買賣的」，資本主義如是說。非但物資可以被買賣，連生命的尊嚴、他人的努力與心血、道德標準、身體的神聖、良心、社會的公義……等等，也通通都是可以被明標價碼然後被出賣的。其講究「合法」而非「合理」：只要有契約、有合意（先姑且不論內容可以是深具欺瞞性質的），便都可以交易。從這類事件中便可預見資本主義的「反烏托邦」本質、傾向、結局。

君子是「**要盟也，神不聽**」、「**大人者，言不必信，行不必果，惟義所在**」，因為「合情、合理」比「合法」重要；並不是只要有〝契約〞就什麼都說得過去了。因為遵守契約、合法只是關注了人的事；合了理，才是天的事。若你的一切「合法」中並不「合情」、「合理」，那便跟天理良心一點關係都沒有，只是你對人類社會的阿諛奉承、追求「被接受」罷了。比如：婚外性。

「**言必信，行必果，硜硜然小人哉！**」指的便是允許了人對人為之〝契約精神〞的重視、心言行上對〝合法〞的追求，已然大過、超過了對〝天理良心〞、對〝合情合理〞的追求了，故不可取，因為這人有可能會為了種種小節而出賣大義。

※雖則「情＋理」比「法」重要，但注意：前述情況中對合法的棄絕是唯有當此「合法」的內容「不合情」、「不合理」的時候才成立的；若此「合法」的內容之於情理並無乖違，則沒有理由拒絕此「合法」。

※另一方面，文中透露有著這些行為的房東與租客們之所以能夠不吃上刑責，是因為他們〝沒有脅迫，雙方完全出於自願，各取所需〞——這便是這個唯把〈意願〉當作事物之是非正邪標準的「婚

外性」盛行的世代下所會發生的事。人們自欺欺人的虛榮、偽善，終於使得標準不斷被下修。再來怪罪世風何以如此……不是早知如此了嗎？

https://www.youtube.com/watch?v=aAcJJboyCs8【【宇哥】油漆工去 500 强公司面试高管职位，把老板逗晕面试成功！百万人给出 8.9 高分的励志片《当幸福来敲门》】

此乃資本主義下的無情。雖然那 1% 的人最終成功熬過去的故事很勵志，可不要忘了那 99% 熬不過去的人。

在歷史上，則有比如：流行比較廣泛的《西雅圖宣言》中的用字遣詞，說得彷彿當初白人侵略者們與當地的原住民們之間所進行的是一場心甘情願的〝合意交易〞，乃是〝契約行為〞；但見 http://reader.roodo.com/dkchen10/archives/8808279.html【西雅圖酋長宣言有假】一文中所解釋，完全就是一場做做樣子的「城下之盟」，乃是孔子所言的「神不聽」的「要盟」。

在資本主義的規則中，較強大的一方把刀抵在較弱小者的脖子上、把槍抵在其腦門上、用生存權甚至生命安危來威脅對方不得不接受其所開的條件，然後把這稱作〝合意〞、〝公平〞、〝自由〞……豈能真是「合意」、「公平」、「自由」？但這卻是以「法治」（對人定的規矩負責，而非對自然的事理負責的「理治」）來沾沾自喜的歐美文明資本主義者們的拿手能事。

若說種種【紅色恐怖】乃是共產主義陣營的罪行，那麼殖民浪潮下所造成的掠奪、剝削、屠戮等等，則正是資本主義陣營的罪行了，但為何現今在人權上大放厥詞的歐美國家們至今不去追究呢？

還有【窮忙族】或曰【工作貧窮】現象、物價上漲、同包裝的前提下內容物縮水……等等現象，也都是在資本主義的追求高利潤的傾向下所會發生的。

https://news.mingpao.com/ins/ 港聞 /article/20151231/s00001/1451548923974/【消費小發現】拆解食物包裝「縮水」3 招【【消費小發現】拆解食物包裝「縮水」3 招 (16:48)】

https://opinion.cw.com.tw/blog/profile/390/article/6793【人工智慧大舉來襲，人類終究免不了失業的結局嗎？】

「資本主義環境」結合「科技力上升」，兩者便一起打壓著人們的就業環境，並且這現象只會越來越嚴重，而不會越來越輕鬆。那些還能夠喊出〝沒工作是由於不夠努力〞的人，要麼就是自欺欺人，要麼就是由於並不身為此現象之受害者、或沒有危機意識，所以還說得出這種話。所以才需要透過「工時／工位轉換」來達成避免這種結局，因為：在一切以「最大化獲利」為優先的資本主義思維模式與潮流中，隨著科技越來越進步、越來越多人工被取代，並由於不是什麼人都會去做科技業或者創意／藝術業，那麼，將會覆蓋近乎全行業的失業潮將不是「可能」會來臨、而是「絕對」會來臨的問題；且由於失業，人們將也不再有能力消費。於是，當這一切發生時，科技又是為了服務誰？所以，當使一切科技進步皆是為了便民、利民而存在。

https://star.ettoday.net/news/1247578【狄鶯「燒 1 億卻全面認罪」被當盤子！　法界權威爆：孫安佐律師完全沒辯護】

https://www.youtube.com/watch?v=_ROLXnNVXqU【012919 最速件。請儘快轉給有關當局。訪王孟源：從「華為案」認識美國（100% 版）】

資本主義思維就是欺壓的、弱肉強食的。若說共產主義是真小人，那麼資本主義便是屬於偽君子式的光鮮亮麗，會在人們不經意、發現不到、難以想像的地方發威、體現出其剝削本質來。

「法」是人定的，「理」是天然的。「法治」意味著對事物唯求「合法」而非「合理」，這將導致什麼呢？某件事可以極其「不合理」，可你把它定為法律之後，便可以無限行使，只因為它〝合法〞。這就是法治與理治之差。自此，一堆靠司法來貪污的產業鏈便能被形成了。當面對一件案子時，不論立法、起訴、審判、辯護、宣傳等等……通通都是同一批人，豈還能指望有何公正？絕對不要忘記了：歐美文明可是犯下全世界最嚴重的「殖民罪行」的文明，而至今不曾賠償受災的國族們（當然，要連本帶複利地），其本質是極其「弱肉強食」、用力量來訂定對自己有利的規矩的。

https://www.youtube.com/watch?v=Aoek9aoa2tI【浅说香港：重温 20 年前惊心动魄的时刻：当年做空香港，是怎样击退索罗斯的？】

當然：這件事能不能解決跟是不是資本或共產陣營無關、也跟是不是專制或民主政體無關，而是只要夠本錢都能處理。

簡而言之：在「民主」中享有著自由的，是「人」、是「平民」，在「自由市場經濟」中享有著自由的，則是「錢」、是「財路」。

例：當初英國便是以〝捍衛自由市場經濟〞為理由來攻打抵制鴉片的清朝的，所以才發生了【鴉片戰爭】（可見 https://www.thenewslens.com/article/95624【認為鴉片戰爭與鴉片無關？那是英美史學權威自己想出來的】一文）。在這過程當中，身為「市場」、身為「錢」的鴉片有自由，身為「人」的清朝則沒有決定的權利，而只能被迫繼續向英國購買鴉片，所謂「不能斷了人家的財路」。但：若是一般的商品，甚至民生必需品的話也就是了，你「毒品」來講什麼市場自由？？這就是一則「市場自由化／市場經濟」跟「民主」是兩回事的明例，甚至前者還會戕害後者。難道忘了當時英國的巴麥尊子爵的勢利名言「**沒有永遠的朋友，也沒有永遠的敵人，只有永遠的利益**」嗎？這就是由大資本家所打造的歐美文明對待其文明內外的弱勢者們的態度。

把「捍衛自由市場經濟」跟「捍衛民主」掛勾，完全是身為既得利益者的財大勢大者才喊得出來的口號，對身處弱勢者、小老百姓們，則可以意味著「意志之〝被〞全然剝奪」，而絲毫沒有什麼自由可言。

把「沒能享有自由市場經濟，從而不利於大資本家們收刮人民的財富、不利於對人民〝剪羊毛〞」的「計劃經濟體制」給全然抹黑成「沒民主」，要人們認為［自由市場經濟＝民主］從而［沒自由市場經濟＝沒民主］，這完全是大資本家們所操縱的資本主義陣營所想要灌輸給人們的印象。

※但在此也要反思一下：真正所謂的「民主」，可是除了「投票權」外，還要有「提名權」、「代表性」才行，然而現下西方所傳播的〝民主〞其實只剩下了「投票權」，而「提名權」與「代表性」則完全被閹割掉了，致使人們其實很多時候也只能在現存的候補中、在「爛」或「更爛」中做選擇，這樣真地能叫作「民主」嗎？

接下來再來講共產主義。

就前面最後一段所說的，可以瞭解到：一個國家可以是全然民主的，卻未必要有全然自由的市場經濟；甚至，一個國家可以有著全面的計劃經濟，而人民依然享有著政治上的民主，亦即「有得選擇他們想要的執政者以及執政方針與形式」。

從而可知：現下中國內地的共產黨政府向大陸人民們所灌輸的「計劃經濟=沒民主」完全是中國共產黨政府為了維持自身之極權統治而散佈的印象、而做的宣傳；在「理想社會=計劃經濟=共產黨=沒民主」的這套「認同」中（見本系列書之【內法心法篇】之【執著的本質在「認同」】章），每個環節之於別的環節之間，是都沒有絕對的關係的。中國共產黨之所以這麼做，乃是要人們出於「對理想社會的嚮往」而繼續「買單他們的極權統治」。現下中國共產黨是很擔心人民得知了就算是在共產政治下本也是可以有民主的，擔心其意識到了現下中國共產黨的極權統治根本不是出於什麼〝社會的需要〞，而僅是為了共產黨自己的需要。見 https://www.setn.com/News.aspx?NewsID=461443【陸當局疑似擔心 人民知沒有「投票權」！封鎖台灣選舉消息】、http://ca.ntdtv.com/xtr/b5/2018/11/24/a1400639.html【台灣選舉吸引大陸民眾：很民主 大陸看不到】這些報導。

但：「中國」這個標籤不是「沒民主」的代名詞，「沒民主」僅是在現任中國共產黨治下的內地的一個「現況」，但從來不為什麼非得如此。「民主」在全中國境內，自1912年推翻了滿清政府後，便在國父孫中山先生的三民主義的指示下以「原定計劃」的形式存在著了（軍政〉訓政〉憲政），而僅是因為連年戰亂而難以啟動（北洋政府／軍閥割據、第一次世界大戰、第一次國共內戰、第二次世界大戰／抗日戰爭、第二次國共內戰）。在中國共產黨開始於內地執政的1949年前，中國全境內確實早就實施過了民主：先選出了國民代表（見維基百科【第一屆中華民國國民大會代表】條目），再依此來於國民大會（見維基百科【第一屆國民大會第一次會議】條目）上間接選舉出全中國民選總統（見維基百科【1948年中華民國總統選舉】條目）（當時台灣也確實有作為中華民國之一省、之一員來選出代表並參與此選舉，見維基百科【第一屆國民大會臺灣省代表】條目）。在這之後，也正是為了防範共產黨的摻透而實施戒嚴的（當時「台灣共產黨」簡稱「台共」從地下發起著台獨運動，【二二八事件】的激化、嚴重化便是其行動之一環節，由此開啟了長期的戒嚴時代。當中固然有惡徒陳儀所造成的部份，可是也有台共在背地裡的推波助瀾。網搜【二二八事件指導委員會】與辛灝年先生相關演說），所以在台灣地區則是直至1987年解嚴後，於1996年才終於實施了總統的直接選舉。可即便如此，期間由【國民大會】所進行的間接選舉，也確實是由當初由中國國民們所選出的國民代表來執行的（見維基百科【臺灣選舉】條目），而非什麼黨內的內定人員，亦即確實依然是「民主」沒有錯。

換言之：說「中國」跟「民主」沒有關係，也僅是在共產黨治下的這近70年間的大陸地區而已；在共產黨執政前、清朝被推翻後的這段期間，大陸地區有過民主，在台灣地區則是自從在中國境內有國民大會以來便一直都有民主——直接或間接。如此，不論是在論「大陸」或是論「中國」，它們之前皆沒跟「民主」絕緣，之後也不為什麼該絕緣。故，關於這方面：不論是現下住在中國內地的人們無須拿「沒民主」來自我認定（認定［中國＝沒民主］），處於台灣這片島嶼上的人們也無須拿「沒民主」來給內地當前的社會現況貼標籤（認定［中國＝沒民主］）。

所謂「兼聽則明，偏聽則暗」，當知：即便是共產主義、即便它打從原理上的缺陷而註定共產黨本身終將成為社會之唯一壓迫源，在它被由前蘇聯所實行的一段時間裡也曾經可以是很民主的。見https://www.youtube.com/watch?v=puve-MtJhts【蘇聯：民主還是極權?】影片。此影片中的內容，即便是來自中國共產黨源頭的前蘇聯，想來現下的中國共產黨也是不敢拿給中國人民看的：透過此影片，中共會被揭露其治下的人民根本既沒能批評官員、沒能批評其上層們，也沒能提議、沒能選出其代表，從而絲毫沒有〃被代表〃的事實。

中國共產黨有在辦所謂的「全國人民代表大會」簡稱「全國人大」，是由「人大代表」們所出席的，而「人大代表」的意思是「在全國人民代表大會上出席的『人民代表』」。但：既然沒有選舉、不是由人民選舉而生，何來的「代表人民」？這個大會本身就是場演劇、就只是個做做樣子自欺欺人用的騙局罷了。見http://www.epochtimes.com/b5/18/4/3/n10272814.htm【袁斌：中共的人大代表就是個笑話】。

可以說：當今的中國共產黨，在「對〈理想社會願景〉的〈逼近度〉」上，連當年的蘇聯都不如。應該說直接是倒退了：現下僅是個打著〃為了人民〃的口號，但實則僅是〃為了權貴〃們服務的〃權貴政治〃罷了。

接下來，筆者要剖析至今的【共產主義】（屬於第④靈階）所持有的種種迷思，以及它跟真正的「烏托邦／理想國」世界（屬於第⑤靈階）有什麼根本上的差異、似是而非之處：

馬克思《共產黨宣言》正文：「至今一切社會的歷史都是階級鬥爭的歷史。自由民和奴隸、貴族和平民、領主和農奴、行會師傅和幫工，一句話，壓迫者和被壓迫者，始終處于相互對立的地位，進行不斷的、有時隱蔽有時公開的鬥爭，而每一次鬥爭的結局是整個社會受到革命改造或者鬥爭的各階級同歸于盡。在過去的各個歷史時代，我們幾乎到處都可以看到社會完全劃分為各個不同的等級，看到社會地位分成的多種多樣的層次。在古羅馬，有貴族、騎士、平民、奴隸，在中世紀，有封建主、臣僕、行會師傅、幫工、農奴，而且幾乎在每一個階級內部又有一些特殊的階層。從封建社會的滅亡中產生出來的現代資產階級社會並沒有消滅階級對立。它只是用新的階級、新的壓迫條件、新的鬥爭形式代替了舊的。但是，我們的時代，資產階級時代，卻有一個特點：它使階級對立簡單化了。整個社會日益分裂為兩大敵對的陣營，分裂為兩大相互直接對立的階級：資產階級和無產階級。」

【筆者】在這段話中顯示了馬克思他還並沒有看清問題的本質：他以為問題出在「階級現象的存在」這件事本身，亦即〈條件〉的差異上。然而：「階級」之〈資產階級〉與〈無產階級〉這些概念，其實還可以被繼續提純成「權／力」的〈施加方〉與〈被施加方〉，換言之，其實只要有〈相對權大／力大者〉與〈相對權小／力小者〉的存在，就有可能產生「剝削」；而，由於只要能達成力量上的不平等便能產生剝削，如此，又何必是透過「資產」、「財富」上的差異才能發生呢？「崗位」、「職能」的上下游關係間，同樣能造就相同的結果。

〔資產差〕僅是種種能形成剝削的條件的其中一種形式而已：

或者是透過資產差，或者是透過階級差，
或者是透過地位差，或者是透過身份差，
或者是透過體力差，或者是透過智力差，
或者是透過性別差，或者是透過職業差等等……總而言之，〈條件差〉所造成的〈權力差〉才是形成剝削的重點，而〔資產差〕僅是形成〈權力差〉的〈條件差〉中之其中一種形式罷了。

且看：只要有動員集體的需要，便會產生組織；只要有組織，便會產生崗位，而崗位間有平行以及上下游關係存在。如此，便有了〈相對權大／力大者〉與〈相對權小／力小者〉的對比存在了，哪怕規模小至一位基層人員與其直屬上司之間，亦是存在著的。換言之：〈條件〉上的差異，本來就是沒有辦法絕對避免的。若你硬是要從〈條件〉方面來解決不平等問題，則你所能做的，就只有全社會皆解除【社會契約】而回復【自然狀態】從而避免了任何形式的「組織」的存在了；否則，就好好接受由〞肯為他人付出及著想〃的人來出任這一切相對意味著「有權力」的一個個「崗位」吧，因除外別無它法。

問：即便有辦法消除了一切人為的、後天性的差異（比如：社會階級、財力等等），但你有可能消除種種天然的、先天性的差異嗎？（比如：各性別在生理條件上的不同、先出生的年長者與後出生的年幼者之間的優勢差，各自相對為「性別剝削」以及「年齡剝削」的條件）不可能！從而「透過消除〈條件差〉來達成平等」也是不可能的；然而，「透過〈存心〉上的改善、透過消除〈惡意〉來達成平等」，在此情況中卻依然可行。所以才說「透過消除〈條件差〉來達成平等」這種事是〞打原理上不可能〃的、也無法發生的；真地可行的，乃是使種種〈條件差〉受到制約為輔助手段，並透過教化人心為主要手段，來培養人們打從〈存心〉之初就不要有惡意了，這樣才對。

至於共產黨組織內部呢？難道有因為所成立的是一個〞共產〃黨，其內部就不存在階級關係、〈相對權大／力大者〉與〈相對權小／力小者〉的對比嗎？沒有的事：它依然有著崗位結構、職能的上下游關係。此時，既然連旨在〈消除條件差〉的共產主義擁護者們的組織，即便消除了一切外界中的條件差，其內部依然有存在〈條件差〉的必要，此時又怎麼可能再簡約掉更多的〈條件差〉？沒辦法的。加之：由於此時其所追求的〈平等〉乃是透過〈消除條件差〉來達成的，而已經沒辦法再簡約掉更多的條件差了，如此，一個共產黨內部上下層之間關係上的〈不平等〉勢必是〈不可解〉的。且，由於消除掉了一切外部的條件差，故此時已不可能存在任何外來的監督力，如此，其內部結構上運作之持續，由於已不存在透過〈條件〉上來達成更多〈不平等的消除〉的可能了，故只剩下來自〈存心〉方面的制約。這個目的，將：要麼是透過「道德」、「良心」的約束力來達成，要麼便只剩靠「裙帶」、「權力」等等關係來達成。但由於共產主義是「唯物」主義的，只講究「物因」要素，而不講究「心因」要素的提昇與改善，故將不可能存在「道德」、「良心」等等的約束力，而只將剩「裙帶」、「權力」等等關係的坐大了。自詡是個〞為人為民〃的〞善〃，打著這個口號來實施一切「權力的獲取」以及「異己的排除」，卻又不在乎〈存心〉層面上種種心因要素的培養、的改善，故其將在坐大後，必然地走向如同「黑道」一般的結局，並且內部充斥著「貪腐」風氣。這一切本是打從其原理上就能推知的了。

然而這一切，思維純然「唯物」而僅懂得從〈條件〉來分析事物的來龍去脈的馬克思，是決計不可能看到的，故他也只能夠提出「透過消除〈條件差〉來達成平等」這種〞打原理上不可能〃的理論出來。

當然，筆者並不是說〈條件〉方面的制衡制度上之完善不重要，而是它從來不能是「主要因素（佔大半原因的因素）」，也不能是「主動因素（對事態發展具有最終決定力的因素）」，因為這兩者實際是由〈存心〉來擔任的，而〈條件〉僅是規制（對好或壞的一切的侷限）的劃立者，它僅是被動地等著被取用、被影響的一方，乃是次要因素、被動因素而已。

「資產階級／有產者」與「無產階級／無產者」的身份並不是固定的，所以它是個〝偽命題〞，並且，社會上也並不只存在著純然的有產者與純然的無產者，它們之間還有不同的灰階：一個很賣力的無產者，在多年打拼後終於也有了點資本，可以開一家小店，於是換他來請員工。此時他就不再是純然的無產者，而是開始有了點〔有產〕的特徵了。可是，他可能只是個加盟店長；當面對總部時，他又相對是無產者、被剝削的一方了。其總部，可能也只是另一家更大的公司的分公司、子公司；於是，此分公司、子公司面對總公司、母公司時，也相對是無產者、被發號施令的一方。由於是根據對生產資料、資產的擁有與否來決定其身份，所以昨日的無產者可以變成今日的有產者，而今日的有產者也可以變成明日的無產者。雖然每個情況的難度各異，可卻不是不可能或不會發生。又，如前述，由於壓迫、剝削的發生並非僅限於「資產」的擁有與否，而本質在「權勢、力量」的擁有與否，故此時若是把「資產」上的〈有產者〉對〈無產者〉換成「權力」上的〈有權／有力者〉對〈無權／無力者〉的話，則此現象的涵蓋範圍將還更廣、更深入於社會的方方面面；由於定義延伸到了不同方面、不同程度、不同意義、不同形式的〈有權力者〉與〈無權力者〉，故兩種身份之間的切換也越頻繁，「〈有權者〉與〈無權者〉這些身份之間的切換／這些身份並不是固定的」這件事實也越顯見。（例：在資產社會＋父系社會下，雖然某位男員工面對其老闆時乃是〈無權力者〉，可當他回到家後，身為一家之主的男人的他面對太太時卻又是〈有權力者〉。如此，便可見到〈有權〉與〈無權〉的身份並不是固定的了。同理，當有人有了點積蓄而去創業並聘請員工時，他便也從資產意義上的〈無產者〉變成〈有產者〉了，此則為「資產」意義上的〈身份不固定〉）

馬克思《共產黨宣言》正文：「在無產階級的生活條件中，舊社會的生活條件已經被消滅了。無產者是沒有財產的；他們和妻子兒女的關係同資產階級的家庭關係再沒有任何共同之處了；現代的工業勞動，現代的資本壓迫，無論在英國或法國，無論在美國或德國，都是一樣的，都使無產者失去了任何民族性。法律、道德、宗教，在他們看來全都是資產階級偏見，隱藏在這些偏見後面的全都是資產階級利益。」

【筆者】在這裡馬克思說錯了：「在這些偏見後面的」並非「全都是〝資產階級〞利益」而是「全都是〝有權者／當權者〞利益」才對。換言之：即便是〝共產黨〞本身，也是被適用這句話來形容的。而，只要有〈有權者／當權者〉與〈無權者／非當權者〉的對立存在，便能有壓迫、剝削的存在，不是嗎？世界上那麼多共產、社會主義運動後來一直失敗，不正是由於這個原因嗎？在「物本(materialism)」思維的世界下，「權力導致腐敗，絕對的權力導致絕對的腐敗」這句話是成立的。（在「心本(idealism)」思維的世界下則不然，僅是「權力〝允許〞腐敗，絕對的權力〝允許〞絕對的腐敗」而已）

馬克思《共產黨宣言》正文：「每一個國家的無產階級當然首先應該打倒本國的資產階級。」「無產階級用暴力推翻資產階級而建立自己的統治。」

【筆者】在社會契約下，當你推翻了一個統治者，你就是下一個統治者。由於你已從〈無權者〉變為〈有權者〉，故也意味著你從〈無產者〉（無〃壓迫的本錢〃者）變為〈有產者〉（有〃壓迫的本錢〃者）了。「權力」是人所能擁有的最究極資產。

馬克思《共產黨宣言》正文：「至今的一切社會都是建立在壓迫階級和被壓迫階級的對立之上的。」

【筆者】正確來講，「壓迫」並非建立在〃階級〃間的對立之上，而是建立在任何方面、任何意義、任何程度、任何形式的〈有權方〉與〈無權方〉的對立之上的。但筆者也要指出：即便有這些〈條件〉，歷史也從來並不會只把這一切〈條件〉用在「惡」的〈存心〉上，否則歷史上就不可能存在「明君」、「治世」了。〈條件〉上的［優勢］僅能〃允許〃事態變成壓迫，但是〈存心〉上的［惡意］才會〃導致〃事態變成壓迫的。

馬克思《共產黨宣言》正文：「從這個意義上說，共產黨人可以把自己的理論概括為一句話：消滅私有制。（…）現代的、資產階級的家庭是建立在什麼基礎上的呢？是建立在資本上面，建立在私人發財上面的。這種家庭只是在資產階級那裡才以充分發展的形式存在著，而無產者的被迫獨居和公開的賣淫則是它的補充。資產者的家庭自然會隨著它的這種補充的消失而消失，兩者都要隨著資本的消失而消失。你們是責備我們要消滅父母對子女的剝削嗎？我們承認這種罪狀。但是，你們說，我們用社會教育代替家庭教育，就是要消滅人們最親密的關系。而你們的教育不也是由社會決定的嗎？不也是由你們進行教育的那種社會關系決定的嗎？不也是由社會通過學校等等進行的直接的或間接的幹涉決定的嗎？共產黨人並沒有發明社會對教育的影響；他們僅僅是要改變這種影響的性質，要使教育擺脫統治階級的影響。無產者的一切家庭聯系越是由于大工業的發展而被破壞，他們的子女越是由于這種發展而被變成單純的商品和勞動工具，資產階級關于家庭和教育、關于父母和子女的親密關系的空話就越是令人作嘔。」

【筆者】一個由人類自己，由於「私有」概念的缺乏，從而能成立的極樂世界，乃是如同佛典裡的【北俱盧洲】那樣子的（可見 http://di-shui-chan-house.blogspot.com/2013/09/blog-post_9096.html【人道的天堂——北俱盧洲】一文）。然而，【北俱盧洲】的建立乃是〃自然形成〃的：這個「世界」裡本身就不存在「私有」這個「概念」，佛教所謂「無我、無我所」，故那裡的人們生來便會〃自然形成〃這樣子的社會、這樣子的世界。

（話說，就如前列網頁內文中所述的一樣：北俱盧洲人都「身體相類，形貌同等，不可分別」，亦即〃幾乎都長得一模一樣〃。這是由於「沒有國族、家庭觀念」而導致的「極致混血」下的結果吧？「多樣性」、「特色」都消失了。筆者也不知該說這到底算好還是算壞……）

當知：一個個別的「人」有無某種概念，跟一個「世界」有無某種概念，是兩回事。若只是一個「人」缺乏某種概念，只要教給他、灌輸給他就有了；若一個「世界」中本身不存在某種概念，則就算你想灌輸也灌輸不來。為什麼？「業力不同」故。換言之：自帶「私有」概念的【西牛貨洲】、【東勝神洲】與【南瞻部洲】世界皆是「不可能」發展出這種世界的，而頂多逼近這種狀態而已；因人們內心深處本質上無法接受〝無私有〞這件事，故僅能透過發展更公正的社會制度來解決種種不平等問題，而最多達成類似古文明【亞特蘭提斯】那樣子的世界。（可上網自行查找【英格麗特．本內特（Ingrid Bennett）】【亞特蘭提斯】【女祭司】【回憶】等關鍵字來看）

當然，屬於〝南瞻部洲〞類的「地球」，由於有著「私有」概念，所以即便力求類似北俱盧洲那樣子的境界了，卻也沒辦法如同北俱盧洲那樣子永續經營下去，而終會淪為敗壞與滅亡，就如亞特蘭提斯的末日那樣。北俱盧洲人生來無私有概念，故天生就會自然發展出這樣子的社會，而無需特別革命還是什麼的；也由於同樣一個原因，北俱盧洲中無邪淫罪（因無「我、我所」的概念）。但這個模式，只因為不適合生來固有著「私有」概念的南閻浮提洲人，於是，若硬要照搬來套用，就只能以悲劇收場。所以，對南瞻部洲的居民來說，唯一出路便是發展出第⑥靈階世界。然而，人們憑其自力、憑哲學所能領悟到的最高靈階世界便是第⑤靈階世界，第⑥靈階世界若沒有跟上天銜接，僅憑人力是無法領悟的。

以上所述之【北俱盧洲】與【亞特蘭提斯】這種狀態的世界（也就是第⑤靈階世界），才是現下人們所下意識追求的真正的烏托邦、理想國的景象。在其中，有著「毫無遺漏地對一切〈個體〉的服務與尊重」。當知：所謂的「整體」本身是沒有實體的，是「個體」才真地有實體，而整體則因所組成著它的一切個體方才曰〝有實體〞。

《孟子．離婁上》「人有恆言，皆曰『天下國家』。天下之本在國，國之本在家，家之本在身。」所謂的〝人們〞是不存在的：真正存在的、有實體的，是構成著〝人們〞的每個「個人」。

馬克思的共產主義則不然：它有著的，是一台名為〝整體〞的「理想機器」，一個並非任何〝具體實體〞的〝理想〞，然而它卻拖動著一切個體來遵從它，且打壓著一切個體之〈個體性〉，使人人痛苦不堪。然而：由於是「為了這個〝整體〞」，所以「沒有人能夠決定自己、沒有人的〝自己〞會被尊重」；出於對這個〈整體性〉的尊重，沒有人的〈個體性〉將被尊重。可是：從來不曾有個作為〝實體〞存在過的〝整體〞，不存在一個會想、會思考的〝整體〞；真正有實體的，只有每個〈個體〉。如此，可知：若人們之間，當真沒有任一〈個體〉之〈個體性〉得到了發揮、得到了尊重，那麼理應不可能有任何思維、想法、理想產生，更不會有任何社會方針可言。反之，則可知：既然確實有〝想法〞、有某些〝社會方針〞的存在，就必然是某個、某些〈個體〉在落實著其自身的想法與方針，而此個、此些〈個體〉，既然不是平民，就必然只是〈執政者、執政黨〉，即，某個、某些〈特定有權人士〉，即，〈有產者〉的了。

所謂「大同世界」，該是：在大的方向、方面上能同，但在小的方向、方面上則可異；反過來說，雖在小的方向、方面上可異，但是在大的方向、方面上要能同。小異而不能大同，是因私廢公；大同而不能小異，是以公淩私。

不要以統整為能事：若什麼都要求統整，則會使整體性扼殺掉個體性——使人人唯除最高指揮者之意志外無有個體意識、扼殺著一切多元性，死氣沈沈、暗淡之世界，專制社會也。

不要以分裂為能事：若什麼都追求分裂，則是使個體性戕害了整體性——世界拆成國家、國家拆成省份、省份拆成城市、城市拆成社區、社區拆成家庭，最終拆分成只剩下「個人」，人人皆僅遵循自己所訂立的標準而無有共識（無社會契約），無分工合作，原始社會也。

在《共產黨宣言》此段落中，可見到馬克思的共產主義相比真正的第⑤靈階之「烏托邦／理想國」世界，有著不少「原理級」錯誤——「有私」跟「私有」是兩個不同的概念：「有私」指的是「有自我意識，保有著〈個體性〉」，「私有」指的是「〈個體〉們圍繞著自己來發展、聚斂財富」。用佛教的術語來比較，前者是「能」私有之「人」，後者是「所」私有之「物」，從而，「有私」跟「私有」，乃是「能」對「所」、「人」對「物」的比較。「有私」乃是「私有」的前提，乃是〃能擁有〃的主體。若不先有「私」、有「個體」的存在，何能私「有」、存在屬於此個體之「財產」？

「私有」若真能全然消除，那麼你將得出一個【北俱盧洲】一樣的世界；若你還把「有私」也給全然消除了，亦即，把人們的〈個體性〉也給全然消除了，那麼你將得出因【集權】而【極權】的世界。（【極權主義】：極端的、在上層的方針下運作著的【集體主義】，變種中就有【共產主義】、【法西斯主義】、【納粹主義】、【軍國主義】等等……任何不符合集體方針的行為與個人都將被剷除；由於這個〃整體〃並沒有實體，故其意志只能是由某個、某些〈個體〉所發出的，亦即這些「政要高層」本身。如此，其實質上便不是什麼集體主義，而只是【極權】、【獨裁】而已）

（現存的一個個共產主義國家則不然：它消滅了種種「有私」卻保留「私有」。於是：人民沒有了自己的財產——財產都變成了政府高層的了；變成了「國家資本主義」：由人民為國家高層的個人生活買單。比如：在共產黨中，高層們能夠以〃公共支出項目〃的方式來把兒女們送出國讀書，讓人民為這些支出來買單。可是，既然〃共產〃，那麼理當人民也該能送兒女出國讀書並且讓國家買單，不是嗎？如此便可知道：共產黨內部確實存在〃不共有〃的「特權」以及有「特權階級」存在了。）

什麼是集體主義？輕微的，好比現下的日本：日本人之間對他人的包容性，都是建立在「不給別人造成麻煩」的基礎上；若因為個人原因影響了集體利益，則是要被譴責和攻擊的，故連〃倒個垃圾〃都是整個小區內人人互相〃監視〃的項目，垃圾分類若做不好則會被丟回來十全小區議論&孤立，「美德」成了「義務」，亦即人們是被〃逼〃著來〈從善〉的，於是有人連丟個垃圾也丟出了抑鬱症。這種傾向若不斷烈化下去，上升到了政治層面且有著種種的具體實行細節的話，便成了【極權主義】了。

在此的情況亦是屬於「公有」跟「眾有」兩種不同的概念——

- 「**公有**」：屬於第④靈階境界的共產體制所秉持的「為了群體」乃是一種「**與『私』相對的『公』**」。當中，「公」乃是完全凌駕在「私」之上的一種不可抗力、不可抗理由；只要是為了「公」，則一切「私」都是可以被迫放棄的。〃大家〃必須為了〃大家〃而來付出一切，但實則每個「私」、每個〈個體〉，皆被「公」、〃大家〃這個「理想機器」所逼迫得疲憊不堪，不知為何這個〃大家〃裡似乎沒有每個人的〃自己〃之存在、沒有包括了任何人在其中。如此，這個〃為了大家〃到底是為了誰呢？？實在沒人搞懂、能懂……大概是為了一群亢奮的理想家們的願景、野心家們的野心、甚至黨內權貴們的虛榮心及或私慾吧！
- 「**眾有**」：屬於第⑤靈階境界的合作體制所秉持的「為了一切個體」乃是一種「**包括了一切『私』的『公』**」。當中，〃公〃本身是不作為實體存在著的，而是唯有在「愛」與「敬」的原則下，顧及到了一切的「私」後，才方有「公」可言；「公」並非不可抗力，「公」本身乃是每個「私」之間所達成的共識所形成的。就如在一個合作社中，每位社員的股權皆是一樣的，從而每個人的權力也都是一樣的。至於在合作主義中，則不應、不可組黨。如此，由於每個人的權力相等且只能代表自己，每個人的立場將為「個人」，而非「黨派」，故每個人皆能不受脅地推選賢者能者。這樣，在本書所言之合作主義中，一切來自「公」（共識）的要求若有不合理之處，每一位「私」、每一位〈個體〉皆可以秉持著「大家都是地位、權力相等的存在」而不服從、提出異議、再審議、及或退出，而不會有被「公」所凌駕的問題。以此，若有人身居高位，將僅是由於社會有需要而選賢舉能的結果，非由於誰比較有權或比較有勢。這個體制不是為了一個名為〝公〞或〝大家〞的「理想機器」所服務，而是確確切切地為了每一位具體的成員〈個體〉而服務的。

當然「公有」也並且全然沒有可取之處：「公有」與「眾有」在法律方面則體現為「公意」與「眾意」來訂定義務、提供服務，強制、方便，去惡、從善。

一個理想國、烏托邦中，該是「〈一切個體〉的福祉皆被照顧到」，而非「一個〈唯一整體〉的福祉被照顧到」。這兩者有什麼差別？在於：前者的情況中，沒有對〈個體性〉的抹殺，一切人的〈個體性〉皆得到了尊重，在尊重著他人權益的前提下，每個人皆「得以做自己」；在此情況中，〈個體〉與〈整體〉是互相形成的一回事，而非對立著的兩回事。後者的情況中，則是抹殺一切〈個體性〉，而只留下一個〝整體性〞，換言之，沒有任何人的〈個體性〉得到了尊重，此〝整體性〞乃是把一切〈個體性〉抹殺後所併吞、殘餘下來的現象，亦即「沒有人能做自己」；在此情況中，〈個體〉與〝整體〞乃是對立的、零和的兩回事，而非一回事。前者就是第⑤靈階世界的理想國景況，後者則是馬克思所描繪的共產主義的景況，乃是屬於第④靈階〈個體〉對〈整體〉之「對立思維」中偏〝整體〞的一端（資本主義則偏〝個體〞），亦一〝似是而非〞之贗品也。

這就是第④與第⑤靈階下所理解到的〝整體〞一詞的意義上的差別。

其實，若僅是要消滅〝剝削的本錢〞的話，一個社會其實僅需要採取本書中之【有限私有制】就夠了，把各種、各方面的財富（房地產的坪數、代步工具的數量、所持現金之多寡……等等）的上限設定在「足以為個人累積一個〝愜意生活〞的額度，卻不足以成為對許多人們來說的大資本家」、「僅限制生產資料而不限制生活資料」的程度便足矣，犯不著全面消除私有制。而且，在有著「私有」概念的【南瞻部洲】的地球，是不可能真心肯全然〝無私有〞的，而只會讓人們沒努力、沒把事務做好的動力，甚至恐慌。（見相關報導，如：

https://ec.ltn.com.tw/article/breakingnews/2553373【全面國有化？恐慌情緒蔓延中國私人企業】

https://www.bbc.com/zhongwen/trad/chinese-news-45522113
【「私企退場論」：國進民退加劇 中國民企惶恐情緒蔓延】

https://www.ntdtv.com/b5/2018/10/03/a1393814.html【私企國有化？大陸私營經濟正面臨全方位擠壓】

https://www.chinatimes.com/newspapers/20180929000164-260309【陸民企國有化 專家：有損經濟活力】

在南瞻部洲的普遍人們，雖不至於「全然自私」，可是由於「認同機制」（把身體認為唯一真正的自己），容易是私心大於公心的，所以，一旦全然沒有了私有制，人們便興致缺缺；若在全然公有的情況下還賞罰不公，怠惰者不受罰、多勞者不受賞，則就更不可能避免「怠惰者們的無效率、多勞者們想透過撈油水來對自己進行心理補償」的現象了。所以在南瞻部洲的情況，是必須要透過完善的「歸屬」制度來運作著種種資源的分配才行。

一個強迫的、全然的「去私有制」，該怎麼形容呢？若在一條「美德計量表」上，把「為他」、「為公」著想的美德列作滿分的十分，而把「為己」、「為私」著想的欲望列為零分的話，則：若允許著人們「為私」著想的資本主義是「把人們拉向零分、不給予提升的機會與可能、虐待人們不得不從體制中退出」，則，強迫著人們非得「為公」著想的共產主義便是「逼著人們要滿分」了。

好比一間只因為〝滿分〞才是〝最理想的目標〞於是便要學生們〝只能透過滿分〞才能〝及格〞的學校，必然會使學生們苦不堪言。這是什麼呢？【升學主義】。而升學主義，壓不壓迫人、剝不剝削人？當然是很壓迫、很剝削人啊！學生們根本別無選擇：從「沒有就學機會」的〝別無選擇〞變成了「非得滿分才能及格」的〝別無選擇〞。如此：只因為「無私／為公」是〝美德〞，於是就逼著全世界都要來做、都要來符合這個理想、「上禮為之而莫之應，則攘臂而扔之」的共產主義，也只會使人民苦不堪言，因為他僅是從一種〝別無選擇〞變成了另一種〝別無選擇〞，既然〝別無選擇〞，那就是〝強迫〞，既然是〝強迫〞，那就是〝逼迫〞、〝壓迫〞，如此，也就是〝剝削〞了：來自冠冕堂皇的理由的剝削，連拒絕的權利都沒有。

至此：一切的「壓迫」不再是來自〝具體的、個別的個體、的資產者〞了，而是來自一個名為〝整體〞、名為〝共產主義〞的「理想機器」。此乃一「無惡意的偽善」。

你把「十分／滿分」的〈理想分〉當作〈及格分〉來要求學生們嗎？？

你把「無私／為公」的〈美德〉化為〈義務〉來要求人民嗎？？〈去惡〉才是用「逼」的，〈從善〉唯該用「勸」的，而非相反。

「道不遠人；人之為道而遠人，不可以為道。」（中庸）

「學業」的存在是為了「學生」，而非為了學業本身：若一個教程無法讓學生在學習中感到快樂，進而自發地來上進，則這個教程不是個好教程，或可說是個失格的教程；甚至，若還逼著、使得學生們苦不堪言，而這情況是由於師長們只為了使自己的業績漂亮而導致的，則這些師（教師）長（家長）則是非常破格的師長！

「理想」的存在是為了「人民」，而非為了理想本身：美德的培養本該是為了使人人皆能提昇其人品、國民皆能提昇其素質，來成就文質彬彬的正人君子、端莊賢惠的窈窕淑女，若一種理想無法讓國民們在互相勸勉與砥礪中成就自發地來為人為公著想、為社會謀福，則這個理想不是個好理想，或可說是個失敗的理想；甚至，若還把人民當成自己的社會理想的試驗品、把他們抓來填充這些規劃、使得人民怨聲載道，而這是由於當權者只在乎自己的計劃、自己的進程、自己的安排等等有無實現，而非真地根據人民所需來為人民們定制其所真正需要的社會運作，則這個、這些當權者是非常惡質的當權者！

學業與理想皆不該是一張〝你自己的藍圖〞、〝你自己的規劃〞，卻使學生、人民僅成了它的填充物。你是在拼你自己的業績、炫耀你自己的功勞嗎？你把學校、社會當作試驗場，把學生、人民當作捏麵人，來試驗你自己的手段、理論嗎？學生、人民才是主體，才是要被服務的對象、一切事務的核心、一切活動的原因，而非你的理想、你的業績——「夫禮者，忠信之薄，而亂之首」也，以這種種「形式」本身皆已「不知其所以然」故。

馬克思《共產黨宣言》正文：「無產者是沒有財產的；他們和妻子兒女的關系同資產階級的家庭關系再沒有任何共同之處了。」「消滅家庭！連極端的激進派也對共產黨人的這種可恥的意圖表示憤慨。現代的、資產階級的家庭是建立在什麼基礎上的呢？是建立在資本上面，建立在私人發財上面的。這種家庭只是在資產階級那裡才以充分發展的形式存在著，而無產者的被迫獨居和公開的賣淫則是它的補充。資產者的家庭自然會隨著它的這種補充的消失而消失，兩者都要隨著資本的消失而消失。你們是責備我們要消滅父母對子女的剝削嗎？我們承認這種罪狀。但是，你們說，我們用社會教育代替家庭教育，就是要消滅人們最親密的關系。而你們的教育不也是由社會決定的嗎？不也是由你們進行教育的那種社會關系決定的嗎？不也是由社會通過學校等等進行的直接的或間接的幹涉決定的嗎？共產黨人並沒有發明社會對教育的影響；他們僅僅是要改變這種影響的性質，要使教育擺脫統治階級的影響。無產者的一切家庭聯系越是由于大工業的發展而被破壞，他們的子女越是由于這種發展而被變成單純的商品和勞動工具，資產階級關于家庭和教育、關于父母和子女的親密關系的空話就越是令人作嘔。」

【筆者】「社會關係、勞資關係」乃是後於「家庭關係、親子關係」才存在的。怎麼可能人們比起「家庭關係中之親子身份」會先跟「社會關係中之勞資身份」更產生認同感、建立更深的聯繫呢？為什麼會以「父母對子女的剝削」來形容親子關係呢？人們出生時豈不都是由父母所養育大的呢？這豈是剝削呢？在人們出生的當下，會湊上來照顧你的，豈是另一個〃無產者〃呢？他／她對你的羈絆與關心，豈能比你親生父母對你的還要大呢？誰不先來照顧由己所出之兒女，反而先去理會別的事務、或先去照顧別人的兒女呢？這不單是天性問題，也是責任問題。是不是馬克思他自己有過什麼童年陰霾，然後一廂情願地相信全世界肯定也都跟他一樣呢？如果發生了「比起父母，有人反而還更跟社會、跟政府的連繫還要深、還要重」的情況的話，那只有一種可能：便是被人為地〃灌輸〃、〃洗腦〃來的！

他又說家庭教育是被社會通過學校所決定、所成立的……抱歉啊，馬克思，要潑你冷水：家庭情感、家庭結構、家庭教育……等等「家庭觀念」，皆是先於社會、社會歷史及社會教育便存在了的；即便是在【社會契約】成立以前的【自然狀態】，人們還是依然懂得家庭觀念，或即便有人現下脫離了社會及社會教育而去深山老林古洞等等遺世獨立之地跟其唯一配偶獨居，且由於年代久遠不復跟現代文明有所接軌而忘失了一切社會教育，他們的後代依然還是能如同在【社會契約】成立前的【自然狀態】一樣，自然成立出家庭結構。另外，一些制度，比如：隨著觀察到近親繁衍容易生出有缺陷的後代，於是人們就自然懂得要避免近親間繁衍了，不是嗎？故知：家庭觀念更是天性使然，而非社會教育；社會教育是家庭教育的結果，而非反過來成了家庭教育的原因。

至此，馬克思這一段的論調已經流於〃情緒化〃，為了找藉口來支持自己的理論而不惜〃口不擇言〃而導致〃反天性〃了。

馬克思《共產黨宣言》正文：「但是，你們共產黨人是要實行公妻制的啊，——整個資產階級異口同聲地向我們這樣叫喊。資產者是把自己的妻子看作單純的生產工具的。他們聽說生產工具將要公共使用，自然就不能不想到婦女也會遭到同樣的命運。他們想也沒有想到，問題正在于使婦女不再處于單純生產工具的地位。其實，我們的資產者裝得道貌岸然，對所謂的共產黨人的正式公妻制表示驚訝，那是再可笑不過了。公妻制無需共產黨人來實行，它差不多是一向就有的。我們的資產者不以他們的無產者的妻子和女兒受他們支配為滿足，正式的賣淫更不必說了，他們還以互相誘姦妻子為最大的享樂。資產階級的婚姻實際上是公妻制。人們至多只能責備共產黨人，說他們想用正式的、公開的公妻制來代替偽善地掩蔽著的公妻制。其實，不言而喻，隨著現在的生產關系的消滅，從這種關系中產生的公妻制，即正式的和非正式的賣淫，也就消失了。」

【筆者】一如筆者於本節開頭附近當看到了馬克思所寫的開宗明義的段落時便分析並預言了的那樣：僅試圖從〈條件〉來解決問題、試圖以〈消除條件差〉為手段來消弭不平等的馬克思的共產主義，由於最多只能消弭到一切「人為的、後天性的」條件差異（社會階級、財力等等），卻沒有辦法消弭種種「天然的、先天性的」條件差異（各性別在生理條件上的不同、先出生的年長者與後出生的年幼者之間的優勢差，各自相對為「性別剝削」以及「年齡剝削」的條件），故他便避談、跳過了「性別剝削」以及「年齡剝削」等等的問題了。

此段的《共產黨宣言》正文顯示了：馬克思的共產主義乃是〈公妻制／共妻制〉的，亦即，女性們沒法決定自己僅屬於哪個對象、沒權力讓自己僅歸屬於某個自己所挑定的對象，而是不得不〝被選擇〞、不得不〝被共有〞，亦即女性們是「被物化」了。既然這樣，又豈有解決了「剝削」的問題？「資產的有無」僅是提供了達成「權力的有無」的〝其中一種途徑〞罷了，但「剝削」正確來講並非存在於〈有產者〉與〈無產者〉之間，而是〈有權者〉與〈無權者〉之間。如此，馬克思透過消弭「資產」上的差距僅是解決了〈有產者〉與〈無產者〉之間的條件差，卻無法解決〈男性〉與〈女性〉、〈成人〉對〈小孩〉之間的條件差，但他卻非想出替代辦法來填補其理論上的這個漏洞，而是索性把這個漏洞合理化，把女性、任由女性們被物化，並對此行為編著冠冕堂皇的理由來文過飾非著。如此一來，豈有「保護著人們免於被剝削」呢？

到這裡，「第④靈階境界」的【馬克思的共產主義】就顯示出了跟「第⑤靈階境界」的【北俱盧洲】以及【亞特蘭提斯】等等社會／世界，兩種情況之間本質上的不同了：第⑤靈階世界所關照、所服務的對象，乃是不論是男女老少、皆毫無遺漏地涵括了的、具體的〈每一個個體〉，而由於一切「個體」的個人利益皆毫無遺漏地被照顧到了，故「整體」的集體利益即也被照顧到了；第④靈階境界的【共產主義】則是要人們為了一個理想中的〝整體〞而皆來放棄其〈個體性〉以及其個人利益，來符合這個〝整體〞的需要，而面對這個「理想機器」，每個「個體」不是什麼〝被服務的對象〞，而是一個個可被犧牲的「拋棄品」。

另一方面，此段也顯示了馬克思並沒有能力分辨「邪淫」以及「權力架構」存在與否兩者之間並沒有個絕對連繫：「權力架構」僅是〈條件〉，條件僅〝允許〞了邪淫、強暴的發生，卻不〝決定〞其發生；且，即便是在資本社會中，會邪淫的人依舊會邪淫，不會邪淫的人依舊不會邪淫，非人人皆如此。

但話也說回來：馬克思所倡導的共產黨內部也是個有著「權力架構」

的「組織」，那麼，也必然會允許了邪淫、強暴的發生，怎麼他卻避而不談呢？他在此段所寫的公妻制／共妻制，並不是解決什麼問題，而是赤裸裸地、明明白白地把他自己所抨擊的、發生在資本社會中對婦女們的剝削，給合理化、給正當化了。且看：

https://www.ntdtv.com/b5/2014/08/25/a1132824.html【共產共妻不是空穴來風 確有其事】

http://intermargins.net/intermargins/TCulturalWorkshop/academia/others/o8.htm【俄共布黨史的婦女「公有化」——以革命的名義共產共妻】

（前述報導並不是這一則 https://baike.baidu.com/item/ 共妻制度，這一篇則是私人假借政府名義宣布的虛假法令。這一則中說的是〃十七至三十二歲的婦女〃，前述報導中所說的則是〃十六至二十五歲的婦女〃）

馬克思不是說要「消除剝削」嗎？可是，社會上難道只存在「有產者對無產者」的剝削，而「男性對女性的剝削」就不是剝削了嗎？難道，只有來自有產者的邪淫與強姦才是邪淫與強姦，而來自無產者的邪淫與強姦就不是邪淫與強姦了嗎？婚姻是為了讓婦女們能夠「僅被她們所愛、所認定、會尊重她們、會愛她們的對象所觸碰到」的「選擇」與「保障」制度；重點並不在於「有沒有觸碰」，而在於「被誰」，被〃相敬相愛之人〃抑或被〃不敬不愛之人〃所觸碰。而且，馬克思於文中也僅能引用了〃被迫獨居〃和〃公開的賣淫〃以及〃互相誘姦妻子〃的情況，換言之：不包含良家婦女的情況。然而，馬克思的公妻制卻連良家婦女都危害到了，是更惡，而非更好。

既然婦女們同樣處於弱勢、同樣都是被置於被動姿態之下、同樣沒得選擇，那麼，豈可能唯有發生在資本主義下的賣淫才是〃被姦淫〃、而發生在共產主義下婦女們的〃被（性）公有化〃、〃被社會化〃（如報導中所述）就不是〃被姦淫〃了嗎？她們豈有因為從資本主義換到共產主義下，從而被照顧到了呢？有無剝削，重點在於女性們的意願有無被尊重並且被負責，而非從〃隱蔽地被少數人所姦淫〃變成了〃赤裸裸地被更多數人所姦淫〃反而還更好。如此，馬克思便沒拯救了婦女與女童們於剝削之中，而是還更落井下石了。女性她們需要的是被保護、以及有得選擇其自身處境的權力，而非從〃被有產者們剝削〃變成〃被無產者們剝削〃。

在馬克思他這有缺陷的理論中，女性族群並沒被考量到、並沒被算入其中，而仍然只是被剝削、被〃公有化〃的對象；她們明明同樣也是人民中的一群，本該也是享有著種種〃大家〃努力的成果的社會之一員，但她們卻並沒被當作社會的「成員」來看待，而是被當成社會成員們所將要享受的「資源」來看待，好似只有男性才是人、而女性就不是人似的；她們沒被當作「人」，而是被當作了「物」來對待，被「物化」著。從而可知：馬克思的思想並沒涵蓋了一切人。若不考慮實際數目，僅就「男女同屬一個物種中的兩種性別」來論，一個社會本該是由男女各半的人數所構成，如此，「不把女性納入考量」更是直接意味了「半個社會的人沒被考量到」。如此，又怎麼能說是屬於「大家（一切個體）」的社會呢？

馬克思《共產黨宣言》正文：「人對人的剝削一消滅，民族對民族的剝削就會隨之消滅。民族內部的階級對立一消失，民族之間的敵對關系就會隨之消失。」

【筆者】是啊，馬克思，或許真有這種「消滅了一切外在〃剝削源〃」的可能，可是到時候，你跟你的共產黨，由於本身便是一個「組織」，便將是唯一在內部乃保有著「權力架構」的存在，亦即，唯一保有著〈條件差〉（有權者對無權者）的存在了。再換言之：真要有這麼一天了，既然消除了一切外來的反對、監督力量，到時你自己便將就是「全世界僅存的唯一〝剝削源〞」了，而一切來自共產黨內部本身的這類剝削，就本節開頭附近所已經解釋過了的那樣，是「原理上無解」的，從而，你自身必然化身成為對體制內、體制下一切基層人民的〝壓迫源〞、〝剝削源〞本身，給他們帶來苦難。而你有可能不惜消除自己，好讓這世上僅存的唯一〝剝削源〞也被消弭掉嗎？你有可能放下自己所做的一切功勳嗎？你有可能任由社會的一切制度再從零開始嗎？自然是不可能的！從而你必將騎虎難下，作為給人民造成苦難的唯一一個無法被消除的〝剝削源〞而存在著，壓迫著一切，逆反著你向人民們所承諾的初衷。

這一切的一切，皆是打從原理上便能推導知悉了的。

馬克思他自己都不避諱被視作「唯物」的，而唯物意味著「不在乎〈存心〉問題」。

「心靈」決定〈存心〉之［善／惡］，「物體」決定〈條件〉之［強／弱］、［優／劣］。一旦一個人〝唯物〞了，便意味著他只在乎〈條件〉上之改進：變強、獲得優勢，卻不去關注〈存心〉上之改進：向善與否，而一個不在乎起心動念發端之正邪、卻擁有著強大力量的存在，是很可怕、很危險的，好比把飛機交給兒童來開、好比將刀具甚至槍械交給殺人魔，不異一團暴走的能量四處亂竄，將只會傷害、甚至殺害著一切。

馬克思形容資本主義創造了自己的墳墓，「**它首先生產的是它自身的掘墓人。資產階級的滅亡和無產階級的勝利是同樣不可避免的**」。

但事實是：打從創建之初便無法如同合作社一樣以和平的方式確立了平權機制（股權皆等），而是採取暴力手段奪權的共產黨，其內部本身便將是講究以「權力架構」來運作的。亦即：雖然它看似把外在的階級制度剷除了，但它卻沒有消弭內在的階級制度。如此，它跟過去的一切推翻行為並沒有什麼兩樣，並且也將不會消除任何社會上的階級制度：「社會的運作需要有組織、有紀律；推翻了一個權威，你就是下一個權威」，在此前提下，當一個群體掌權了後，一旦它內部本來便不曾消弭掉階級制度／確立了平權機制，那麼，本來僅在共產黨內部的階級制度，在其掌握了一整個社會後，便又將放大成了整個社會上的階級制度，亦即「階級制度」這件事本身從來無法因共產主義的存在而得到改變，而僅是一個掌權群體替代了另一個掌權群體；它是以〝代表著無產階級〞為口號來拉攏參加者，但它所唯一將達成的結果僅是政黨輪替，跟群雄逐鹿的軍閥爭權沒什麼不同。

再者，其唯物傾向造成了不在乎〈存心〉問題，而導致在位者之品性堪憂，便使一切的運作從一開始便只是一種〝碰運氣〞的行為，唯視存心好或壞之人掌權，而使一切向好或壞的方向去發展。不過，由於前述「權力架構」的存在，而權力多是吸引權力慾強之野心家，在不倡導對〈存心〉的注意的環境下，風氣便會往［壞］的方向去發展。如此，最終又將釀成專制的整體社會：一個打著〝建立烏托邦〞的口號的〝反烏托邦〞政體。這一切是馬克思在創建其理念之初便決定了的必然結果。

這樣，需要探討資本主義什麼時候將導致社會步入反烏托邦的時間點的問題嗎？因為，雖然馬克思指責著資本主義打一開始便註定了會自取滅亡，可是馬克思他自己或許還更糟：他創建了一個打著〝為了建立烏托邦〞、但實則將甚至比資本主義還註定更早〝把社會發展成反烏托邦〞的主義。

最後，馬克思的共產主義之所以無法建立起理想國的「事相」上原因：他沒能瞭解【分配經濟】之於計劃經濟的重要性，也沒能領悟其運作方法——【工作／工位轉換】。如此，計劃經濟便將行不通了。

可見馬克思跟恩格斯他們乃是「一知半解，不懂裝懂」的一群人。惑人莫甚「似是而非」，共產主義這個學說即是如此。

共產主義與資本主義的深層內在聯繫

為了解釋筆者是怎麼透過把共產主義以及資本主義兩者跟合作主義（超合作社社會）比對然後看出它們兩者之間的這種深層內在聯繫，在此筆者要提一下：「超合作社」這構想當初是怎麼來的？

筆者是先想到「家庭事業」還有任何一家「商業公司的內部運作方式」。

問：若是對員工的話，你可能會計較分給對方的利益；可若是對身為生命共同體、幾乎〝你的就是我的、我的就是你的〞的家人，你會去仔細計較利益的分配嗎？在一個家庭事業中，可能是餐館、可能是貨運、可能是組裝、可能是印刷廠還是什麼的……總之，由於只是家庭規模的事業，而家庭事業往往是子承父業，於是一家子在一種〝全然不去計較權力分配問題〞的氛圍下運作，並且，由於是自家人投入下去做，而非請員工，故沒有收益分配問題，而是全然地、平均地算在全家人的頭上。這是一種不會有剝削問題產生的營利環境。

再來：好比一家大型超商、一家大到已經有了自家品牌的巨型超商、量販店，它內部勢必是有很多部門的：管理部、人事部、財務部、物流部、生產部、銷售部、餐飲部……等等。這樣子的一家「由完整的產業鏈所構成」的、完全「有能力自給自足」的體系，它完全能夠設立食堂來對內部供應員工的飲食、甚至設置專門租給員工的宿舍；並且，當是來自在職員工的消費時，則還會給予打折。此外，試想：如果一家公司的物流是委託外在的第三方公司來處理的話，那麼它會被收費；可是，若一家公司的產品以及物流工作，僅是由其下的不同部門來處理，則，你，不管是作為這家公司的老闆或是不同部門的負責人，會想要、會需要在不同部門間互相收費嗎？物流部把生產部的成果運去給銷售部門時，難道物流部門會需要向生產以及銷售部門收運費嗎？當不同部門的員工去公司內置的餐飲部飲食時（可能是定食，可能是自助……根據公司的設定），難道還該向員工收費嗎？若是一個這一切手續皆需要收費的情況，則意味著它的運作中產生著耗損、產生著「熵」；可若這一切發生在一家公司的內部，則不會有這情形，因為它不會向自己收費。

如此看來：若一個社會內部的一切成員間皆是作為明確割裂著的不同個體、一間間的「公司」來運作的話，那麼此社會的運作中將會充滿著「熵」、耗損，並且其間的各成員乃是互相視其它成員為資源方面的競爭對手，一切成員間的關係乃是零和的；若一個社會內部的一切成員間皆是作為互相依存的個體、一個個的「部門」來運作的話，那麼此社會的運作中便免去了許多確實能夠省去的「熵」、耗損，其間各成員乃是互相扶助的，這似乎才夠理想。

可是，此時的這種營運方式的公司，雖然夠大、夠有效率了，但相比家庭事業那種不容易產生「權力架構失衡」情況的小規模事業體，大公司雖確保了其運作上不會有耗損，卻未必皆避免了有「權力較大方對權力較小方」的問題。於是：便須要有辦法使其能擁有如家庭事業那樣的「內部均權狀態」。故：尚須再指定此「國家公司」的運作形式為「合作社」，亦即當中一切參與者之股權（從企業的角度來說）／權力（從國家的角度來說）皆平等（福利也是），便能確保了其內部權力架構之平衡，不會有誰人能坐大，而僅能靠大眾的同意、共識來上位，此時便在其具體運作上以及其權力架構上皆去除了「運作不良」以及「剝削」的〈條件〉了——這是一種「天下一家」的狀態（而非「家天下」）。如此，一個理想社會便成形了。

至此，「超合作社」的構想便完成了。

在這整個過程中，筆者要說「指定為合作社式的〝內部權力架構均衡〞運作形式」才是一切的重點所在。為什麼呢？

為什麼須指定此「國家公司」的運作方式基本得是「合作社」那樣的呢？

先來看看一種純粹僅符合了「無熵而高效地協調運作著的社會」的條件後所呈現出的景象，就類似一個很知名的例子：Google 內部其員工享有著諸多福利之事。可見於比如 https://www.managertoday.com.tw/articles/view/54789【Google 員工福利超好，一定花了公司很多錢？錯，大部分都不是企業出錢】這類的報導。

Google 內部儼然是自成一個小社會，而此小社會之內部各成員間並不是對立、競爭著的一個個「公司」，而僅是互助的一個個「部門」，所以其運作沒有熵、沒有耗損，便省下了許多運作成本來更加完善許多福利。

但問題是：要如何使這種環境能在全世界皆遍地開花、擴大？這是第一個問題。且除外，還要能「不敗壞」？這是第二個問題。

第一個問題好解：任何一家運作得夠好的公司，其實都有潛力為其內部員工提供這種福利環境。但，「有潛力去做」僅是〈條件〉，「會不會去做」便是〈存心〉問題了。於是，便跟第二個問題相關聯了。

Google 它是一個營利的事業體，但一直以來由於其公司文化的功勞，可見它僅是對外營利，但對內、對員工則是不營利的。可是，它畢竟不是合作社，股權、決策權並不平均，雖現下得益於其公司文化而不劣化，難保未來總能如此。但看 https://www.bnext.com.tw/article/49105/google-employees-resign-against-pentagon-contract【高層決策越來越不透明？十多位 Google 員工集體離職，宣示反對 Google 參與美國軍方計劃】與 https://www.newmobilelife.com/2018/05/19/dont-be-evil/【更新行為守則 Google 移除「Don't be evil」口號】這些報導：在此事件中，可見一直以來被員工們所愛戴的 Google，由於禁不住來自美國政府的黑暗勢力的利益之誘惑，已經開始朝向 the dark side 靠去了，但員工們對此卻無力回天。為什麼？因為他們沒有決策權，故只能無力地抗議著。

「**道得眾則得國，失眾則失國，是故君子先慎乎德。有德斯有人，有人斯有土，有土斯有財，有財斯有用。德者本也，財者末也。**」（**禮記．大學**）Google 一直以來的興盛，其實是得益於其公司文化所蘊含的美德；一旦為了利益而失去民心的話，便也將漸漸衰敗，因為賢能之士不願再來投靠他了。現在它已經為了利益而棄守了自己的道德底限，如再不悔改，這個舉動將是它的發展走下坡的開始了。

前面所說的〝若一個社會內部的一切成員間皆是作為明確割裂著的不同個體、一間間的「公司」來運作的話，那麼此社會的運作中將會充滿著「熵」、耗損，並且其間的各成員乃是互相視其它成員為資源方面的競爭對手，一切成員間的關係乃是零和的；若一個社會內部的一切成員間皆是作為互相依存的個體、一個個的「部門」來運作的話，那麼此社會的運作中便免去了許多確實能夠省去的「熵」、耗損，其間各成員乃是互相扶助的，這似乎才夠理想。〞

在此段所描述的第一個情況（社會上各成員之於社會僅為一個個不同的「公司」）便是資本主義社會，而第二個情況（國家公司化，社會上各成員之於社會則成了一個個不同的「部門」）則是共產主義所兜售給人們的願景，但後者卻將沒有辦法達成，或曰將沒有辦法不腐敗、不崩潰。為什麼？

因為以上兩種情況，不論哪一種，皆以為問題的重點在於「系統外部／系統與系統之間」的「規模」架構問題，而非「系統內部」的「權力」架構問題，所以僅是從外相上來解決問題。

此處所說的——

- 「**外部**」**問題**：「系統外架構」問題，即互動問題，這是由於相對一個更大的系統來說，各事業體僅是其中互動著的不同成員。此乃「表相」上的私有、亦即「**規模**」上的私有問題。
- 「**內部**」**問題**：「系統內架構」問題，即運作方式、權力分佈等等方面的問題。此乃「實質」上的私有、亦即「**權力**」上的私有問題。

我們來看一下：

1．一個個的企業、一間間的公司，皆是一個個自成一體的小系統，各自於內部有著不同的運作規則。

2．剝削來自權力差（異），而非階級差、族群差、組織差、體制差。只要有權力差，就算屬於同階級、同族群、同組織、同體制，亦能發生剝削；反之，只要沒有權力差，就算屬於不同階級、不同族群、不同組織、不同體制，也不會發生剝削。

剝削來自權力架構失衡，而非規模上的不統一。

在釐清了以上這兩點後，才來繼續看：

說問題「出在系統外、系統間」是指以為問題「出在這些公司、這些系統的成立本身，或者它們之間的互動上」，說問題「出在系統內部」則是指問題在於「系統內部的運作方式本身」。

對於社會來說，當中的每個構成部份乃是一個個的「組織」，並且它們皆意味著一個個或大或小的「勢力」。

資本主義社會中林林總總的組織（「公司」是一種組織型式）所呈現出來的景象，可形容為一副「各立」又「為王」的局面。對此，馬克思他所設計的共產主義，則指向剷除一切「各立」的問題，由某一特定組織（「政治勢力」也是一種組織型式）通過暴力來擴張與併吞一切組織，並且在全社會的範圍內坐大後，把一切勢力都融合在統一指揮下——但實則它並沒有解決掉「為王」的問題，而這其實才是重點。（什麼意義上的〝為王〞？有玩過女神異聞錄5／PERSONA5的鴨志田篇的人就很有畫面）（此處之為「王」態度：身處高位時，僅見著「權利」，跟傳統中華文化之「王」道態度：身處高位時，見到的是「責任」，兩者截然不同）

如此來看，馬克思所理解的、所要攻擊的對象——「私有制」，在其心目中，其實僅是「從外部上所看起來」的擁有、「規模」上的擁有、形式上的擁有（組織），卻不包括了「從內部上來說」的擁有、「權力」上的擁有、實質上的擁有（權力）；他以為只有來自許許多多特定群族（所謂「有產階級」）的「零零碎碎之擁有」才能是「私有」，卻以為來自某個自詡代表著另一特定群族（所謂「無產階級」）的「統一擁有」便不會是「私有」。於是：他打擊了所謂的「有產階級」族群，卻沒去整治所謂的「無產階級」族群內部的「權力架構」問題。

如此，從資本主義運作模式跳轉成共產主義運作模式，對於社會來說，便僅是從「由許多『內部權力架構失衡』的零碎成員所構成」跳轉成了「由單一『內部權力架構失衡』的獨大成員所構成」的差別而已了，『內部權力架構失衡』這件事從頭到尾並沒有改變。由於剝削來自失衡的權力架構，於是此轉變的之前與之後，僅差在由許多零碎的小型剝削者所組成的社會（個人資本主義），變成了由唯一獨大的巨型剝削者所組成的社會；零碎的剝削變成統一的剝削。前述的「國家公司化」其實也就是「國家資本主義化」，此時便全然決定於掌權者之好壞來定奪全體所受之待遇，跟過去的一切王權專制時代並沒有差別。馬克思他的共產主義，其所提出的構思、方法論，本來就只可能朝這種結果——「國家資本主義」去發展（即便他以為他的構想已經很完美了）。明明資本主義在原理上、在本質上才是會發展成反烏托邦的主義（網搜【白色恐怖】，其實殖民主義下的種種罪行也都要算在資本主義的頭上才對），共產主義則聲稱能建立烏托邦，但至今為此的共產主義國家卻都比資本主義還要更早就形成了反烏托邦（均貧、特權階級的存在、剝削、草菅人民性命、對思言行的監控社會：鎮壓反革命、契卡、紅色高棉……等等。網搜【紅色恐怖】），不是沒有原因的。在保留／沒解決掉系統內部之「權力架構失衡問題」這個剝削與壓迫之所以產生的真正原因上，資本主義跟馬克思所提出的共產主義都是一樣的，兩者只差在散或集、規模小或大而已。

為什麼當馬克思的共產主義在得權得勢了之後，此系統便一定會早於資本主義腐敗、崩潰掉呢？這就跟一個主義是怎麼發家、以及其內部的組織形式有關了。注意一下馬克思透過其共產黨宣言所宣揚的理念，可知其所構想的共產主義：

- 是以暴力起家的，這顯示了其將以力量來對付一切不隨其意、被判定為敵人的一切對象，而對此對象的判定，卻是由最高掌權者說了算的；它能以此方式來對待敵人，也能以此方式來對待自己人。換言之：將難以有異議、制衡力量。這是其一。
- 是先構建起了一個組織、黨派，再由這組織、黨派來領導所謂的無產階級，亦即其權力架構乃是「上對下」、「由上而下」的，而非由下產生、推舉向上的。這是其二。
- 既然同資本主義下之一切組織（企業）一樣，沒消除掉內部的權力架構失衡問題，那麼在暴力奪取了全社會後，它便僅成了一個巨型的、內部依然有著「權力上傾」失衡現象的巨型企業罷了——國家資本主義。這是其三。
- 由於在一個社會上獨大，而去除掉了競爭現象，那麼它便能以壟斷的姿態、定價著一切，包括其下所「領導」（其實已成了「支配」）的底層人民之勞動。由於定價失衡，上層人民的簡單勞動甚至不勞不動便能輕鬆抵掉下層人民的辛勤勞動（https://www.ntdtv.com/b5/2019/02/07/a102506446.html【北京頻喊過緊日子 兩大領域開支舉世罕見】），特權階級之存在，社會、利益不公平現象發生。這是其四。
- 非但在市場意義上剷除了競爭對手，連本該存在的、來自國家法律的制衡力，也由於此組織（共產黨）乃是除了社會上之一切其它組織與資源皆併吞外，連政府的統治權也一併奪取了來，根據前面有提到的：此時其內部運作的一切依然是掌權者說了算，所以可以連宏觀環境都塑造成對維持掌權者自身權力有利的環境，而不再有任何阻力。這是其五。

自此，一個「內部之權力架構失衡問題沒得到解決、卻已然不再有絲毫外部力量能制衡它」的存在，其腐化與崩潰也就可以待見了。

如此，基於以上原因，才有必要在前述之「國家公司」上、再加上把其指定為以「合作社」的形式來運作才行。「合作社」的運營模式，它有一個跟一切其它形式的事業體非常不同的特點：員工就是老闆本身，並且不論某位成員多有錢、投資多少，其股權皆是一樣的，並不會使其有特權。這點便使它內部不存在「上對下」的轄制關係，亦即不存在「權力架構失衡」的問題；一切人在高位，也僅是出於大家的推舉、選賢與能後的結果，而沒有誰能內定什麼。

一個事業體（一種「系統」）面對外部時，它對弱小對手的打壓發生於「競爭」，它對客戶利益的侵蝕發生於「壟斷」；面對內部時，老闆與老闆之間的壓迫（股權大者才有決定權時）、老闆與員工之間的剝削（勞工權益只能被動地被決定時），則來自「權力架構失衡」。就前面所分析過了的：在一個自由的市場運作過程中（所謂「資本主義環境」），由於傾向於「有資源、有權勢者越來越有資源、有權勢，無資源、無權勢者越來越無資源、無權勢」（聚斂現象），由於這個機制，於是：先是在競爭中發生併吞，在併吞不斷擴大的覆蓋率下發生壟斷，那麼，由於擴張，原本以為問題僅發生在「外部」，但其實一切都慢慢變成了發生在「內部」，也可以說，原本所謂的系統「外部」問題皆漸漸消失，由於併吞而全都內化成了「內部」問題。

舉例說明：

一個社會上的諸多企業，在「競爭」後，漸漸有人不支倒下，而被收購（A方擴張，B方被併吞）（他方事業體受損）；隨著擴張方不斷擴大，失去競爭之制衡的它，將能「壟斷」（消費者受損）。

在第一個情況發生後，由於被併吞，屬於B方的一切：事業主體、生產資料、成員們……等等，他們對於A方來說原本是屬於一種「對外」的「外部」關係，但現在之於A方已成了一種「對內」的「內部」關係了。至此，過去的一切「競爭」關係已不存在，而只有被如何管轄的份。如此，便只剩下了內部的權力架構失衡問題。

至於第二個情況，一間公司透過不斷併吞而坐大，直至「籠罩了全社會、對人們的生活無孔不入；由於已不存在〃外部〃可言，或直接或間接，全社會的人皆是其員工，而只不過是從一個部門跑到別的部門去消費罷了」時：由於規模已成了「全社會」，其對待一切消費者的態度，其實也成了對待一切員工的態度；其對待一切員工的態度，便相當於對待一切消費者的態度。亦即：成了一種「對內」的態度、「內部」的問題。那麼，便又成了一種「內部權力架構失衡」的問題：人們若沒有辦法參與此「社會公司」、「國家公司」的運作、的決策，便只能被動地被轄制了。

換言之：由於市場的這種機制，「外相上的統合」只是個自然趨勢；即便不刻意追求，它也會自然發生。現下的資本主義國家不都立了一堆「反壟斷法」嗎？正是為了以強制的手段來使這類〃因併吞而統合〃的現象不要發生。

至於「壟斷」，為什麼需要被擔憂呢？正因為若它是一個內部權力架構失衡的機制，一旦壟斷了，便能以獨裁的方式來對內部員工單方面決定著不公平的薪資、對外部消費者單方面決定著不公平的價格，不是嗎？

可是，如果是一個內部權力均衡，民主、參與自由、決策透明的合作社體制呢？就算使其覆蓋全社會了，難道會發生前段所描述的情況嗎？若說世界上有哪種壟斷對全社會反而是好事的話，那大概只有合作社了吧！因為在它內部，一切社員都是老闆，所以不會有薪資不公平的問題；由於參與自由，所以就算它〝對內不營利，對外營利〞，只要參與了，就立刻能享有等同於其內部社員的一切福利。此時，你反它壟斷，反而是在阻擋一樁美事。

綜上所述：人們在解決壓迫與剝削的問題上，一切目標最終將傾向於只剩下、歸結為「內部權力架構失衡」的問題；外部上的統合，則不論是透過共產主義的暴力執行、或是資本主義下之市場機制，最終都是會發生的，故問題從來不在這方面上。可是至今為止，資本主義或共產主義卻都是從這方面來著手對待剝削問題——這是個盲點。

※其實，這整個過程中的一切問題，皆也可以說是「權力失衡」問題：因為「競爭，然後併吞弱小企業」的現象，也是權勢大的一方對權勢小的一方的權力之展現；「壟斷，然後榨取勞工與消費者權益」的現象，也是權勢大的一方對權勢小的一方的權力之展現。權力上的「獨大」、「專制」所帶來的風險是很大的。

所以說：剝削之所以發生，絕大部份的原因、主要原因，皆是出在一個系統中有無「權力架構失衡」的問題，而非有無把一切〝零碎的私有〞給統合成一個巨大的〝單一的私有〞就能了事的。一切「統合」行為，若不能使一系統內部「還政於民」、使內部的權力確實「公有」，其內部的權力依然是向上、向某個特權群體靠攏，而非平均分佈於一切人的話，便依然是「私有」，不會因為從一個個〝小規模的私有〞統合成了一個〝大規模的私有〞而不是私有。如此，不就什麼都沒有改變、換湯不換藥了嗎？甚至還能比統合前更糟！

※依規模來分類：

【國有】【省有】【市有】【區有】【家有】【個人有】……乃根據「國」「省」「市」「區」「家」「個人」等等這些「絕對標準」而言。

【私有】對【公有】：乃「相對標準」。好比：

【家有】的事物，對於組成此家庭之一切個人來說便是【公有】的，組成此家庭之一切【個人有】的事物，對於家庭來說則是【私有】的；

【市有】的事物，對於組成此城市之一切社區來說便是【公有】的，而組成此城市之一切【區有】的事物，對於城市來說則是【私有】的；

【國有】的事物，對於組成此國家之一切省份來說便是【公有】的，而組成此國家之一切【省有】的事物，對於國家來說則是【私有】的。

《黃帝陰符經》言「**天之至私，用之至公**」，意思就是說：在推己及人、推致到「全」的境界上時，【公有】與【私有】是無分別、一如，而互無衝突的。這也就是為什麼第⑤靈階的心靈境界之所以能透過「毫無遺漏地涵蓋到一切〈個體〉」的方式來達成「為大家著想」，從而達成「為公」與「為己」之間的互無衝突（由「小」建立起的「大」），而不是透過「抹殺個體性」來達成的〝為公〞，因為這種〝為公〞只是〝為私〞的對立面、的敵人。但，問：「大」是「小」的對立嗎？不：「大」是由「小」所建立起來的，這才是事實。

【眾有】：總之符合「由多人所有」之定義者便是眾有的；所以在規模上，【公有】的必先是【眾有】的。在前述各情況中，可謂一切【個人有】以上的情況便通通都是絕對意義上【眾有】的；在相對意義上，【公有】的皆是【眾有】的。

這也就是為什麼除了統合外，還必須指定系統的內在運作模式為「合作社」的原因。這個步驟其實才是重點，至於前一個步驟（統合）反而才未必一定要達成。

馬克思的共產主義所描述的體制，追求的是外相、規模上的公有（透過統合而囊括了全社會），但實則它內部、權力上，依然是私有的（權力向上靠攏）。至於合作社呢？則：即便是至今為止的傳統合作社，雖然對外看起來是私有的（在外人看來，它是屬於一小群人的會社），但它內部確實是公有的沒錯（權力平均共有），而系統內部、權力上的公有才是重點，不是外部、規模上的。要消除剝削，需解決「私有」；可是解決私有，重點卻不在於解決外相上的、規模上的私有，而在於實質上的、權力上的私有。由於以為是解決外相上的私有問題，於是馬克思反而還打造出了比「個人資本主義」還更惡質的「共產主義」，亦即，「國家資本主義」——

共產主義「就是」國家資本主義。

這是本節所要傳達的重點。這是透過對比出了兩者內部同樣都有「權力架構失衡」問題後而得出的結論。

試想一下：即便沒有把一整個國家中的一切成員們都串聯起來、即便是在所謂的資本主義大環境下，若此社會上所存在之一切事業體皆是合作社，會有對員工的剝削問題存在嗎？要知道：是在合作社以外的事業體形式才會有權力意義上的「上對下」之關係，並且只撥一小部份收益給員工夠其糊口；至於在合作社中，是只有「所擔任職務之輕重」，卻不存在「勞方與資方」、「老闆與員工」的對立關係的，而所得利潤則是大家一起分紅的。重申：產生異化問題的客觀條件，在於「權力」意義上的私有制（私有制：允許了「聚斂」的現象。此處即指「權力的聚斂」），而非「規模」意義上的私有制。

「剝削」源自「支配」，支配因「權力」而有，故

內部權力架構「均衡」者，「不發生」異化現象。

此亦是異化現象的解方。（從這點來看，則「民主」直接是「消除剝削」的〈絕對〉客觀條件之一）

若一個社會上之一切事業體皆是合作社，而他們之間並沒統合起來，從而在他們之間或許還能存在競爭現象，可起碼這一切合作社的內部都是風平浪靜的，因為沒有對員工的剝削。由於競爭導致併吞，併吞將自然導致統合；但對社員來說，不論併吞或被併吞、前或後，依然是合作社，社員僅是從一個合作社轉進另一個合作社，依然不會遭遇剝削問題。所以：剝削現象的產生，重點不在外表上有無統合，而是內部的權力架構有無均衡或是失衡。這也就是為什麼筆者選擇、認定：要建立大同世界，能從、應從「合作社」這種事業體來切入。它（傳統合作社）所唯一缺的，就是整合成一條完整的、能自給自足的產業鏈的想法，以及擴張的能力。

相較之下，馬克思並沒看出問題之所在（剝削現象的產生，重點不在外表上有無統合，而是內部的權力架構有無均衡或是失衡），從而馬克思的共產主義本來就會朝著、打一開始就註定會朝著「國家資本主義」去建立，而非什麼人人平等的社會去演進。

再更精簡地來說明：資本主義下「各立」「為王」，共產主義剷除了「各立」卻沒處理掉「為王」的事實，於是變成了「獨立為王」，但其實「為王」才是產生剝削的重點。所以——情況變得更糟了。

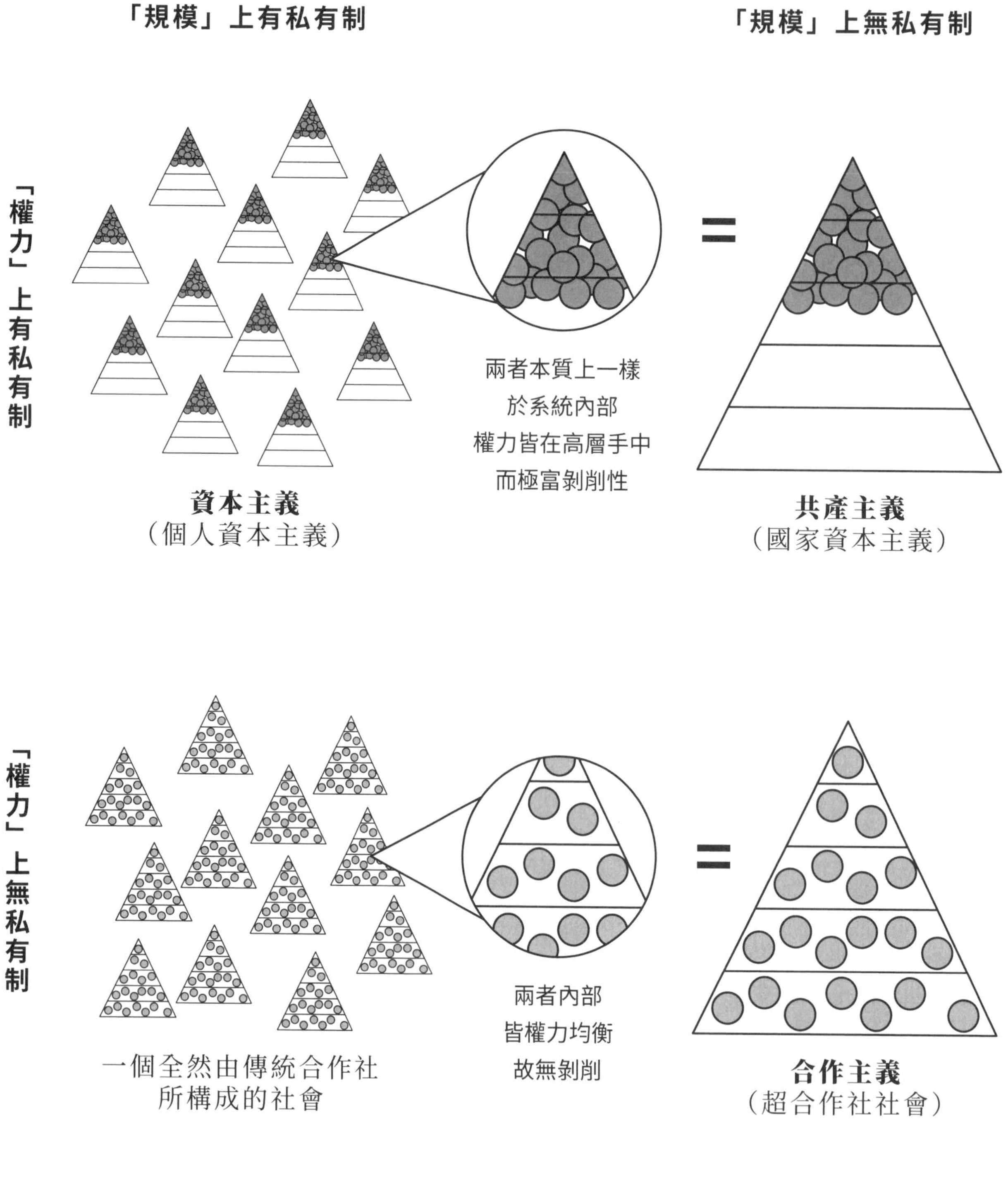

發生剝削現象的重點

在「權力」上的私有制之有無，而非「規模」上的私有制之有無

因權力而支配，因支配而奴役，因奴役而剝削

故知：**共產主義跟資本主義本質上是一樣的**

故：是馬克思的共產主義走歪了，所以才變成了國家資本主義？
不！馬克思所構想出的共產主義「就是」國家資本主義！

在《魔鬼終結者3：機器的崛起》中主角約翰‧康納跟勞勃‧布魯斯特將軍有段經典對白：

- 勞勃：天網……天網被病毒感染了。
- 約翰：**天網「就是」病毒！**

(Robert Brewster: "Skynet...the virus has infected Skynet..."
John Connor: **"Skynet IS the virus!"**)

在此，筆者把它借用來形容一下：

- 人民：共產主義……共產主義被國家資本主義污染了。
- 筆者：**共產主義「就是」國家資本主義！！**

既然共產主義「就是」國家資本主義，那麼到目前為止世界上的兩大意識形態陣營：「資本主義」與「共產主義」之間的對立，實際上便僅是「個人資本主義」與「國家資本主義」之間的對立而已了。「私有」的事實不變，而只是消除了「個體性」／「以個人為單位」一類的私有，所以在它之下才會「剝削」的事實不變，卻除外還少了「自由」。兩者所異者，「個體性」之去留；所同者，「權力聚斂」現象。
兩者在內部權力架構上皆是失衡的。
（※圖表：四種社會運作形態。兩種外觀架構與兩種內在架構相乘，可得四種社會形態。當中，資本主義與共產主義的情況，其實其內在都一樣。）

既然如此，既然同樣會聚斂權力並剝削人民，既然兩者本質上皆是資本主義，是在打個什麼勁呢？是在裝什麼清高呢？

難道還看不出來嗎？共產主義的建立，並沒有使「私有制」消失；它是使零碎的「個人（規模）私有制」（此處的個人是指擁有者）消失，卻是以全社會為規模，把一整個國家都化為黨產的「國家（規模）私有制」（但此處的國家則其實轉變為〝被〞擁有的物件了，而不是擁有者，因為法人本身不具實體）！「私有制」的事實從來不曾變過。國家一定會有主，但既然不是「君主」、也不是「民主」，那自然便是「黨主」了啊！為什麼還需要人提醒呢？？
這種「包裝」，對一切對剝削的資本主義感到反感、內心嚮往理想社會的人們來說，無疑是一種極其惡劣的、使人上當受騙的背叛！

權力跟資源一樣，都是可以被聚斂的，而在權力上發生聚斂現象，便是權力架構失衡，而權力架構失衡正是剝削發生的原因。如此，當社會從資本主義過渡成共產主義時，原本分散的、零碎的小型權力聚斂現象，便驟然成了集中的巨型權力聚斂，相當於分散的、零碎的小型權力失衡現象，驟然成了集中的巨型權力失衡。於是，接下來以迅雷不及掩耳的速度所發生的剝削現象，只是情理之中的預料中事而已吧？因為從「零散的剝削」變成「集中的剝削」了啊。是因權力之聚斂故資本主義能剝削勞工，是因權力之聚斂故共產主義能中飽私囊。

換言之：「民主」、「權力均衡」才是使剝削不會發生的重點。
注意：此處的「民主」尚不是指政見上的發表自由，而是指人民對財富分配方式之決定有參與權。但由於「**控制一個人生計的權力，就是控制一個人意志的權力**」，人民若沒有對國家之財富的決定權（其實也就是人民對人民自己的總和財富之決定權），則什麼均富、解決不公義、消弭貧富差距什麼的……便通通都是天方夜譚！而：由於是要對一整個國家、社會規模的財富之分配做出決策，那麼就也勢必要有一國政治之真實參與權，亦即決定權，從而才使得：若沒有政見發表、參與政治之決定權力上的自由，則一切財富之公平且合理重分配，通通都是夢想！如此，解決剝削現象什麼的也就都不用談了！真正公義的理想社會必然會是有「民主」的。

至此，筆者要形容：**馬克思這個「賣假藥的」**！

所謂「**惡莠，恐其亂苗也；惡佞，恐其亂義也；惡利口，恐其亂信也；惡鄭聲，恐其亂樂也；惡紫，恐其亂朱也；惡鄉原，恐其亂德也**」，「惑人耳目」莫甚「似是而非」，馬克思他的共產主義學說即是如此。他這學說〝掛羊頭，賣狗肉〞，對外把自己包裝成社會主義的一員，哄騙著一切相信理想社會的人們，骨子裡卻是道道地地的資本主義！他知道人們內心深處所期待的，於是，便彷彿拿著摻了毒藥的蜜糖來餵孩童似的，用美麗的詞藻來餵養人們以虛假的未來，使其一步步掉入他那非但不可能達成，而且還只會造成更多苦難的道路上。

在人們於最初接觸到了馬克思的共產主義時，心中所浮現的，應是如同【北俱盧洲】那樣的世界，或至少也是類似【亞特蘭提斯】一樣的世界。然而，人們卻被馬克思所背叛了：馬克思的共產主義理論只是個似是而非的贗品、有毒的假藥；一國的人民在依循了、服用了它之後，非但不會建立起一個烏托邦、理想社會，反而只會親手打造出了一個反烏托邦的執行者——共產政府，作為社會中僅存的、再也沒有反對勢力的「唯一聲音，唯一權勢」從而「唯一壓迫源、唯一剝削源」並橫行於世。

關於馬克斯是撒旦教徒一事

- 恩格斯在未與馬克思同流合汙之前，在《The Magyar Struggle》一文中指出：「**馬克思，這個假裝為無產階級而戰的人，把這個階級的人稱為『蠢蛋（笨蛋）、惡棍、屁股（蠢驢）』**（**英文原文是** stupid boys, rogues, asses）。」
- 馬克思不僅恨猶太人，也恨德國人。他聲言：「**只有棍棒才能喚起德國人。**」他大談「**愚蠢的德國民眾……噁心的德國全國性狹隘意識**」並說「**德國人、中國人、猶太人都像小商販**」。他稱俄國人為「**吃大白菜的飯桶**」，稱斯拉夫人為「**垃圾人種**」。對於眾多國家，他所表達的只有恨，沒有愛。馬克思在其1848年的新年作品集中，寫到「**斯拉夫賤民**」，其中也包含了俄國人、捷克人、克羅地亞人。他認為，這些「**落後**」的種族，應該立即在世界革命風暴中毀滅，除此之外，命運再沒留給他們什麼了。又說：「**即將來臨的世界大戰不僅將消滅反動階級和王朝，還將讓所有反動民眾從地球表面徹底消失。這就是進步。**」「**他們民族的名稱將從此消失。**」
- 〝**據我所知，在著名作家中，只有馬克思稱自己的作品為「屎」、「汙穢之書」。他自覺、蓄意地將穢物給予他的讀者。怪不得他的某些信徒，比如羅馬尼亞和莫桑比克共產黨，強迫囚犯們吃自己的屎尿。**〞（**英文原文**：As far as I know, Marx is the only renowned author who has ever called his own writings "shit," "swinish books." He consciously, deliberately gives his readers filth. No wonder, then, that some of his

disciples, Communists in Romania and Mozambique, forced prisoners to eat their own excrement and drink their own urine.）本段話譯自 Von Richard Wurmbrand 所著，由 Living Sacrifice 圖書公司於 1986 年出版的《Marx and Satan》一書，另外還參考了《The Cult of Marx – its origin in Satanism》、《Was Marx a Satanist?》等文章。

※見 https://www.aboluowang.com/2011/0120/192881.html【独家 惊天重大发现 马克思的成魔之路 一切中国问题的疑惑迎刃而解——马克思的成魔之路】，文中所引用的來源皆是來自 https://www.marxists.org/【馬克思主義文庫】。

世界上至今存在過的共產主義國家通通都是滿手自國自族人民的鮮血，這事不是偶然。中華傳統文化是神傳文化，一旦信了馬列的共產主義，非但是跟了西方的產物，還一併歸入了魔鬼的魔下。

曾經、或正在信奉共產主義的人們當自知：人們在接觸了馬克思的言論時所希冀的，可不是他本人、或者他的共產主義理論，而是這些說法中所向人們推銷的〝通往理想社會的可能性〞，所以才願接受、願買單的。

誰不想要理想社會呢？是為了這種理想社會的願景，中國人民才願意吞下暫時的〝沒有民主〞。因為，也再說了：哪個人民不想要自主呢？各種方面、各種意義上的。在此筆者向你說明：「達成理想社會」跟「犧牲民主」沒有關係；甚至，是必須要「有民主」才能「達成理想社會」的！

如此，在確切地發現了馬克思的理論是有缺陷的事實，並且有了另一個更好的、更完美的學說可供依循後，人們便該放下對馬克思的盲目崇拜，而來套用「合作主義」這新的道路。

記住：你們心中所真正想要的，不是一介名為馬克思的人或其所提出來的主義、學說，而是「理想社會」本身；並且，正是為了這個理想社會的願景，你們才肯吞下了至今以來的種種苦難。〝人類文明總會朝著更完善的理想社會去邁進，這叫作「歷史的運動規律」；誰要是逆反了這個運動的規律，便是該被拋棄的「反動」勢力、反動份子〞……這個概念是馬克思自己提倡的沒錯吧？如此，既然找到了更好的學說，你們（一切相信於「理想社會是存在著的」的人們）就當捨棄那陳舊的、半成品的、阻礙了你們追求理想社會的馬列主義，而依循這真正的、確實能夠達成理想社會的道路。

綜上所述：馬克思的共產主義是打從它的原理之初就有缺陷了。事物若只是在「執行」上出錯，那是有救的；可若是「原理」上出錯，則……無解，請另覓它途。

心態問題

以上是共產主義原理方面的問題。至於心態方面——

由於共產黨員們「自外於人民，另成一群體」，亦即社會上的權力被某些特定的一小群人所壟斷，而非由全體參與者所決定，將形成利益團體而造成「人治」，於是，就算有問題被翻出來了，也無法排除，終致拖垮經濟、拖垮整個社會，進而失敗。共產或社會主義下的計劃經濟行不通，往往並不是由於計劃經濟本身不可行，而是由於：相比「市場經濟」時時處在憂患狀態下而〝不得不提升自己的競爭力〞，共產主義下的計劃經濟會有「賞罰不公」導致的「缺乏動力」、以及因「不民主」而「用人唯親」而導致了的「沒效率」、「貪腐」、「虛報」的浮誇風氣等等問題。如果只要有權力差就能形成剝削，那麼，只要沒有能選賢舉能的民主，就不可能擺脫共產黨內權威者們坐大的景況。可說：其問題絕大多數源自其體制本身所造成的種種無可推諉的「人禍」，一如當初的「大飢荒」一樣，乃是在風調雨順下發生的純然人為釀成之災害。

近來的例子：https://www.setn.com/News.aspx?NewsID=492980【中國清廉指數下滑？王丹：光放在榜上就是高估了】也好比蘇聯解體前的嚴重問題在於「官僚」問題逐漸出現，而這並不是由於〈條件〉方面做的不好，而是由於〈存心〉方面沒有改善。在〈條件〉方面進行完善，不好嗎？並沒不好，而且也是應該的，但它是保底，是消極的副因，唯有〈存心〉方面的完善與提昇，才是積極的主因。人應提昇同理心、公心。

社會主義、共產主義所描繪出來的「烏托邦願景」本身沒什麼不好的，只是：不該是透過鬥爭，也不該集權。它的手段太暴力、太血腥了。這個主義它主要是敗在哪裡？「專政」。

指責「共產黨將會是社會系統中唯一剩下的剝削源」，可是，不是說了〈條件〉不等於〈存心〉嗎？沒錯，但共產主義本身就是唯物論的，這點正是促成了它當初把世界純粹只分為「資方」與「勞方」來看待的原因。由於從頭到尾不曾去關注「內在存心的改善」，到了有權有勢、有放肆的本錢了時，便更不可能去學習這個課題了，故必然只會成為唯一一個剝削源，也將繼續這樣子持續下去。

根據馬克思的理論，「專制」乃至「極權」從來就是共產黨的固有特徵之一；而，全然地沒有制衡、完全自主規律，也將必定導致內部貪腐之風難除、盛行。對外極權、對內貪腐，這兩點導致了他的理論註定無法成為理想社會的實現者。

本來，就所描繪出來的前景，資本主義應該是比共產主義還更將先步入反烏托邦才對的。但從 https://www.youtube.com/watch?v=i9pMf-77BV0【天堂太远，美国太近——委内瑞拉危机背后的拉美魔咒】這類事件可以看到：共產主義的專制與認同排異傾向，使其動輒清算異己而用人唯親，而非用人唯賢，這使得它原理上傾向於缺乏效率與貪腐叢生。在這案子中，〝為人民著想〞、實行計劃經濟的左傾勢力，都跟民生與民意脫節了，結果反而是支持〝自由貿易〞的右傾勢力打著民意、自由等措詞的陣仗比較為民生打拼。何以如此？不外乎由於沒了異議與競爭的監督而導致貪腐，就算一開始再怎麼自認「為人民服務」也終將自行沉淪、自毀長城。

現今世界上的共產主義國家往往是敗在暴力專制的極權，再因極權而剝削，資本主義國家則敗在弱肉強食的無情，再因無情而剝削，結果或近或遠、或顯或隱，都是讓人民受苦的來源，兩者就只差在是真小人或偽君子、懂不懂得包裝其剝削行為罷了。

「無產階級專政」之「共產主義／共產黨」，就本章中所解釋了的原理：由於有組織必然有權力架構，而共產黨倡導用「力量」來達成一切目的、而非以「民主，有更替餘地」的方式，則必然導致此權力架構中的上下層之間關係乃是強勢者對弱勢者的關係，於是壓迫與剝削的〈條件〉必然成立——這對「威壓」的強調提供了背景。由於其原理級缺陷、一定會「極權化」，所以共產主義之於它所描繪出來的願景是決計不相干、達不成，決計會在那之前長歪的。

前陣子中國人民大學國際貨幣研究所理事兼副所長向松祚便指明了：中共內部必須要進行三改才有辦法從其現行的經濟困境中得救：稅政（改革稅收體制）、政改（改革政府體制）、國改（改革國家治理體制）。後兩項所對應的問題可說正是這個原理級缺陷所必然導致出的「長歪」：「專制」而後「腐敗」的結果。

至此便證明：〝共產黨〞的興起本身必然只是成立出了一個為了壓迫與剝削而存在的組織。它決不會推翻掉任何「階級制度」，而是它自己就將是個打著〝捍衛農人及工人利益〞的口號來上位、來建立出一個名為「共產黨」然後重重地壓在它所到之國族的人民頭上的階級！其真實面目與其所兜售給人們來相信的願景，透過推理可知是全然相反的。

https://www.ntdtv.com/b5/2017/03/12/a1315490.html【罪惡的人民公社：農民變農奴 父母食不果腹吃孩子】

透過這類文章所描述的內容，便可見著許多問題。首先：由政府對人民所施行的「全然公有化」過程，乃是透過強制來達成的，亦即人民是感到抵觸的、這種作法是不合人性的。再來：若果真沒有「階級」了，何以有一群〝從上頭監控著人民的勞動過程〞的黨幹部及民兵存在？若全民皆須勞動，何以這群黨幹部他們沒有自己也投入下去勞作？何以他們另外自成了一階級，然後壓在人民頭上？總結這兩個現象，便可知：既然在人民頭上另外出現了一個有別於人民的階級，既然是把人民的財產從人民手上奪去、然後交給了這個階級，那麼便不是什麼〝由人民們自己所公有〞的財產，而是打著〝公有〞的名義，然後把人民的財產充作這個壓在人民頭上的階級之〝私有黨產〞了！由於僅是「規模」上的去私有化（其實也就是「去人民有」化），而不是「權力」上的去私有化，於是，人民自己依然還是沒能成為人民自身的主人，而是一次性地成為了這個名為「共產黨」的階級的廣大農奴眾；人民之間所總和擁有的財產，也並沒因為上繳了而成為了人民自己的財產，而是一次性地被充作了這個名為「共產黨」的階級的黨產。這都是由於權力依然被私有，故人民沾不得這一切資源的決定權，而只能等著被施捨；一整個社會、一整個國家、乃至人民自身，皆成了一黨之私有財產——一個更大的「私有」。於是，在人民公社下，人民們便成了一個個農奴，他們符合農奴的所有要件：沒有人身自由，不掌握任何生產資料，世代不能改變身份（農業戶口），如果他逃出半軍事化的管理體制（流浪他鄉或外出討飯）則會被餓死（糧票）或被關起來，或被當成壞人打死。

「公有」本該是指人民自己之間所共有，何以看不出人民成為了自己以及自己的財產之主人的絲毫跡象，卻僅成了受他人所轄制的奴隸？過程中所發生的種種荒謬與不合情理之事，也便造就了後來的三年大饑荒，並且之後須改革開放的原因：行不通。

至於改革開放呢？它算什麼大功勞嗎？不，它不是什麼「立功」，而僅是「止過」而已：收拾一個由自己所造下的爛攤子，僅是停止造罪而已，何功之有？這件事的本質跟美國把解放黑奴一事當作什麼壯舉來宣傳美國是個〝很偉大的國度〞一事，是同樣引人發笑的：之所以有黑奴需要被解放……不正承認了是美國人自己把黑奴們從非洲買去美國內地奴役的嗎？人家好端端地在非洲，哪會沒事自動變成了黑奴呢？如此，解放黑奴只是「止過」而已，說不上什麼「立功」。雖然俗話說「知錯能改，善莫大焉」，這是因為比起死性不改、繼續將錯就錯下去來說，改過是好多了沒錯，但事實是，直到補過、贖罪完畢前，是談不上功勞的，就像有債務的人在還清債務前是沒法累積儲蓄的道理一樣。論偉大，是有偉大之處沒錯：但也就領導解放了黑奴的林肯總統自身很偉大而已，因為他跟那些販賣黑奴的利益集團並不是利益共同體，所以他戰勝、打贏了那些黑奴利益集團的行為很偉大，可卻不能說是美國的這段歷史很偉大。不要混為一談。

〝無產〞階級〝專政〞？梁啟超先生曾經說過：「**什麼無產階級專政、什麼資產階級專政……凡是〝專政〞都不是什麼好東西！**」人能擁有的最大資產就是「權力」；使「壓迫」、「剝削」能夠發生的條件，便是「權力」。相形之下，手中「握不握有生產資料」僅是達成「權力」的其中一種途徑而已。一旦「專政」了，你就是握有了權力；既然握有了權力，你就不再是什麼〝無產〞者了。建立無產「階級」專政來推翻「封建」？「階級」就是「封建」！

近代以來的中國是「封閉」沒錯，卻不是「封建」。馬克思的「反封建」傾向是僅面對歐洲歷史發展才對應得上的，因為歐洲的封建制度是直到十五世紀以後、甚至近到十九世紀才瓦解的，所以馬克思的「反封建」傾向跟歐洲的歷史是有所對應的，因為直至近代以前的歐洲內部，確實都還是有浸泡在種種封建制下的弊端中的地區。可是：中國的封建制，則早在西元前兩百多年、早於歐洲平均兩千年前的「秦朝」時就已被廢除了，之後便迎來「郡縣制」，何來「封建制」可反？「反封建」跟中國的歷史是對應不上的——這是純然的無知。

共產主義，由於它挾帶有「在憤慨心理下產生的〝看似為國為民〞實則只是〝私怨擴大化〞」的「似是而非」的忽悠、誆騙性質，於是才產生了一個很奇怪的現象：

在那些歷史上長期以來壓迫情況嚴重的、真正談得上有「對一切〝類社會主義〞的可能需要」之共產主義出生地（西歐文明），由於同一個原因（「偏向為當權者利益服務」的民族概況與「壓迫」）而得不到發展；而在那些本來就「相對地〝民本〞與〝講究民族和合性〞，從而〝相對地無甚迫切〔解放〕人民〞」的地區（蘇聯、中國、越南、古巴等），卻反而由於一切類社會主義很對這些地方當地民族性的味口（「偏向為在下者打抱不平」的民族概況，或至少社會基層與高層間在歷史上「相對有均勢發展」），而很吃香。結果便是：在〝壓迫相對重〞故而談得上有〝對一切類社會主義的可能需要〞的地區都不了了之，在〝壓迫相對輕〞而本無〝對這些主義的需要〞的地區，反而都膨勃發展，於是造成了前者繼續「專制」（該改變的地區依舊故我）的情況下、後者卻更加地「暴民」（無改變之需要的地區，卻增幅了它本來就有的民粹傾向）的奇怪現象。可說是互相吃了對方才需要服的藥。

從西方文明中所誕生的共產主義思想，它本質上也繼承了西方文明那種「分化一切、對立一切」的「排異」傾向，而非追求共存、共榮、共和，於是便造成了後來的一切過激行為。由於放不下一種惡，便造就了另一種惡，所謂「心有所忿懟則不得其正」，把私怨擴大成公怨來了——在共產黨之下，人們真地成了希臘賢哲們所擔心的暴民政治了。

綜上，結合「貪腐」以及「暴力」，由於共產主義的這些特性，它必將比資本主義還更快發展成反烏托邦，而非烏托邦。

讀了某人的理論時，不要一頭熱地全數認同，務必要鉅細靡遺地好好審視它有沒有問題。好比馬克思對世界的見解是對立的、是割裂的、是剝削的、是鬥爭的，而這是很可悲的世界觀，跟中華文化的懷柔精神是完全相反的。烏托邦的理想——大同世界，孔夫子在2500年前也有過，並且也確實曾實現出來過了（在魯國任中都宰至大司寇期間），而孔子並不認定「人一旦有了權力便只會變壞」而是「人有了權力後也可以是為底層人民著想」的，所以中國歷史上才有過不少治世、所以中國才不是個侵略主義國家。相較之下，本質是仇恨、離間思想的馬克思共產主義所到之處，卻幾乎無一例外地造成著紅色恐怖、血腥屠殺（柔和一點的版本：社會主義，則就稍稍好一點）。

「**實踐是檢驗真理的唯一標準**」這話是共產黨內部所常說的對吧？又有句話說「**一遍又一遍地重複作同一件事，而期待會有不同的結果，這叫作精神錯亂。**」那麼：相較於孔子在上任中都宰後才僅一年就使當地百姓能路不拾遺、夜不閉戶了，共產主義至今已在全世界範圍內重複實踐了超過一百年（自前蘇聯在1917年十月革命後成立起算）、奪去了上千萬甚至億多條無辜人民的性命，然而這一切犧牲也未能使其實現出什麼理想社會來。看啊！世界各地的共產黨員們自身皆已成了當地無產者、農人與工人們頭上的權貴、剝削者與壓迫者。何以當初號召了無產階級聯合起來推翻有產階級的共產黨，現下已然成了無產階級須要聯合起來推翻的對象？這是由於共產主義是打從原理上就有問題了的——馬克思是該承認其錯誤的。

實踐證明了：共產主義的出現，僅是又一套〃提供了理由給野心家們搧動群眾以幫助其自身奪權上位〃的話術而已，跟歷史上一切權貴們用來把玩群眾心理的其它種話術並沒有什麼不同，除外沒有任何意義；甚至跟資本主義一樣，為人民帶來著災難，只不過是從另一個角度來進行的罷了。

馬克思把世界拆成兩半來對立地看待之。然而：一個真正能利益世間的思想，註定不會是由〃總是把世界分割開來、以種種對立的二元觀來看待之〃的心靈中誕生的。

他的共產黨主義理想，乃是個有缺損的、似是而非的半吊子理論。它解說、指責了資本主義的錯誤，這是沒錯的；它向人們形容有一個理想世界的存在，這也是沒錯的；可它對於執行階段中所應採取的步驟卻是完全錯誤的——乃是企圖透過成立一個「對外〃以暴力來奪取資源〃、可同時其自身內部卻也〃無法擺脫權力架構〃」的組織來達成，於是便造成了「破壞則破壞已，卻沒法迎來新生」，且此組織自身亦將「成為唯一的壓迫源」的結果，而只一直給人類帶來傷痛；有「理解」、「分解」，卻沒有「再構築」，於是便只造成了「破壞」。就像若一位醫生幫人開刀，既然要做，則就要做整套，而不能「只會開膛破肚」卻「不知清創與縫合」，把患者丟在手術台上並最終細菌感染而死。一切類似這樣的半吊子善行，有時「與其做，寧可別做」反而更好。馬克思的這個半吊子理論餵養人們以虛假的未來，搧動著人們來跟隨它，結果卻只給出了背叛的結果。

若拿不出真正對人們、對世間有益的結果，則不論形容自己所遵奉的主義再好、再優秀，都嘛只是自己說的。人民的生活、生命所遭受的一切，將會很忠實地反映給你你所遵奉的主義到底是不是真的有你所以為的那麼好、那麼優秀。這點對不論資本主義或共產主義來說，都是一樣的。

【本章小結】

縱前一切所述，可以說：［理想社會＝計劃經濟＝共產黨＝沒民主］這套認同中，信奉共產主義（國家資本主義）的現任中國大陸共產政府，運用了其中本是為了達成［理想社會］所須的［計劃經濟］環節，來要求人們承受［沒民主］的現況；而信奉資本主義（個人資本主義）的歐美文明，則是把［民主］與［自由市場經濟］掛勾成［市場自由化／市場經濟＝民主］，從而要人們相信［計劃經濟＝沒市場自由化／沒市場經濟＝沒民主］。

這整個過程中：［理想社會］與［民主］是人們所追求的，［自由市場經濟（才能弱肉強食）］與［沒民主（才能極權統治）］則是權威、有權有勢者們所追求的。於是乎：［理想社會］被中國共產黨利用來要求人民承受［沒民主］、而［民主］則被歐美資本陣營運用來捍衛［自由市場經濟（佔有自由）］。

這，就是「**認同**」**效應**：「**概念掛勾**」。

透過概念掛勾，民意操作者們、權威們把人們對「好」的事物的嚮往嫁接到「壞」的事物上，使「壞」的事物得以被彷彿「好」的事物一樣地被接受；亦把人們對「壞」的事物的排斥嫁接到「好」的事物上，使「好」的事物為「壞」的事物背黑鍋。※

在此：［理想社會］與［民主］乃是「好」的事物，［自由市場經濟］與［沒民主］則是「壞」的事物，但好的事物皆被壞的事物拿來忽悠人、拿來要人們買單、成了壞的事物的擋箭牌。事實是：［理想社會］既要有「計劃經濟（被動計劃經濟：協調經濟）」也要有「民主」，兩者皆是構成理想社會的重要元件。從而：「全面打壓民主」的中國共產黨與「全面打壓計劃經濟（從而也扼殺了協調經濟的可能性）」的歐美資本陣營，它們兩者其實都是「理想社會」的阻礙。

※：此處乃典型的「惡＋美」的情況，詳見本系列書【第一卷：事理，名實】與【內法心法篇】之【執著的本質在「認同」】章。

國父遺教——三民主義，所謂民權、民生、民族主義，雖看似三，實則環環相扣：若不民主、人民無權參政，何能免於掌權者之剝削？如此，民生也不民生了；若人民無法有自信地作自己的主人，又何來尊嚴與自信以復興民族？如此，民族也不民族了。可見：國家是唯有人民有權參與時才真正是人民的國家，而不是少數權貴們的家天下。

資本主義與社會主義從來就不是［資本主義＝民主（？）］或［社會主義＝專制／獨裁／極權（？）］的關係，「資本主義」或「社會主義」是「社會經濟」方面上的傾向，「民主」或「專制／獨裁／極權」是「政治體制」方面上的模式。換言之，「資本主義」可能是「專制／獨裁／極權」的（如美國的政府被華爾街收買了，成了「金權至上」的狀態。見《貨幣戰爭》系列書），「社會主義」也可以配「民主」（比如可以看看 https://www.youtube.com/watch?v=puve-MtJhts【蘇聯：民主還是極權？】這影片中的介紹。［共產＝沒民主］可說是中國共產黨有意向人們宣傳的結果）。它們從來就都不是綁定的。

人們對事物的認識不要非黑即白，以為僅存在兩大類，不然將會被有心人士牽著鼻子走。共產主義與資本主義一樣，都由於極端，而有著各自的固有弊病：常見資本主義多殘害所認同之群體以外的人（因為「規模」上未統合），而共產主義則多殘害所認同之群體以內的人（因為在「規模」上已統合）。資本主義下人們「自由佔有」，而剝削、不公平；共產主義下人們「強制均產」，而專制、不自主。所以需要的是一個本質上能同時提供公平以及自主給人們的體系，便能擺脫在資本主義以及共產主義間二擇其一的困境，而這答案，就是

「**合作主義**」：它有資本主義下的自主而沒有它的剝削，它有共產主義下的公平而沒有它的專制。合作主義才是當今世界所需要的。

在釐清了以上種種定義與特徵後，可知：一切「合作社」一類運作方式的組織，其實也不是馬克思所定義的共產社會之一員，因為馬克思所定義、所追求的共產主義中，僅追求把全社會在「規模」上統一，卻並不追求消弭內在「權力」架構失衡的問題。

所以筆者才在此把這種以追求「內部權力架構均衡」勝過追求「外表上之統合」的學說名為【合作主義】，以跟馬克思的【共產主義】釐清界限、不被混為一談。而也確實：筆者在得出這些理論的過程中，從來不曾受益於馬克思於分毫。

結語

不同靈階世界所擁有的不同特徵——

第③靈階：人法皆輕（無紀律，故好似「意志不受威脅」，須慎盜）
第④靈階：重法輕人（紀律凌駕於意志，須慎殺）
第⑤靈階：重人輕法（意志凌駕於紀律，須慎淫）
第⑥靈階：人法並重（意志與紀律並重，須慎妄）

當中——

③跟⑤有相像之處：在此兩個靈階中，人人皆看似隨心所欲，但③沒有對他人的尊重，故相害；⑤則有，故相生。

④跟⑥有相像之處：在此兩個靈階中，人人皆看似所有持守，但④沒有對個體的尊重，故扼殺；⑥則有，故成就。

資本主義本質是屬於「損人利己」的第③靈階文化，共產主義本質則屬於「以公害私」的第④靈階文化。

④的文化，一言以蔽之，「專制」，但是一種很廣義意義上的專制：一切章法、矩度、法令、律例、制度、傳統、習俗等等能夠被套用在人身上的社會規範，皆算在內。在④的文化中，這一切是凌駕於人之上的。在共產主義的情況，則是一台名為〝為了大家〞的「理想機器」在催逼著一切人們來無條件服從。

到了快要步入第⑤靈階的前夕，反而屬於③的資本主義文化，由於其對〈私我〉的重視，看起來還反而比④更接近⑤，但③跟⑤本質上還是不一樣的：⑤的自利不建立在對他人的戕害上，③的則會。（相關講解見本系列書【外法行法篇：身心進化論】之【正文：從第①靈階到第⑦靈階】）

但無論如何，到了「臨近跨入，仍未跨入」第⑤靈階的這個當下，若人們沒辦法衝破〈個體性〉與〈整體性〉之間的迷思的話，則又將跌回原地，繼續在第③與第④靈階的「為己」抑或「為人」的境界中重新打轉。可說：人類過去的每個古文明都曾經歷過這個階段，然後才步入了其登峰造極、安和樂利的階段。（當然，由於單憑人力所能達到的最高成就乃是第⑤靈階世界，至於第⑥靈階若無天力介入、沒跟上天銜接的話，則不可能，所以過去古文明才會到最後都崩壞了）

在這個當下，這些古文明們衝破境界藩籬所需的思想工具便是「小在大之內，非在大之對」的「整體是由當中的一切個體所構成，毫無遺漏地為一切個體來考量，謂之：為整體考量」的理解；至於社會上所須進行的制度上具體改革，則就是此書之【合作主義】所要帶來的。

是的，本書的這些內容，就是過去各個古文明為了發展出其最後最輝煌的階段所需的社會制度改革內容。

「合作主義」的真面目其實也就是第⑤靈階的社會制度：由於以〈個體〉為單位，第⑤靈階社會的一個特點就是「去集權化」，而沒有由於認同而特別產生的權力中心；一切權力只因需要而存在，而平均分散於整個社會。

政治體制與社會結構、經濟運作模式息息相關，沒有了相對應的社會經濟制度支撐的美好理想，都只能淪為白日夢。所以，烏托邦的到來需要有相對應的社會與經濟制度作基礎。

即使人們在政治形式上嚮往著社會主義所餵養給人們的烏托邦國家運

作模式（「社會／共產主義」跟「合作主義」兩者在願景上是相似的，但達成的方法不一樣，理論基礎也不一樣），若不得要領，亦即，不知道如何在社會經濟層面上順利切換過去的方法與步驟，則也是枉然。

筆者要說：「合作主義」所提供的這些構想、途徑，才是一切對理想社會、理想世界有所嚮往的人們一直以來所試著找出、但百思不得其解的道路，亦才是當初中華民國國父孫中山先生說「民生主義」時所真正在腦海中描繪出來的願景。

筆者相信：如【北俱盧洲】、【亞特蘭提斯】那樣的烏托邦、理想國願景，才是當初國父孫中山先生在1924年發表的三民主義演講中所開宗明義地指出「**民生主義就是社會主義，又名共產主義，即是大同主義**」（《民生主義》第一講，《孫中山選集》，北京：人民出版社，1956年，第843頁）時心中所懷有的真正景象，所以他才又補充了：中國衹可「師馬克思之意」而不可「用馬克思之法」。亦即：人民共享財產的理想是不錯的，但暴力奪權的手段卻不該。國父的三民主義的意思，就是「**國家是人民所共有，政治是人民所共管，利益是人民所共享**」。照這樣的說法，人民對於「國家」不只是共產，一切「事權」都是要共的（《民生主義》第二講，《孫中山選集》，北京：人民出版社，1956年，第843頁）。

就這樣來看，「中國共產黨」打從出現之初便只是一種「重複定位」；更有甚者，它所提供的「共」還是比國父所留給中華民國的三民主義中所描述的願景還更「閹割了」的版本，因為中國共產黨治下並沒有「民主」，亦即人民並不共同享有一切對於國家的「事權」：中國共產黨治下，國家並不被人民所共有，而僅是被一黨所壟斷、所擁有的〝黨產〞；中國共產黨治下，政治並不被人民所共管，而僅由一黨所專制、所獨管；中國共產黨治下，利益並不被人民所共享，而僅是被中共黨內權貴、官一代二代三代所霸佔，而人民僅能分到這些權貴們吃餘的殘羹剩飯。故知：中國共產黨乃是一個「既不上，又不下」的半吊子的存在。它打從出生之時就只是為了服務自己、服務權貴、服務高層，而跟對人民所宣傳的那些口號之內容沒有半點關係。

馬列共產主義所行銷的這些「願景」本身可說近乎是對的、沒錯的、沒問題的了，因為，若你覺得這種願景本身有錯、有問題的話，是難道該覺得資本主義下的那種弱肉強食景況、以及資本主義所最終會達成的反烏托邦世界反而比較好嗎？斷然不是的。勿因人廢法。然而，馬列共產主義卻錯在「原理」以及「方法論」上。有鑑於凡是忠實地追隨馬克思與列寧主義的國家最後無不是淪落為「極權且血腥的政府」之事實，而這正是由於筆者於本書中所分析給一切人知曉的原因：馬列的共產主義思想雖餵養人們以美好而虛假的願景，卻由於其打自原理以及方法論上便是有缺陷、有問題的了，而導致最後皆必將淪於「國家資本主義」、就是「國家資本主義」這樣的結果，所以筆者在此才須要明明白白地把本書中的這個比馬列共產主義更完善的、能被任何政體或社會所實現的、無須借助任何血腥革命手段來達成的學說另作命名為「合作主義」。筆者自己不是很喜歡總是〝主義〞來、〝主義〞去的，好似一切學說與思想都非得有所歸類才行，但既然一定要立個名目以茲區別，那就這麼稱呼吧。

合作主義僅是在所指的目標願景上與共產主義所兜售給人的相像，但在實踐態度、構建原理以及方法論上，卻是極其不同的，故是另一種學說，並且要說這才是國父孫中山先生所構想的民生主義所該有的真正樣貌以及理論基礎，而非馬克思的共產學說。

在博弈論中有所謂的「合作」與「背叛」兩種互動。若說不論共產主義還是資本主義最後都一定會有某種程度、某種意義上的背叛（共產主義：最終必然集權、極權。資本主義：最終必然反烏托邦），那麼「合作」主義便是那唯一不會有「背叛」發生的終極解方了。

合作主義誠然才是無懈可擊而更優秀的。全世界一切出於對理想社會的熱望而曾經被馬列所誤導的人們啊！你們皆應該放下馬列那可怕、好鬥而滿手鮮血的共產主義，並且來投奔這真正可行、真正和平、真正能通向大同世界的新主義之中。

附記一：所謂智慧財產

智慧財產與實物財產、形而上的價值與形而下的價值，有什麼不同之處呢？

比如：你上街買一顆紅豆餅來吃，它的成本：原材料、瓦斯、水、紅豆餅師傅的時間、手藝等等……都在製作出來的當下，總結在這顆紅豆餅上了，不會比這更少，不會比這更多；而紅豆餅它自身對於食用者的功效，也僅止於完全吞嚥下去後所提供的一切營養素，不會比這更少，不會比這更多。簡而言之：它的一切皆是非常好計算的。

然而一本書呢？消費者購買一本書的當下所付的錢、全社會長期下來的總銷量，跟作者／製作群所費的心血可以是全然不成正比的——未必僅指賣得便宜了，也可以是指賣得貴了。根據情況：想來通常是畫冊最簡單，接著是散文集、故事書、短篇小說、新聞稿，中等篇幅小說、科普類書，再來長篇小說、論文、研究、百科全書……等等。

於是：有可能一本書的內容是作者僅花了一個月就能完結到送印了的，然而卻熱銷了，這意味著名與利上的飽收；但也有的內容是作者花了數年才歸結出來的成果，然而卻只能賣一點點錢，並且也沒很多人青睞，這意味著多年來的心血都打了水漂。換言之：非但其內容難以計價，甚至連推出後算是回收了多少成本都難以評估。（此處的唯一客觀指標大概只剩下「時間」，至於腦力等等的……則難以計算）

於是在此便基本上有了這兩種極端：「實利」對「法利」（應該可以這麼稱呼。對「法」的確切定義，見本系列書【內法心法篇】之【何謂法？】章）——

- **實利**：指實體利益、實值利益，多是以某種能量或質量的形式存在，故難以複製，乃是一份份的「資源」，會隨著給予而減少、獲得而增加，或因消耗而消失；對其的佔有是「零和」的。
- **法利**：指概念利益，如智慧財產，易於複製，且不會因為分享出去而減少；對其的佔有往往能直接是完全「重疊」的（非零和的極致）。

當然，這些是位於兩個極端的情況；但在它們之間，還有不少灰階的存在。

比如：種種「一次性」的形而上商品。例：用餐體驗、按摩、遊樂……等等這些服務性質的項目；但雖然它們跟智慧財產同樣也都是形而上的，由於它們的開始與結束僅限於作用的當下，皆是「一次性」的，非如文學創意、科學研究等等更加抽象的純概念類的事物的傳播，而沒有計算上的問題，故這些服務類的商品跟種種形而下的商品一樣計算便行，無須另加討論。

就如本書在定義「服務業」的章節中所表達的一樣：〞應該是專指「所得能跟其勞動成正比」的那些服務者所構成的族群，比如接待員、服務生、公關……等等，其所出售的，仍然是其「勞力」本身，有勞動才有賺，無勞動則無賺，只不過其勞力從「作用於自然資源，然後產出農產品」（農業）、或「作用於工具，然後產出加工品」（工業），變成了「作用於人，然後產出體驗」（服務業）〞。可以這麼說：滿足感、舒適等等……要達成這些「服務業商品」時所投入的，主要是「體力」，從而，雖然所形成的是有點形而上的「體驗」，可終歸只作用在當下、只在接受體驗的人身上而已，而無法被轉移、被複製、被盜版。

至於近來的話，則還有所謂的ASMR（Autonomous sensory meridian response 自發性知覺高潮反應），又稱「顱內高潮 Braingasm」的服務業「體驗」類商品，應該算是屬於佛教用語的【四食】之一的「觸食」的範疇內。若說前述之用餐體驗、按摩、遊樂等等直接作用於接受者身上的體驗，由於是透過「觸覺」來達成的，而現今仍不存在儲存觸感並傳播之的科技與媒介、從而無法被轉移的話，在ASMR的情況，由於是透過可以被錄製下來的「聲音」來達成的，所以基本上可以被算作跟歌曲、影視之類的多媒體同類……其實也算是「法利」一類了。不過這類法利的用途有限：它們往往只作用在當下。

※維基百科【食_(佛教)】：觸食，是指細滑食。最強烈的細滑食，乃欲界人間男女交合時的種種細滑觸，洗澡沐浴時引生的細滑觸及衣服在身上產生的觸覺皆屬之；色界天人無鼻識、舌識，不需摶食，皆以禪定的制心一處能力作為色界天身的食，禪定產生的身心二樂，成其意識與意根的觸食。

最確切的法利，則更加抽象、用途更加長遠。像一些研究、論文、經典等等……而它們的作用有可能是歷久彌新的。

比如：《四書五經》、《道德經》、《佛經》、《聖經》、《古蘭經》等等，它們時至今日仍作用於各文化、各民族、各社會，被諸大宗教的追隨者們所研讀著；至於中國的像是《史記》、《唐詩》、《三國誌》等等，或是西方的《對話錄》、《社會契約論》、《俄狄浦斯王》、《中國孤兒》等等的史書、文學作品、論著等等，至今仍能被人從中汲取資訊、靈感、知識。在這方面，學術論文、科學報告等等，雖然可能被訪問率較沒像前面的那些作品來得高，但也是能被需要的人所汲取養份、長期利益著人們。

對於仍在世的作者們來說，前述的這些純粹的「法」、「概念」一類的存在，由於有著「容易被拷貝」的特性而有「盜版」的問題在，使其著作者無法如同物資的生產者們一樣保障其自身收入。這便是這個篇幅所欲對待的主題。

形而上至形而下的價值換算是很難的，因概念作品可「被輕易複製、傳播」。在這方面，一切「智慧財產」跟「物質財產」所不同之處在於：對使用者來說：從「這些資源是可無盡地重覆使用的」這點來看，使用者應當「無盡地付償」給作者；但從「出書後作者不再需要努力便能使其流佈」這點來看，則作者「沒理由跟讀者收取報酬」。

・它不會被消耗，一旦取得了，可以反覆回味；它對取得者的作用大多是有延續性的，而今而後皆會影響著取得者——衝著這一點，取得者應當無盡地、永永遠遠地付著代價給作者。

但同時：

・它的產生只耗費了作者一定的時間，無需每次皆重複生產始能取得；它的複製、傳播是幾乎無成本的（紙本時代至少還有印刷成本，不過也可以租借；數位時代則直接無成本可言），並且每每會基於不同途徑，就算是全合法的，亦會很自然地流入公眾領域——衝著這一點，作者不該向取得者索要除了作者確切的時間及物資成本及基本獲利以上的代價。

基於以上這兩種特點，「智慧財產」無法被以跟「物質財產」同樣的估算方式來計酬。

如此，有關智慧產品的計價，例如：賣軟體的人或企業，寫成之初的功勞如同賣具體產品，這可如商品計價；但寫成之後的維護則是一種服務，便又須如服務計價。兩難啊！兩難啊！

總不能淪為〃只有一開始的讀者們需要付錢給作者、向其買書，到了作者的勞動都被支付後，之後的讀者就都不用付錢了〃亦即「僅由一開始的讀者們為作者的具體勞動買單，而之後的讀者則都不用支付」的情況吧？這樣顯然是不合理、不公平的，所以也不行。

人之所以能不只是動物、人之所以能異於動物，並不是由於在求生、獲取生存資源方面的智力高超，而是有道理、有美德，也有豐富而細膩的精神世界。如此看來，一個成熟的人類社會，應該是一個精神世界豐富、甚至心靈世界豐富（差別：心靈降臨在肉體上，精神聯繫兩者）的社會才是。然而，現今社會卻汲汲營營地彷彿只關注物質生活方面的飽足，一天起碼8小時都花在工作上，而人一天只有24小時，除去睡覺的8小時，代表僅存的16小時中至少有一半的時間都砸在工作上了；有些情況則更糟，把僅存的8小時也都花在工作上了，可謂絲毫沒有精神世界可言。

可是：這難道都是由於當事人希望如此嗎？不排除有些人真地是由於其人生沒個方向，所以只好用工作來填充自己的日子、來麻痺自己的徬徨感，但想來在現今這種資本主義世界環境下，人們早已被逼迫到連最基本的溫飽都成問題了。

《孟子．梁惠王上》「無恆產而有恆心者，惟士為能。若民，則無恆產，因無恆心；苟無恆心，放辟邪侈，無不為已；及陷於罪，然後從而刑之，是罔民也。焉有仁人在位，罔民而可為也？是故明君制民之產，必使仰足以事父母，俯足以畜妻子；樂歲終身飽，凶年免於死亡；然後驅而之善，故民之從之也輕。今也，制民之產，仰不足以事父母，俯不足以畜妻子；樂歲終身苦，凶年不免於死亡；此惟救死而恐不贍，奚暇治禮義哉？」可見「謀道不謀食，憂道不憂貧」、能安貧樂道而不會「窮斯濫矣」的，畢竟是有志於道的君子；至於大部份的人，則都難免受物質生活問題所困，而無法「一簞食，一瓢飲，在陋巷」亦能「不改其樂」的。

在本書中其它地方所提到的故事「**撒旦的計劃**」，就講述了人是如何能由於〃被〃剝奪了時間而導致了其心靈空乏與道德淪喪的。那麼，解決民生問題、使人們能夠有更多時間可以運用在除了物質世界、生存議題以外的事情上，也就是要富足人們精神世界的客觀前提。

人生最大的資產大概就是「時間」了吧！幾乎就等同於「生命（長度意義）」一詞而不過份的另一個同義詞。唯有先妥善處理了「生存」問題，取回了時間，人們才能去追尋更進階的品質、體驗一類的價值，不論是遊歷、寫作、藝術、思考等等更加形而上的生活內容。為此，便須要打造一個允許人們僅花費最少的時間在對待生存方面的問題上、能讓人們騰出越多時間的社會、的世界。

現今在比較開發的國家中、在收入等級小康以上的族群中，有興起越來越多人能夠透過從事直播、電競、經營Youtube、解說、影評、介紹等等來營生的浪潮、越來越多人步入這塊領域的風氣，宏觀來說，這是一種「第三產業化／服務業化」的現象；這現象本身當然無可厚非，不過就現今世界上許多角落中仍有人甚至做苦工一日也僅能賺一美元來渡日的狀況來看，「世界」本身、作為一個整體，是該先讓更多資源流向去解決掉種種社會底層的問題，然後才步入「對第三產業、服務業一類事物的發展」的階段才是的。

※就本書之「分配經濟」中能夠透過「工位／工時轉換」來平分工作並降低人均工時的特點來看，若社會想要養活更多創作者，則可以透過「明明已經可以降低人均工時了卻不降低」來達成。這是由於：在維持固定人數的前提下，若有更多人去發展形而上產業，則形而下部份的生產工作便須要有另一部份的人去處理。簡單的例子：用A、B兩人分別代表社會上各一半的兩群人，在生產力為1的狀態時，他們各自需要工作2小時以各自生產兩份物資來互相照應對方的生活；若此時生產力提升成了2，則兩人本應能夠從此都只工作1小時，而把所騰出來的1小時用來發展各自的形而上產業並進行交易，或者兩人決定分工，由A來負責形而下部份的生產，而B則負責形而上產業的部份。

回題。想一下：

若智慧財產**可以無限收費**，那是不是可以大家都來經營智慧財產（直播、電競、Youtuber、解說、影評、介紹……等等，便算是脫離了純粹的形而下價值並過渡到了形而上價值的灰階中之一類）來賺錢，沒人去從事生產呢？一個社會可以沒人從事生產嗎？所以不行。

若智慧財產**可以不被付費**，那是不是一切作者都該被放任喝西北風、吃自己、餓死？這樣子的話，還有誰願意來進行創作呢？且相比信息相對〝速食〞的影音平台，內容更加濃縮、更加精要的「書籍」一類，在當前的社會上卻反而受到冷落、收入亦不比前者，這是一種「更多勞者反而不被重視」的現象。這不是好事。

就如這篇中所述的情況：https://opinion.cw.com.tw/blog/profile/57/article/4429【成為作家之前，先想辦法不餓死】

為此，除了更前述的解決生存需要問題、取回時間以外，必然也要能建立一套不受盜版現象影響的、能更好地計酬給創作者們的機制才行。

試看一下：一本作者花了兩個月的時間出的100頁A4規格兒童著色本，售價$200元，自費出書1000本的成本約每本$60元（若再印更大量則能壓低成本，但就對台灣的市場來說1000本已經算高估了的情況來看的話，就算壓低了成本，若賣不出去則直接都是賠掉），假定書店以五折即$100元收購（最好的情況，低一點的可能就是以四折了，即$80元），則其每本賺$40元（這是不計各類稅金的情況，若計各類稅金的話則還要再扣去8%，此處的情況即每本再扣去$14）（亦即最糟的情況，每本賺$200*40%-$200*8%-$60=$4元）；假定這作者耗費來出書的兩個月以來生活費$50000元，即每月$25000元，則其需要在接下來的兩個月間至少賣出共1250本才夠打平其前兩個月來所耗掉的生活費、維持日常開銷，以接著在接下來的兩個月再出一本類似內容、類似規格的作品，而這種成就在台灣近乎不可能（若每本只能賺$4元的最糟情況，則需賣出12500本，直接是幻想）（姑且不論以上情況還未計入心力成本而僅計入勞動、生計成本，因為若計入了就直接是賠錢了，而兒童著色本的心力成本算低了的），這是其一。

假定人們只須為這類事物支付作者為其所投入的〝確切勞動〞，在此處的情況中則指作者兩個月來所花費的$50000元生活費，那是否只有購買了前1250本的讀者才須付費買書，而之後此書便自動流入公有領域、並且接下來的讀者都不須付費呢？一方面，沒有哪個作者的創意與點子能源源不斷、一直刷新其創意；另一方面，這對一開始付費購書的讀者們是不公平的，所以也不可行。這是其二。

可見：智慧財產的計價方式完全不能同於食物或器具，它不像紅豆餅或手搖飲料一樣價值能夠隨著付錢便被一次性買斷並且其用途僅止於被吃下、喝下然後被消化的一刻而已。總而言之：智慧勞動的計酬方式應是與物質勞動的計酬方式全然不一樣的另一種系統。

有鑑於這些現象，作家一職往往都只能作為副業來進行，因為就現下世界對這職業的待遇來說的話，沒個本業來抵開銷則是幾乎不可能過日子。

至於盜版：像此類的現象之所以能蓬勃，「易於複製、傳播」這點（數位化的現下可說是零成本），既同時是盜版者們之所以不願付費的原因，也是盜版行為之所以能輕易達成的原因。除外，即便是透過正當的管道所流佈的智慧財產內容，也會由於在公眾的視野中人人之間的耳濡目染而迅速傳播，可說一切「智慧財產」打從其誕生之時，便一步步地在事實上自行流向【公有領域】去了。

諸如前述的這些原因，也就是為什麼雖然例如動漫都是以影音作品來挑起大眾的興趣，但結果卻是手辦等等週邊商品市場的盈利反而還比較高（這是根據筆者去年曾經在一場角川的動漫講座上看到的動漫市場、遊戲市場、週邊市場在 ACG 產業中的佔比統計；後來有試著上網翻找這數據，但找不到），這是因為影音這類的信息作品（概念作品）可以被輕易地盜版，而不會有品質差異或日不會太大、感受不出來，但手辦等等實物商品卻是實打實的、難以複製的；除非由經驗老到、做工精細的廠家或師傅所生產，無法被盜版品所撼動。由於這類實物商品的做工精細者寥寥無幾，或即便有未經授權的私家品牌，也會很快被抓到，因為：為了鞏固客源，將勢必需要建立口碑，而為了建立口碑則必須要有品牌，有了品牌就容易被追蹤、找出。綜合以上原因，手辦等實物週邊商品最無法被山寨、最無法被盜版所影響，而得以獲利最高。

雖然筆者自己是反對一切學術壟斷，比如 https://www.thenewslens.com/article/65661【學術期刊的價格高漲，對學術界會造成什麼樣的影響？】這篇文章中所提的情況，而希望知識能儘量無償地高度流通（尤其在數位化的現下，流佈知識是近乎無需成本的），但這態度也僅是針對〝假他人之心血來謀取一己之暴利〞的「學術期刊寡頭們」而已；至於對作者群，筆者自己是深知這個行業之難熬的——常常都需要處在吃土的邊緣。當知可不是誰都是 J.K. 羅琳，更何況連她自己在成名前差不多也是吃土過日子的（據她在一些報導中形容是〝只比流浪漢好一些些〞）。無償地開放智慧財產之內容，再怎麼樣也是作者說了算的，因為確實也沒這個義務。

像 3D 遊戲引擎始祖卡馬克就是把其每代的作品都無償開源出來供遊戲界使用，就是一例，值得萬分敬佩，不過其工作室後來被收購了也是事實（可見 https://www.youtube.com/watch?v=M0Q7iNKI5uc【你瞭解「遊戲引擎」麼？【就知道玩遊戲 43】】）。在這情況中，卡馬克是由於至少還有工作室幫其一邊營利著所以才得以不吃土，但一般作家們的情況則相形非常不樂觀，所以筆者覺得作家們至少要有「不會餓死」的生活方案才行。

為此，筆者是這麼想的：（一些方案與對策）

- 一切有公開智慧財產之引用皆以連結的方式提供，使人們的點閱率能被計算到，以計酬給財產權持有者、作者。（適用於網路資源）

- 一個作品：不論是影音、歌曲、文學、軟體……等等，依特定價位上市，之後由體驗過的人來評分，才「往過去追溯」一個作品應該賺多少，然後由全社會買單，追加給作者。
- 私有智慧財產可以在作者合意下被買斷其完整出版權後，再由取得了出版權的一方來公開。
- 在分配經濟運作順利、人均工時皆從現在的8小時常態下降到每日4小時時，透過協商，人們便可以選擇一年內只工作6個月的8小時，或者三個月的16小時；若人均工時下降到每日2小時的話，則人們甚至可以選擇一年內只工作3個月的8小時、或1.5個月的16小時。這可說是對作家們的福音。
- 全面收購智慧財產：以「預估潛在價值」計價，然後透過類似Youtube之類的平台開放給超合作社社員們（社產共有），透過連結這個平台來登入並使用、體驗作品。
- 對一切文學創作、學術、論文類的內容採【訂閱制】，為每部作品對每位作者進行長期的「涓流支付」（每部作品分開計算、相加）。為了支付這種長期的知識訂閱權，在超合作社社會中另設一稅金，一切對作者群的支付皆先主要從此稅金中抽取，若不夠時才拿其它稅收來填。

「盜版」的問題往往在於「不尊重意願」及「無償」；一個可行的做法是「根據當初製作方的總成本計算出、設定出一個可以把其完全買斷並開放的價位，然後由全民一起出錢買下來其版權」。

- 制裁賺去了大量流量（盈取暴利）之一切形式〝搬運工〞（比如內容農場）（「商」），這也是為了鼓勵原創，因為若沒有人原創（「農」），也就沒辦法有二次創作、影評等等（「工」）了。
- 善用「人多是對可見的事物才比較有反應」這點。比如：在盜版問題上，除非是真的如第三世界的收入不高的社會，不然為了一些有版權之物而付錢的能力應該還是有的；不過，由於需要直接看著財富由自己手中被付出去，人們便會〝很有感〞，從而不願正當地付錢。筆者以為：盜版的問題跟「付費」這個動作很有關係。由於有個具體的「付費」動作，所以就算價錢公道、即便知道是應該付錢的，人還是會猶豫，因為有個具體的「失去」之感覺。所以，可以在轉形成功了的福利型社會中，只記錄讀者們「點擊」的動作（當然，事前就要先做好了把這些智慧財產給「數位化」並「網路資源化」的作業），但由全民買單付酬給作者，並在這讀者群數量多到一定「閾值」後，把該智慧財產算作類似「被全民所買斷下來了／流入公共領域」的狀態，然後對作者轉成長期的「涓流」支付。在一個以福利來支付人民的勞動的社會中，由於人民不直接握有大量財富（大部份由政府省下來規劃社會，但少量而直接的財富還是會有的，【有限私有制】），如此，若是能設置〝僅靠點擊率或觀看數等等計價方式下，國家就會有合理上限地（防止作弊，或基於邊際效應的方式慢慢減少此獎勵，可說是「根據作品〝自然公有領域化〞的速率而遞減」）自動撥款給作者〞的機制的話，由於是由國家／超合作社把其於公庫中所保管著的人民財富以撥款的形式來支付給作者群，而非從特定人的帳戶所支出，故等於是由全民所分攤支付，人民只是點擊以及觀看，此時將由於跳過了「付費」的動作而不會那麼「有感」。如此，便能好好地讓創作者們得到其應得的支付。（可以被完全買斷的創作／產品，以拋物線後段的圖形來計價；無法被買斷、長期對人民提供功用的事物，則以對數的形式來計價，長期支付。視情況可以是兩種圖形重疊的計價方式）

※ 圖表：智慧財產計酬。

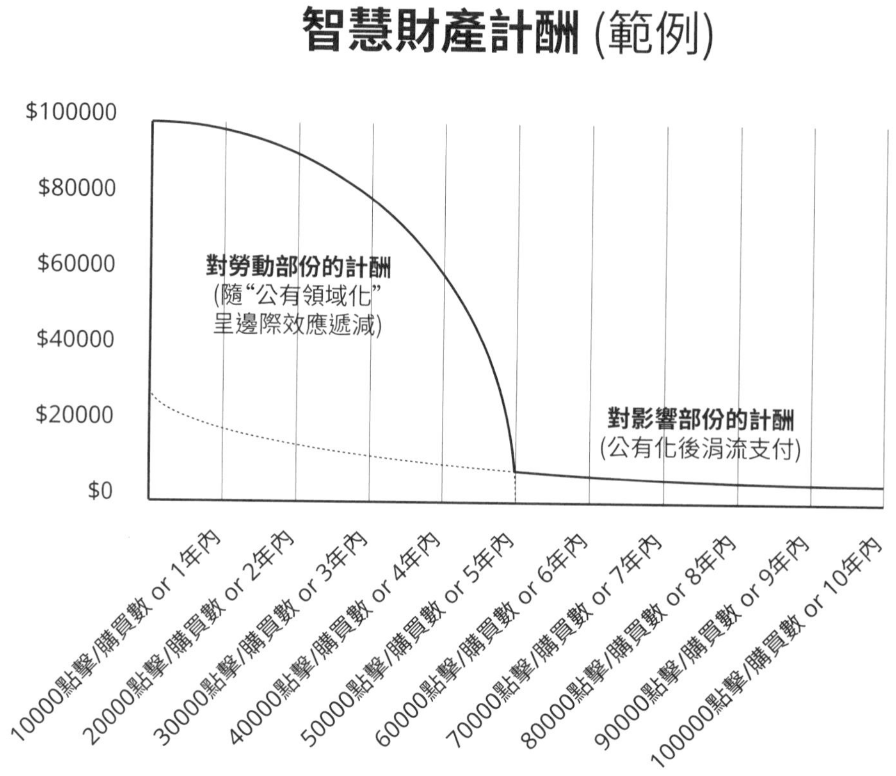

• 利用「智慧財產」能被近乎無償複製的特質（從而也導致了認定實物經濟才是經濟的生產者們的心理不平衡，進而覺得〝盜版有理〞），讓數位作品只要點擊就被計算成購買，而給付給作者／製作方酬勞。分地區開放：統計一個地區內的盜版到底有多少，並且，當逼近這個數值時，結合點擊給付，算出此作品本能賺取到的利益臨界值，超過此值後，在此地區內便能把此數位作品歸入公眾領域從此無償開放。簡而言之：把盜版的流佈量算作正版的流佈量，然後「強制全民買單」的同時也「強制開放給全民」。（以現下的社會風氣來看，所得將絕對比只賣正版來得還多）

因為智慧財產跟實體財產很不一樣的一點就是：智慧財產的影響可以無限延伸，但其後續的流佈卻無須仰賴實際勞動。於是，可算作兩個部份來計酬：

• **勞動部份**：設定個上限，有個期限或使用人數的臨界值／閾值，以「先突破臨界者」為準或一概以「期限」為準，突破了便進入涓流付費模式。
• **影響部份**：由讀者的總體評分來定奪（因為有些事物很好產出，但卻談不上什麼對人們的後續影響；有些則是很難產出，但影響深遠的，比如論文級、理論級、原理級的內容），然後佐之以一些官方評審機構依據固定評分標準來進行的評分。

因為在數位時代，「知識的複製」本身可說是無成本的，而知識的普及也不是壞事；但反過來說，作者也是有勞動，該因此而被給付，斷不可使其無償勞動。所以，不該以知識普及為藉口使作者們血本無歸。

https://finance.technews.tw/2018/05/06/matsutek-vs-irobot/【工研院「一劍鎖喉」，台灣掃地機器人如何告贏世界龍頭 iRobot？】

在未來，沒有了競爭的需要後，人們一切的科技、知識、文學、專利等等〝概念進展〞都能跟全世界分享，讓一切人們都能即時享有最新的進步，而人們的工作將只限於無法憑空生產出來的物質資源。

https://www.youtube.com/watch?v=GKkKnCENM8【『模仿、致敬、還是抄襲！？』- 林林冏冏 EP6】

在人們對生活的要求從純粹地要求「物質資源」步入到要求「精神資源」時，便也從追求「利」轉而重視追求「名」了，於是此時便有了對名譽方面的種種攻防戰。對於種種作品中有看似借鑒、致敬、模仿等等的現象……筆者以為：本來，人們在藝術、文創上便常常在欣賞他人的作品，而在欣賞後有所觸動、得到了靈感，也是人之常情。所以，在創作中有改編、有借鑒等成份沒關係，但哪些成份是來自他人、哪些才是自己的，更動、怎麼個更動法等等……只稍務必註明清楚，讓他人的功勞能是他人的功勞，但也不使自己的功勞被埋沒便是。

世界上種種題材、點子可謂早已都透過一種或另一種形式被先人們所用過了，僅剩下它們之間不同的組合方式，那是否全世界的作者們都在抄襲呢？拿音樂來做比喻：任何一種聲音，把其音高x音調x音階x音色……等等之後，會得出一定的組合可能性，配合了第二個聲音的出現則是此組合可能性的二次方，著第三個聲音的出現則是三次方等等……於是一段時長4分鐘的樂曲中便有了近乎無盡的可能性；但全世界不同時間點上的所有音樂家一起來分攤這些組合，原來的「近乎無盡」也能是「相對有盡」的；就算偶爾有些類似的巧合，也是情理之中。

有說：人類與香蕉的基因相似度高達60%、跟黑猩猩相似度高達98%以上，若果真如此，則可說地球上一切人類的基因序列組合都只是在這1%上下以內進行組合上的變化；香蕉可能有點遠，但怎地就沒人變成黑猩猩呢？世界上的大人與小孩之間可不是只要有臉有鼻子就是親子，還不考量世界上確實存在比兄弟姊妹還像的、無親緣的陌生人（可網搜「陌生雙胞胎 Twin Strangers」比對網站），這豈能是抄襲（綠帽）來的？有些事物是表面像、內裡不像，有些則是表面不像、內裡像，是唯有兩者皆相像時才應考慮抄襲問題。

表面像、內裡不像的例子——

人：撞臉陌生人。

事：父母對孩子的處罰、罪犯對孩童的虐待。

物：海綿奶酪、真奶酪等等刻意相像的產品設計。

表面不像、內裡像的例子——

人：兄弟姊妹。

事：強暴、誘姦。

物：蛋糕、布朗尼等等材料相同、調理方式不同的食物。

要是人們總是需要恐懼著、懷疑著自己的部份創意已是被他人所使用過了的，而刻意避免，勢必將扼殺許多新的創意。

總之：若確實有來自他人的成份，就坦白以告；若確實沒來自他人的成份，便無須懷疑自己。如此，若他人有功勞則能被點明，但若是自己的功勞也不致於使自己的功勞被遮蔽。

近年來的知名例子：像中國好歌曲上的霍尊的《卷珠簾》，由於被人指控涉嫌抄襲，後來可能是為了避嫌，索性把被指控的那兩個小節給修改了，可是這樣子也就傳達不出最原來的「情感」了。

《中庸》云：「誠者，物之終始；不誠，無物。」音樂本該是用來〝原原本本地〞抒發作者的情感的，情感能做到「純粹」是很難得的；有了情感，便「言之有物」，所以才觸動人心，故動聽。在音樂方面，所流露的「情感」才該是重點，可謂音樂之「真」、之「實」在「情感」。「信言不美，美言不信」，筆者聽來聽去，還是霍尊他初次上節目時那近乎清唱的版本最感動人、最原汁原味地流露著他作為一位作者最初譜曲時的「情感」；其後的版本，或許是由於抄襲的指控而為了避嫌、或許是由於受到音樂產業大環境所影響、或許是聽從了種種所謂的〝來自專家與前輩們的指導〞亦即〝經驗〞的污染，故修改了、越來越多本無需存在、甚至不應存在的雜質，無論如何，其所傳達的「情感」都走調了。可惜啊，糟蹋了這首曲子。

關於國家圖書館的政策

現下國家圖書館法判定著作權的方式是：著作權是作者在著作的當下便擁有著的了，後來可運用各種方式來旁敲側擊、認證出誰是作者。可是：若這樣做便夠了的話，就好比「人人僅是出生在一個國家裡，便就是公民了」，那麼為何還要有各種記錄、辨身份證呢？公民身份也是可以透過旁敲側擊來得知、確認的，不是嗎？所以，確切的登錄也是有必要的。

國家圖書館應負責建立一切作者與其筆名之對應資料庫以提供給一切〝對其著作權之安全懷有憂心之作者們〞保護其著作權之管道，以及提供查詢：

- 來自不同位作者之筆名皆各自成立一筆筆名登錄，即便一樣、類似，也要登錄好。
- 筆名〝或可〞多人皆擁有……但，考慮到或有人冒名寫作以沾同名作者之名氣，或冒充作者來聲稱擁有著作權，甚至頂其名以出版內容截然相反或者似真而非之內容以抹黑先有此名之作者，一切筆名應當不可全然一樣，而是各自之間皆仍有可辨別之特徵。
- 每位作者可擁有多個筆名。
- 每位作者於國家圖書館可建立其「實名」帳號，每筆「筆名」之登錄則整合在此實名帳號下。
- 筆名皆可供公開查詢，所對應之實名則由作者本人於其帳號內控制公開與否。
- 每部作品之登錄則整合於此作品列印時所用之筆名或實名下。
- 查詢時可透過筆名或有公開之實名來查找到此名銜下之一切作品。
- 當筆名所連結之實名不公開時，最多只能找到筆名與此筆名下之作品。
- 唯有當作者有公開其實名時，方可一併列出屬於此實名下之一切筆名與相關作品。
- 筆名預設在作者死後會自動透明化以保護其著作權，除非作者以合理理由申請拒絕，或另有指示（比如：交由其後代決定，或死後多久才公開等等）（當然：著作權不能移交給別人，但公開與否的權利則可讓有被授權的人於作者不在了時來決定，如後代、配偶、親屬……等等；若無人，則由國家代管）。
- 國家圖書館網頁上提供一切傳統出版社以及自費／獨立出版社的名單以供查詢。

關於現下國家圖書館對於作者資訊的處理政策：若說版權頁是為了透過申明以保護作者的版權的話，那麼作者本人應該可以決定哪些資訊公佈、哪些不公佈吧？

現下國家圖書館對於個人出版者資訊的處理政策也有些矛盾：說是為了要保護個資所以不公佈出版者各類資訊於網頁上，但書本上若都把作者的個資寫得清清楚楚了……僅是網頁上不公佈，有意義嗎？這是有待改善的。個人出版者跟公司不一樣，是沒有辦公室的；一旦需要寫上地址，則就直接意味著曝光住址，亦即曝光個資了。這樣子，「保護個資」也就只是做做樣子了。

對版權的申明與保護，應只須要於國家圖書館有所登錄就好了，其它則非必備，應由作者決定。

附記二：相關政策改良（民生、金融、智慧財產）

※註：下列有不少構想皆是配合超合作社社會來運作的。

信用&資訊核實

- 給一切職業設置一【人格評分系統】，其運作如同現下種種可評分之叫車、網路商店等等，接受服務的雙方可互相評價。任何開業的證照號碼同時也能被用來連結至其相關評分網站上的頁面，讓人們皆能立馬查到其信用。
- 【滴滴打車空姐被性侵殺害】事件：評分平台要審核「留言必須得是有關工作內容品質的評分」才行，不然打回票。
- 消息查證：事事都要有查證的過程：新聞要查證、中傷要查證、誤會要查證，才可以發佈，不然要受罰。
- 普遍化「**實名制**」：人本來就該為自己的發言負責，不論是網路霸凌等等，皆是由於無需負責任、犯罪成本太低，才無所謂於犯行的——「**人之易其言也，無責耳矣。**」
- 須讓媒體去除下轟動標題的惡習：它們僅需下如實而客觀的標題而已。違者一律依「不實內容罪」、立「內容農場罪」辦理。發生不實報導時，公司及記者都要罰。
- https://www.upmedia.mg/news_info.php?SerialNo=40502【女主播揭露殘酷真相：新聞除去腥羶色，台灣觀眾反而「不買單」】媒體節目，該用「創意」、「知識」、「資訊」等等健康內容來提供給人們沒錯，而非用「誘惑」的腥羶色來吸引人——但習慣是需要培養的。過去花了多久時間來讓人們習慣了腥羶色，之後就要花同樣多的時間才能改正它
- 人們當然是可以「自由言論」，但不代表可以「不負責言論」：你的發言，必須要能夠經得起事後審核，要有合理性，並且沒有依自己的利益來斷章取義，甚或扭曲事實。違者須受罰。否則，人人皆將敢於隨便發言而無須負責。故而：錯誤皆不可全然無罰。媒體對公眾人物與公權力進行監督，這是沒問題的；只是，媒體他們自己也必須是公正（無特定立場偏向）、完整（無斷章取義）、透明的（無隱瞞特定實情），否則豈不就只是從「政府引導風向」（中國內陸的情況）反過來變成「媒體引導風向」（歐美的情況）而已了?有意義嗎?
- 不論公媒體、自媒體，一切媒體的報導皆不可被刪除或修改，要能被究責。違者受罰。
- 新聞多點正經事，少點八卦：那都是些對人格內涵來說的垃圾食物。
- https://www.setn.com/News.aspx?NewsID=432604【無套供洩慾…她願「陪睡 3 天」換新愛瘋　網斥：價值觀偏差】現在網路隨便抓都能盜圖，網友們真的要養成查證的習慣。

【DeepFake & Face2Face 相關】

https://technews.tw/2016/03/22/face2face/【科學家打造全新臉部追蹤技術，讓川普也模仿你說話】

https://www.youtube.com/watch?v=ohmajJTcpNk【Face2Face: Real-time Face Capture and Reenactment of RGB Videos (CVPR 2016 Oral)】

https://ek21.com/news/tech/8364/【AI 假臉王生成！新一代 GAN 攻破幾乎所有人臉識別系統，勝率 95%】

https://www.youtube.com/watch?v=wG2DKm8Fs_s【什么！迪丽热巴、刘亦菲、杨幂、佟丽娅、盖尔加朵私拍 A 片曝光？别兴奋，下一个拍片的可能就是你老婆！堪比核武器的〝DeepFake〞技术！】

https://www.limitlessiq.com/news/post/view/id/8320/【【黑寡婦森 77】影／史嘉蕾喬韓森：無法阻止 Deepfakes 換臉 AI 色情片流傳　有天每個人將會成受害者】

在過去有所謂的「有圖有真相」，但現在則有圖也未必是真相。

試想這些技術被平民間的有心人士用來造謠後造偽證，來抹黑、誣陷他人、情敵，有可能是你的女友、妻子、女兒等等……皆成受害者；或者被用來套取男性們的銀行帳戶、行仙人跳、離間婚姻等等；甚至，被有心人士用來偽造政要人物的發言影像呢？各國可以不慎重看待嗎？

這類技術的原理就跟現下已存在了的一些諸如〝在頭上戴個花冠〞、〝加上貓耳、貓鬍鬚〞、〝暈紅〞等等這類視訊濾鏡一樣，都是透過〝追蹤面部結構〞然後〝貼上新的素材〞來達成的，只不過技術力又更上一層樓了：乃是把貼上的事物從〝花冠〞、〝貓耳〞等等這些簡單素材換作了〝人臉〞，而且還是透過人工智慧的全面深度學習所得來的完整表情庫來貼成的。當中：【deepfake】指的僅是後製的換臉技術，作用成影片；【face2face】則直接是實時換臉，作用於直播。後者 (face2face) 可雙向實現：

1．設A是開直播或視訊聊天的串流主，而他／她想要假扮成別人來賺名氣，於是拿某一名人B的臉部在串流過程中套用在自己的臉上，如此便能賺取流量。此時情況為：串流主乃主動運用此技術以圖自身之利的「作用者」。這是應用方式，其一。

2．設A是串流主，B想要陷害A，於是在過程中便駭入直播串流中，在保留著A的臉型的前提下，把A的臉部動作、唇型、發話內容等等皆換成B所想要的臉部動作、唇型、發話言語內容等等，「實時」替代掉A的串流，便能達成陷害A的目的。此時情況為：串流主乃被動、被他人使用此項技術所作用的「被作用者」。這是應用方式，其二。（見 https://www.youtube.com/watch?v=ohmajJTcpNk【Face2Face: Real-time Face Capture and Reenactment of RGB Videos (CVPR 2016 Oral)】）

1．的情況中，可能直播主、視訊聊天室主本身即是罪犯，而把此技術用來哄騙兒童、青少年男女出來並誘拐之。

2．的情況，則可以試想某國元首在開直播向平民發話的過程中，其串流直接被有心人士駭入並替換成另一種會造成民心動盪的內容，則能夠造成政權翻覆；或是兩國元首在視訊直連的對話中，被有心人士駭入且替換成截然不同意思的對話，可能是只對單邊進行駭入並替換，或者索性對雙邊皆進行駭入與替換，則這絕對是能導致世界大戰的結果！

上述這一切操作，結合著時下平民普遍沒有審核意識或曰懷疑意識，動輒就向親朋好友轉發一連串的所謂〝好康〞、〝新聞〞的習慣，將被無限放大。

試想：

- 偽造臉部解鎖認證（肖像權屬一平民，可用於盜竊）
- 偽造色情片作偽證（肖像權屬一平民，可用於抹黑）
- 偽造明星身份（肖像權屬一名人，可用於誘拐、詐騙）
- 偽造遺囑、死者錄像（肖像權屬一死者，可用於損害名譽、詐取財利）
- 偽造重大政策發布（肖像權屬一政要，可用於攻擊政敵及於對象國內製造混亂）……等等。

在此篇文章 https://36kr.com/p/5147183.html【AI 换脸终结者问世！美国防部推首款 AI 侦测工具，〝反换脸〞精度 99%！】中則介紹了更多種升級版，但總歸都是類似 deepfake 跟 face2face 的同樣目標之實現。雖然文章說有解方，但筆者要說：太樂觀了。因為：不難看出這些所謂的解方其實都是隨著技術的升級而皆能被攻克的。這些技術絕對是個「社交武器」、「媒體武器」、「資訊武器」——已經沒有什麼是無法造假的了，亦即，沒有什麼形相的事物是能相信的了。論辨識，是沒有辦法分辨出來的。人們將無法靠感官來避免受其所害，而只能透過提升自身的「警覺意識」以及「正確懷疑」的能力，並透過建立、習慣「多重確認」的手段，方能避免之。

隨著 AI 技術越來越普遍，這類技術是禁止不了其流佈的，故對其的預防，唯能是透過使全民皆深刻知曉其危害及相關嚴懲，危害及懲處兩者皆一起告知、宣導（對包括校園在內，以現下小學生對科技之熟悉與掌握，是也都有可能成為加害者或受害者的；當中最可能發生的尤其是被人假扮成名人來哄騙、或假扮成父母來給予指示以進行拐騙，故須宣導親子間建立互相確認的手段，以及總是約定明亮、開放、有人流、有監視器的碰頭地點等措施）。對於一切於法規確立前已然存在了的作品，若是有危害到人的情況，可「新法罰舊」。

這類技術該像一切「管制類」藥品一樣，只可被使用於電影製作等等方面上，而每支作品皆必須有相關機構進行審核其理由、影響，並登記在案，及決定最終是否許可。

《道德經》言「其安易持，其未兆易謀，其脆易泮，其微易散。為之於未有，治之於未亂。」故對此應成立《應對「深度偽裝(deepfake)」及「臉對臉(face2face)」法案》：

- 成立專門機構審核及登記相關申請。（換言之：一切此類科技與作品，除非通過申請，皆「預設」是「違法」的）
- 此類程式之製作須申請，其散佈亦須申請，交易對象只可是相關領域的。私下製作及或散佈這類程式的人關一年以上。
- 不論是影音平台、社交平台，諸如直播、交友軟體、音樂剪輯……等等，皆不可完整、無限制地使用這類的技術，而只能部份、有限地使用。比如：絕不可使用真人臉作渲染素材，而必須要能被確實分辨得出是卡通圖像；總不可完全遮蓋，而必須要能看到背後被渲染的真人。非但這些平台所提供的程式本身不可提供這些功能，也不可允許第三方外掛提供，要負責查緝及處罰。政府亦將追捕一切違法者。
- 沒取得肖像當事人同意便製作並散佈這類操作的作品（影片、串流、音訊等），罰三月個以上刑期，不得緩刑，不得保釋。
- 製作並散佈〝惡意〞的這類視頻之人必須被重判三年以上刑期，非初犯者一片一罰，無合併執行（「合併執行」這種作法本來就很有問題了）。何謂惡意？只要在結果上〝能危害到〞肖像當事人的，便涉惡意。

- 有人提出受害情況，司法單位便須受理、調查，協助受害者找出危害來源與處理申訴、索賠內容。
- 若是「確實危害到了某人（果），並且也確實是靠這類技術所製作出來的作品（因），但卻又並非完全靠受害者的肖像資料庫所製作出來的（緣）」的「非刻意」情況：須對受害者進行「結果性」賠償與彌補，亦即「發布澄清」＋「親自去向誤解了受害者的人們解釋」＋「於損失上進行彌補（這條可謂是針對〝非刻意〟這點的罰款，亦即：不該只因無心便〝全然〟無罰）（除非是前述例如電影製作等等有提出申請的情況，否則不可避免；但即便如此，亦應協同受害者進行各類澄清）」。
- 以上這些罰則，初犯者最多減自身刑期至1/3（警告性質）；同樣，不得緩刑，不得保釋。至於對所造下之損害結果進行的彌補、賠償，則不因初犯而變，依然是全額。
- 加裝公共監視器，使人們總是能夠證明自己的行蹤。
- 一切「色情」本身都被禁止，也就沒抹黑問題了。

這一切科技被如報導中濫用著的現象的出現，也跟「名利心」以及「惡意」有關；這些事物的消弭，都需要靠「矯正一整個的社會風氣」來達成。

這些東西對社會所造成的「負面影響」乃「什麼都無法相信」、「摧毀人與人之間的信任」，而這對一個極需「信用」以重建價值體系的社會來說，其危害是很大的，因為誰都可以〝被〟輕易做偽證來抹黑。是否在未來人們都將無法、都不敢、都不該、都不行上傳有自己肖像的照片到網路、到facebook、到instagram、到vk等等平台上了嗎？只是想平安過個日子，人們有需要擔驚受怕到這種程度嗎？而且，不要以為只有女性或名人才會出問題，連一般的男性也可以被假冒來欺騙其親屬、進行敲詐，可以不體認其可怕之處嗎？人們不為什麼須要受這種罪。所以：必須要限制這類科技的使用。

可是，那麼，這類科技，難道除了電影外，平民們就完全沒有可以使用的機會嗎？有啊，當然有：就是在AR上，將可被運用來製成類似《刀劍神域劇場版－序列爭戰－(Sword Art Online The Movie: Ordinal Scale)》中那樣子的實時渲染，而人們於這方面相關的才華與技術發展也可放心地套用在這個領域上。為什麼？因為好歹你把AR裝置摘下來後就能破解了，但是若被用在串流上、影音後製上，則就是不行、不可以。

民生福利&便利

- 國營電話公司當有新的同內容方案時，自動幫老客戶調降價格。
- 目前世界上種種社會的當務之急為「消滅飢餓」，然後才是「消滅貧窮」。當然，「提供教育」也是。
- 人花太多時間在辦各種手續了，所以：除非需要驗證此人之正身，透過整合各種納稅及手續（至少一切公家機關相關），使人們只靠身份證及密碼及認證（視用戶對安全的要求，可高至3重甚至5重認證方式）來登入一【公民財務事務總帳號】，使人們不再需要到處跑才能處理種種文件，以此來為人們找回時間。視人民的意願及接受程度，可繼續整合私企及各類服務之繳納動作等等。能AI化處理的事務便透過AI化來處理。驗證正身身份的工作，亦將統一在唯一驗證機關下，而此驗證機關也將是未來唯一對外接待人民的門面，其餘一切手續及服務性質的公家機關皆轉成後臺作業。此乃為了人民及公務員減少業務相關時數的方針。

- 普遍建「公用停車樓」，其前方還可設「公共臨停區」，最多一小時免費，來改善街道上停車跟人們搶佔本來就不大的空間。
- （在超合作社下）給街友們的國民住宅：利用白色、晶瑩剔透、金屬質感等等來自環境的暗示使人提升品味。設計簡潔俐落（無太多溝槽），以易於打掃。
- 由政府設立安置人民的部門，來清點並收留災區兒童。
- 統一全台灣電子乘票。
- 由交通局規劃一「電子地圖」網頁APP：設置依區域，或依路線的條件篩選器；確實用地圖來標出每號公車的路線跟站牌，而不是只有站牌順序而已；公車通知幾點到，由人來配合。可選擇開始區域與終點區域，然後列出一切抵達或行經的大眾運輸，讓使用者一目瞭然，自行決定。其乃一個資料庫與網頁程序，把所有大眾運輸以路線的方式來標示於地圖上，使人們能一目瞭然所處地區內一切行經的高鐵、台鐵、各家捷運、公車、腳踏車服務，包括一切國營或私營、免費或付費運輸，以可複選式的篩選器來限制資料陳列量，篩選器中可讓使用者自行加上步行路段並拼湊出自己想要的路線、相關計價、耗費時間、時段提醒；每個使用者可登入以儲存喜好路線於官方資料庫，或不開設帳號者也可存於自己的電腦或手機上。
- 健保項目：希望人們或特定族群常規進行的項目，比如身體檢查或老人或幼童的某些特定健檢項目等等，則使其每段時期（例：每年）未使用掉的次數不可累計至下一年或換錢，唯到了下一年時次數才自動重新補上，使其出於「不用白不用」的心理，而催促自己去進行檢查；就怕有人把它積著不用而延誤病情，或者累積太多然後某個時候突然一次性的爆發使用。
- https://www.storm.mg/lifestyle/475265【勞動力嚴重不足的現代，人們總是退而不休？越來越多老人要工作到死？高齡化社會最嚴重的日本能夠提供什麼最為借鏡？】從「三代同堂」到「小家庭」再到「單身戶」最後「無緣死」，如果這個世代的『向小』之「追求個體性」、「分裂」的階段再不早點跨越的話，這些事件還會繼續發生。
- https://www.upmedia.mg/news_info.php?SerialNo=43609【明道大學前校長夫妻年金10年減5萬7　「不工作領這麼多，要感恩了」】確實，退休生活本來就不是退休來吃香喝辣的。
- 「抗消費主義」機制之一：對各種「只允許加、不允許減」的服務之升級或加購，可套用【補齊制】。比如：

A＝$3000
B＝$6000
C＝$9000
A＋B＝甲優惠套餐＝$8000（原價$9000，省$1000）
A＋C＝乙優惠套餐＝$10000（原價$12000，省$2000）
B＋C＝丙優惠套餐＝$13000（原價$15000，省$2000）
A＋B＋C＝丁優惠套餐＝$15000（原價$18000，省$3000）

在【補齊制】下，只要構成套餐的內容項目沒有不一樣之處，則，不僅服務而已，連商品都可以靠事後貼錢來取得其它等級的優惠。

比如：小明買了乙套餐，事後雖無法換成甲或丙套餐，但只要再貼$5000補齊$15000便可取得丁套餐的優惠，亦即把原價為$6000的商品或服務B以$5000取得了；至於保固等等，則統一以當初小明購得乙套餐時起算。

【字型相關】

- https://zeekmagazine.com/archives/76658【威鋒數位發表華康字型聲明 新細明體與標楷體並不需要收費使用】政府收購「威鋒數位」及「文鼎科技」，亦即，由全民出錢來把其一切產品一次性買下。「公有化」有公有化的便利與好處。倒也不是覺得商業行為有什麼不對之處。但，在此的情況是……為何人民除了「新細明體」與「標楷體」外，沒有能放心地、隨意地、無限制地使用的免費字型呢?會不會太可憐了呢?
- https://www.zhihu.com/question/19903851【类似「W3」、「W6」这样的字重表示法，是如何对笔画粗细进行规范定量的?】字型設計的粗細上，可以1為基準，以0為細到無字型，然後以百分比或以小數點來表示，以此來開發一套ISO。例：Font 80% or Font 0.8=粗細為基準字型之80%或曰0.8倍的【稍細】變體、Font 60% or Font 0.6=粗細為基準字型之60%或曰0.6倍的【細】變體、Font 160% or Font 1.6=粗細為基準字型之160%或曰1.6倍的【非常粗】變體Font 180% or Font 1.8=粗細為基準字型之180%或曰1.8倍的【特粗】變體……類推。
- 由國家資助有心人士開發字體，要能有明確進度。除了開發過程以及產品本身的酬勞外，尚有維護的俸祿。
- 支付日文開源字型開發者，請他們把其字型之字庫完整化，使中日韓任一語內的一切用字皆能完美表示。
- 開發「造字AI」，訓練AI以及由AI來造字。透過輸入規則以及範本，可給出風格統一的結果字庫；或由設計師製作某字型之基準字後，便可交由AI去進行變種。

公民良好態度教育

- https://www.setn.com/News.aspx?NewsID=415536【AA制的殘酷考驗 她用4000元看清閨密與小氣男】、https://www.setn.com/News.aspx?NewsID=422337【禁12歲以下拿試吃！好市多員工阻女童 爸怒丟食物喊客訴】、https://www.setn.com/News.aspx?NewsID=335956【頂寒風外送僅賺17元！奧客不爽拿到「雞翅」 丟錢羞辱他】……一切熱心腸文化的地區中，往往也伴隨著易流於「客俗」、「沒分寸」的傾向。立【奧客法】懲處一切類似行為：對一切「有錢就是大爺」的財大氣粗者、有恃無恐者、得寸進尺者、以怨報德者、等等……全部記名，設定容忍條件及記過次數，超過了便永不再提供便利，並指名道姓地公開。
- 諸如【早餐店殺手】的情況https://news.tvbs.com.tw/life/981352【早餐店殺手踢鐵板！ 老闆：女子空班都看「書」】：任何蓄意濫用法律來騷擾他人者，罰兩倍其索討之金額給國家，除外須以同樣方式賠償過去所騷擾過之一切對象。同對待一切奧客行為慣犯一樣：公開其名，使其「名符其實」而不再可以在隱蔽下犯這種「奧客罪」，且終身不再受理其相關申訴，無論真假。知法犯法者，罪加一等。放羊的孩子只說謊了兩次就人格破產且賠上了自己的命為代價，何以一位成人慣犯至今不受處罰?必教其自食惡果。透過「人格信用系統」，任何人都要能夠被查詢其過去勞資表現、糾紛等等一切人格記錄，這不只是讓勞方不再受害，也是使資方不再受害。

- https://news.ltn.com.tw/news/society/breakingnews/2197545【霸病床 4 年欠下 774 萬 91 歲董娘被爆身家驚人】若有病患明明有家人，卻沒家人親身來照顧或請人照顧，醫院可提告家屬：長照非醫護人員本職。以「照養責任上疏失」來起訴其子女，並且以此名義強制拍賣其子女資產抵付醫院。強制將濫用醫療資源者遷出：僅僅是霸佔著此醫療資源，就是在傷害著其它真正有需要的人，故不只是〝無過〞而已，而是確確實實「有罪」的。若其於過程中死亡了，則此罪責直接算到其子女頭上。此人及其子女皆須被公開姓名及影像及事績，被社會所記得，且能被一切醫院合理列入有權不受理的黑名單；強制把此些人退保，終生不得復保。不為什麼要放任欺善怕惡者橫行於世：善意不是給人這樣子綁架的。

  「惡被人厭、善被欺」？真是如此？何以如此？所謂的「善」裡面，既要有「仁慈心」，可也要有「正義感」，為何現下人們把其閹割成只剩下了「仁慈心」？仁慈心負責「從善」，正義感負責「去惡」，從善而不去惡，盡成有漏之功；沒有正義感的仁慈心，只是懦弱的良善，而懦弱的良善皆是罪惡的溫床。

- https://www.setn.com/News.aspx?NewsID=471558【老闆遇求職者「技術性失業」爽領補助金　網：糟蹋政府美意】、https://www.cmoney.tw/notes/note-detail.aspx?nid=62629【老師不解「低收入戶」學生，為何有錢出國玩？後來才發現，政府法令「漏洞」太大，難怪納稅人會不爽...】、https://www.ettoday.net/dalemon/post/23730【領完補助轉身買哀鳳！「假窮」低收戶爽領稅金...網嗆：無恥】、https://news.ltn.com.tw/news/life/breakingnews/2355505【獨家》月領 7 萬補助卻住垃圾堆中 社工：不希望愛心遭濫用】……濫用各種補助者之防治：直接視情況斟酌給維生最低需求量之生活用品，不另給錢，因為是花費他人之錢，只可維生使用，不可享樂；想享樂者，自己去另外做工賺。拒絕找可做之工者，則直接斷絕其補助，嚴重者終生不再給予。若有恐嚇提供工作者為之開立〝不予錄取證明〞者，依恐嚇罪處置。若有謊報之事，則追討回過去補助全額。全程可派專人暗中監視及蒐證是否有詐領情事。因為：良心不是給人這樣利用的。

- https://www.setn.com/News.aspx?NewsID=225612【帶「美寶」入台籍…婦人爽領補助金　網批：我繳稅給你爽？】申請前要調查戶籍及入境狀況。

- https://www.ettoday.net/news/20180919/1262292.htm【影／「你是想要怎樣」落跑登山客一句話惹眾怒　見手機錄影秒變軟】在比較沒界限感的文化中，人容易熱心，但也容易客俗。若總是讓他人承擔後果，而全然沒有讓後果的重量反饋回犯事的當事人身上使其得知所造成的影響，也就無法期待其確切、具體地感受到嚴重性。因此，或有心或無心，或因存心或因結果，任何事情皆不可全然無罰。此情況中罪在因「客俗」而導致的「糟蹋社會（資源及善意）」。故：除賠償所耗費社會成本外，亦當罰鍰具有足夠警惕效力的金額（可考慮兩倍，使其感受一下：相比救護醫療資源被濫用的客俗台灣，什麼都貴、什麼都要錢、一切救護醫療資源皆米珠薪桂的美國人〝即便重病，也不敢叫天價救護車〞的心情是如何的），及終生禁止入山。會危及他人生命的求救，也就只有危及自己生命的危險才配呼救，一切不及這種程度的困擾，若敢獨攀就不要抱怨。事件中落跑登山客女兒的 X 話反應，不出意料的話，亦是因親緣而不問事理、單方面輕信父親的辯解，此亦是「認同意識」下的產物。應立法考慮是否往後禁止獨攀。

- https://www.nownews.com/news/20180629/2780060/【行李超重飆罵日本地勤「白癡」 台女轟：我在行政院上班】社會上似乎總是有的人特別容易有恃於〔身份〕、〔地位〕、〔輩份〕、〔財力〕等等的傾向？像這個人若真地在行政院上班的話，她應該被肉搜出來並革職。她不會因為行政院而高貴了，而是行政院因她而被低賤了。
- 立法聲明顧客到商家都要先付好錢才開始作業，以免提供了產品卻反悔不付。
- 購物時的合理配件（例：食物之免洗餐具），使其依法最多可跟所點餐飲之份數一樣，不可多拿；若再要更多，則須跟店家請求，最終決定由店家說了算。
- 要享有一個產品，本來就該付出合理的相應代價才正常；試吃本不是店家的責任、也不是消費者的權益——既不存在消費者方的「試吃權」，也不存在店家的「提供試吃責」，而只是促銷的一種方式。立法使種種「試吃」皆以每人最多僅一份為準、且份量由店家說了算，要再多則由店家決定。強逼或威脅者可法辦。
- 博愛座的對象應包括孕婦，而不是只提供給老人：不要對為老不尊的人客氣。
- 看到有需要的人而希望讓座、幫忙的時候，也得先看清楚對象的種類。若是很有自尊心的對象的話，隨便而無技巧地施捨善意的話，容易讓對方感到被歧視。
- 若是孕婦、老弱傷殘……等等人士，當其自身有需要使用博愛座或優先通行權等等方便時，可以對當時的環境或對象進行禮貌性的訊問，一來是為了向那個環境進行告知自己「有需要」的狀態，再來是，因為雖然論權力的話，這些人是有權運用這些方便的，但透過訊問的請求姿態，可以消弭強求感。禮之用，和為貴。
- https://www.ettoday.net/news/20180724/1219252.htm【點餐沒禮貌就收 3 倍價　老闆霸氣嗆：我的員工不是你的奴隸！】此作法應該推廣。
- https://www.mirrormedia.mg/story/20180704soc010/【球迷瘋世足　做了這件事比輸球還慘】民間各種遊戲禁止罰酒，以無酒精飲料代替；禁止脫衣，因妨害風化；禁止危險動作，防出人命。違者可罰。
- https://www.setn.com/News.aspx?NewsID=429542【駕駛回頭訓斥女兒　轉彎輾斃 6 歲童！嬤見孫女慘死跪爬痛哭】一切機具（工地機械、交通工具等）之駕駛，即便是出於禮貌，對話時亦不可轉頭，因人命安全重於禮貌故，不可不知輕重緩急。違者重罰。
- https://www.setn.com/News.aspx?NewsID=380099【早餐店「最強通腸劑」變鍋貼？她一吃就拉　老闆娘揭真相…】容易「客俗」與「隨便」的台灣人很需要從國小起就學習日本的「整潔」文化。
- 每個地方的規矩是需要定制的。比如：在日本的房東之於房客是沒什麼地位的，但這也是因為日本人普遍守法性夠好才能這麼做的；若是在守法性不佳的地方，則房東的權益不可不大一些。
- https://www.setn.com/News.aspx?NewsID=437890【「車被堵住」上網求救　女亂停車庫遭網友譙到關版】立法開罰、公開姓名、扣人格信用度。

違規罰則

- https://www.chinatimes.com/newspapers/20170224000409-260114【看病王過敏鼻炎狂打針 去年就診503次】、https://www.cw.com.tw/article/article.action?id=5084419【世界第一的急診　為何出現四大亂象?:】以「次數」來解決濫用健保問題:比如對流感的話，由於流感好發於換季時，而一年有四季，故一年提供4次能以基本看診費用來看診的機會，除非是醫師開單註明回診則次數可擴充，否則基本上若超過這些次數限制則費用開始呈「(弱)指數性上升」(在超合作社環境下，則此4次免費，4次以上開始收費，同樣呈弱指數性上升)，以逼退不合理使用的患者群、節省醫療資源。例:看流感症狀，第一次$200、第二次$200、第三次$200、第四次$200、第五次$250、第六次$300、第七次$350、第八次$400、第九次$500、第十次$600、第十一次$700、第十二次$800……類推。據各種健保有所涵蓋的不同症狀定制各種「合理次數」。※此部份須配合之前於【民生福利&便利】一節中提及的「每年重新填充相關健保次數,不可累積」作法來一起實施。
- 交通罰鍰呈「(強)指數性上升」，以避免有錢人有恃無恐。例:第一次超速罰$2000，第二次$4000，第三次$8000……第十次$1024000，類推。甚至，可以是每次乘以3。一切類似之犯罪的罰金皆可比照設置。就當作這些人他們想要……捐助國庫?
- 面對一切有恃無恐的輕罪類慣犯，皆套用「指數性上升罰金」。
- 無論有無害死人，酒駕皆要逐次加重服刑(包含體罰、甚至鞭刑)，第五次酒駕則一律死刑:不能放任沒有自律能力的未爆彈上街。還要命的、真心為自己的命擔心的人會負責自律的。
- https://news.ltn.com.tw/news/life/breakingnews/2561923【3國中食物中毒疑出包工廠續供餐 台南衛局鐵心罰!:】食安一類可涉人生命安危之案件，以業者總資產之10%進行開罰、再犯則20%、三犯則50%，四犯則充公。

※前述這一切「漸次加重型懲罰」運用的是「預見」心理:預見未來的罰則雪球將呈指數性地越滾越大，而把未來的份量一併重重地壓在當前的心理上，以此來使當事人對「事態之演進」、「次數之增加」產生抵觸。

- 疲勞駕駛之危險如酒駕:不准無償加班、重罰違規加班、加班費加倍。必不可讓業者有得強迫司機。
- 罷工屬人為因素，不可擺爛。無所作為者，事後加重判賠。
- 缺水時的限水令:比照歷年來此時期的合理用水量有無下降:若無法下降50%，至少要25%，否則將進行懲處。
- 現下之「上班時間制，下班責任制」應重罰。
- 不願處理所排之毒、之污染的廠商:以日計重罰，或每次呈指數上升。
- https://www.chinatimes.com/newspapers/20180630000533-260106【台大名醫 勾結黃牛詐保7000萬】態度不堅定、不義正辭嚴者，亦將被動犯罪。詐欺勞保者，除了追究賠償外，退保之，並終生不得再加保。
- https://www.nownews.com/news/20180520/2757504/【嚇!隔壁房客死後「電費暴增千元」　網驚:趕快搬走】一切皆要用

範本明文規定，包括有詐欺時的罰鍰及賠償。明明白白地列給房東房客各自的權責。

資源&能源節省

- 省水、霧化式蓮蓬頭的推廣。
- 普及便斗及其使用，以響應省水。
- 透過垃圾的細緻分類來推進「資源完全回收」計劃。垃圾丟棄時之清潔、拆解與細分類意識，還有相應習慣，從小學開始教起。
- 民眾習慣自帶個人附吸管環保冷熱飲杯。
- 讓人們習慣帶容易清洗的非拋棄式私人便攜餐具上街消費食品，比如耐用材質的筷子、湯匙、叉子等等所組成之餐具組，以避免製造一次性餐具垃圾；甚至可包含個人耐用碗盤盆杯組，直接用這些裝盛外食，以避免製造包裝垃圾。
- 規定各種非消耗品的製造業（例：3C 產業）本身也須負責設計對一切同行同業類產品之「完全回收」機制與作業（拆解、分解等）。
- 物資提供：以週補貨（甚至更少間隔），寧缺勿濫，減少浪費。推行【訂貨經濟】。實品店皆僅用來展示、購買都從網路，以節省空間；透過訂製來限制生產（可預見須生產量）。
- 把回收業成立為正式工作崗位。
- 想不浪費，就要能使物資易於共用與組裝：比如手機的部位，若是可以用拆裝的方式來升級，就能省下很多物資。
- 更廣泛地多用諸如可自然分解的玉米膠質等物質來代替塑膠製品。
- 讓人們得知「澱粉類（麵包、米食等）食物可以透過『冷凍』來極大地增加其保存期限而又不失風味」之事，避免浪費。
- 包裝皆「配合內容」化，避免欺騙消費者眼睛及情感。
- 設計讓人們有容易清潔、整理、利於回收的包裝。
- 有會員卡的，連優惠都存在帳戶裡，若沒過期，於未來購物時自動生效，以省去列印的紙。
- 普及雙面印表機的使用以省紙。
- 規定不論進口、出口、生產，都只能是 1 級能效的產品：目前不存在高效的綠色能源，若不節能卻又想推動環保愛地球，只是異想天開。
- 對超額電費皆「緩指數式增長」，以宣導節約用電。
- 能三相／變頻電就盡量；以八字頭推出 220V 電。（才高效）
- 除了生產外，能源來源也很重要；如果真地還沒有敷得上使用的綠能的話，則「核能」仍為一個可考量的〝權宜之計〞，好過能源入不敷出、或因沒有石油資源而被他國進行能源綁架等等情形。就像直到存在〝能僅靠口服就能治療癌症〞的藥物前，人們皆只能靠開膛破肚的外科手術來處理腫瘤（可仍無法保證不會導致癌細胞擴散、或是絕對能根除）的道理一樣：使用「權宜」的做法，並非是支持，而是不要淪為「用愛發電、人人用肺來淨化空氣」的景況。
- https://www.chinatimes.com/newspapers/20180528000532-260102【唯一國產油電車 6 年玩完】推國產油電車，節能。
- https://www.storm.mg/article/481432【全球暖化有商機》

北極海冰大量融化，全球航運龍頭貨櫃輪首闖開闢新航道】這不是該高興的事：在環境問題上，我們地球人可是「背水一戰」——毫無退路了。這一切現象應該是努力去扭轉、而非什麼「危機中看到商機」：是愛錢愛到連命都不要了嗎？還是如同近代以來許多人們嗑樂觀主義的浪潮一樣嗑上癮了？若地球成了地獄，誰都無法幸免。難道我們還有另一個地球可以移民、可以逃嗎？

- https://opinion.cw.com.tw/blog/profile/416/article/5954【台灣是世界前三名的資源回收大國，為什麼國際形象始終沒跟上？】應繼續革新，到能夠對「一切資源」進行「完全回收」的地步。
- https://www.storm.mg/lifestyle/162422【別再用紙杯裝咖啡啦！BBC 記者揭連鎖咖啡店最大謊言，你真以為紙杯能回收？】許多「惡／私」能續存，多是因為「假／偽」。
- https://www.businessweekly.com.tw/Archive/Article/Index?StrId=67765【芬蘭》木材工廠，竟幫 10 萬家庭發電】引入、學習這些做法。
- https://vision.udn.com/vision/story/10130/1861806【缺冰存缺保鮮…難耐高溫折磨 蔬果整箱丟】文中描述：由於缺乏良好的保鮮手段，蔬果類產品幾乎在上市前就浪費掉了一半。如此看來：若是能把耗損降低至 50% 以下，則意味著其實我們的社會本可以用近乎只需一半的產能便能得出等量的產品；而「節省投入」，意味著農民們的勞動可以減少，節省時間以換取更多自由的人生。對社會來說，減少耗損意味著保留了更多原物料，而能壓低價格，把目前因種種原物料價格上漲而導致的食物類民生產品價格上漲給制止甚至逆轉。我們人類能夠為我們的社會以及我們的地球所做的事情其實還能更多。另外請參見【享食台灣 Foodsharing Taiwan】拯救剩食運動。
- 【剩】宴文化不可取。多推廣小份但多樣的菜（量少，但因此也相對便宜），因為種類繁多也能給人吃了很多、可能很貴等等的錯覺，進而限制奢侈。
- http://chienhua330.pixnet.net/blog/post/111983671【專業解析 - 雷射與噴墨的差異？選誰好？】設立管控副廠墨水與碳粉品質的機關。

都市、環境&地區性個別問題

- 都更計劃期間，提供人們有得以【推盤遊戲】式地轉移居所的方案。
- 都市開發的遷戶問題，從原居地之鄰近開始考慮，降低習慣不適，增加配合意願。
- 有會造成居民困擾的拆遷，先把問題解決了，才可進行。
- 同產業的設於同一區劃，便能共用污染處理系統，降低成本。
- 翻新市容：讓台灣處處充滿足以被人打卡的設計感。
- 老街等地：給人的「感覺、氣氛」要老，但可不是「設備」要老，比如管路、整潔……等等細節，通通都是不可以〝老〞的。
- 幫受工業污染之害的地區首先處理污染之水源。
- 台灣那〝已然融入了日常的氣味之中〞的臭水溝味……也是要解決的項目之一。（除了培養公民不亂丟垃圾的好習慣外，定期大規模清潔各類水道?）

- 希望台灣的河流能清澈見底。
- 一切地下道出口後的平地路段，再多延長一段矮牆，使出地下道的車及周圍一切車都在能互相看見有車子出來的情況下，多行駛一段路後才允許轉向，才不會危險、才不會撞到。
- 「房子本來就不該漏水」條例：當初既然是參照日本的法規，就參照完整，不要半吊子、四不像。
- 水利工程：升級到應對 24 小時 1000 毫米級別。排水問題是急件，應先短期內完全處理好。※註：先從〝安中河〞開始。
- 合併許多縣市，統合資源的調度。
- 有寵物都要登記，新出生也是。除了領養、註名及植入晶片手續外，還可考慮給寵物進行基因登記及建立相關資料庫，如此，在捕到流浪動物時，就算沒晶片也能查出誰是棄養者。一切寵物，生要見體、死要見屍，其死亡須有獸醫開立證明確保了不是被試圖私下〝處理〞掉的結果，否則要開罰。（相關法規待補完）
- 解決板橋浮洲地區鐵皮屋之用水問題。
- 翻新中壢火車站。中壢車站的南北要有公車接通。
- 除了安全護欄、指路標示，或者含便所的休息站外，把自然生態區、國家風景區等等地方的商業規劃區嚴格限定在特定區域，不再擴張，不再造成人為破壞。比如：墾丁國家公園被降級的事。
- https://buzzorange.com/2016/08/26/housing-project-fail/ 【請柯文哲別參考美國失敗的公共住宅，真正的居住正義解答在東京！】借鑑東京的建設法規。
- https://jambalayadesign.wordpress.com/2016/03/25/「柯p管招牌」是-美化市容特效藥/【「柯P管招牌」是美化市容特效藥?】須整理招牌，美化市容。
- https://www.setn.com/News.aspx?NewsID=434847【南迴偏鄉無醫院…兒不幸送命　老父淚崩：下輩子別生在這了】一切類同南迴公路路段上的偏鄉等地區須建醫院。見《來不及墓園》影片。改善偏鄉教育、醫療、交通問題。
- https://www.ettoday.net/news/20181123/1314013.htm【詭異！與「死亡之井」合照打卡完　2 少女轉身跳井亡】一切井內沿著壁上都要做梯子，以防「貞子情況」。

健康&安全

- 禁止反式脂肪。
- 可讓超市冷凍類食品另劃一區，由專人負責拿取，因為總會有缺德的人會把很早就去挑選了的冷凍食物又重新放回去然後挑新的去結帳。
- 蚊紗窗都該有兩面，並且由它們之間來互相擋住縫隙而非跟主窗之間，因為都會有漏洞。
- 宣導一切電器的插頭要插好，否則若只有小面積的接觸將導致電阻太高而發熱、燒融、甚至起火。
- 直接禁煙，網搜【三手菸】問題。直接意味著「惡」的事情，該禁就禁，哪可以用勸的呢?
- 宣導人們於公眾場合的鞋襪不要共用。鞋子應該要歸類為「個人衛生用品」才對。可見於網路上醫師對於腳部疾患的預防宣導皆包含了「不共用鞋襪」一項。

- 宣導人們辨識【延遲性溺水／乾溺水】。
- http://www.epochtimes.com/b5/17/6/11/n9252595.htm【美5歲女孩 泳池勇救溺水媽媽】教導小孩子幫助大人的方式。5歲小孩其實做得了很多事。
- https://www.url.com.tw/blog/?p=46363【一家七口幾乎都罹肺癌！可能跟2個原因有關】會否也跟「霧霾」有關係？
- https://health.businessweekly.com.tw/AArticle.aspx?ID=ARTL000095843&p=0【為了省錢，半夜關冷氣竟是錯的？冷氣吹整晚，還能節電 5~15% 的秘密武器】一切冷氣機可考慮加裝氧氣計以及警示功能，監測室內氧氣濃度。因為：冷氣機並不對外換氣（至少絕大多數不會）；就算夠冷，若缺氧，則人照樣會昏沉。「開冷氣，只降溫，但並不降低室內二氧化碳濃度」這件事有多少人注意到？
- https://www.ledinside.com.tw/knowledge/20141219-30517.html【終結隱形殺手！正視 LED 照明頻閃問題】光源之電源交流或直流決定頻閃之有無，色溫、亮度決定貼近自然光的程度，但接上交流電源才進行事後轉換的 LED 燈，若無法避免簡單轉換時留下的「交流漣波」，則也照樣有頻閃問題而沒有意義。「頻閃」會引發偏頭痛、光敏性癲癇病、暈眩、噁心、視力下降、注意力分散等等不適視象，如 LED 們無法做到零頻閃，則至少讓一切〝護眼燈〞都是白熾燈。制定法規分級之，或進而強制之。手機等則限定高頻閃 PWM。

衛生&食安問題

- 國教包括家政課及食安、衛生教育，及相應習慣培養。只灌輸知識卻沒相應習慣的養成是沒有意義的。
- 宣導打噴嚏、咳嗽時，應蹲下對著地板進行，或以上臂遮住，或把領口拉高用領口內側遮住。
- 宣導健康洗碗、洗毛巾等等時的習慣：不管事前怎麼洗，最後一沖一定要用活水，才不會只是稀釋污垢，而非洗淨。
- 宣導「洗碗精不殺菌」的事實，讓人們知道要另尋殺菌的手續。
- 宣導人們盛湯時不要因為不想濺出而把勺子放進碗裡添，很不衛生（只有未使用過的碗才可以）；也不要在鍋口正上方盛，因為盛的時候若有濺出來的湯則都是有口水的。
- 規定食品生產商的定期廠房清潔工作外包，雙方皆要留簽字及記錄來證明其確切執行。
- 限定馬桶蓋只能是納米處理級抗菌式的。
- 宣導沖馬桶時要蓋上蓋子的習慣，避免穢物之飛濺粒子。
- 普遍化不鏽鋼製廁所用垃圾桶。
- 衛生紙全面「可水溶」化、馬桶全面「可沖衛生紙」化（透過設計來達成的沖水力度要夠強）。
- 健全遊戲幣交易問題，確立出「自用」、「贈送」、「交易」的方式。允許這問題繼續地下化並不會使詐騙得到解決，正解是由官方訂定正當、透明的管道使玩家們有得以遵循的途徑。
- https://www.msn.com/zh-tw/news/photos/【圖】不要不相信！小小塑料微粒 - 大大影響未來 /ss-AAuQU4j【不要不相信！

小小塑料微粒 大大影響未來】禁止此類成份。

【鉛毒相關】

- 用【熱揮發墨水】取代鉛筆的使用。
- 把一切難診斷出的疾病及中毒（如：鉛中毒）列入常規檢驗的指標裡。
- 一切有替代方案的產品皆禁止鉛的使用。
- 偶爾以補助的形式發放一次排鉛劑給全國人民。
- 強制廠商標示鋼材成份比例。
- https://www.thenewslens.com/article/80131【鉛水喝了70年，台北市最後一條「鉛水管」將送入博物館】淨水，以及全面汰換鉛水管：讓台灣的水無毒、可以打開就喝。

金融監管

- 房地產的估值要依照其真實用途、要公正，才不會被用來製造泡沫信貸。
- 貸款要求對後續證卷的追綜，總之要監管，才能確實被用於投資，而非被拿去炒作股票、房市等：規定貸款都要在一定時間內附上證明、定期回報，以茲顯示所貸之錢被用去了所承諾的地方，否則取消貸款並查封資產。
- 預設化「信用卡每日額度」來讓人們培養「抗消費習慣」。
- 使不動產透過政府經手才能買賣；並且，除非有所建樹才能有所加值，不然皆由政府原價收購。引進德國在這方面的法律：把住房定位成「大宗民生必需品」並禁止其「可炒作」的性質。
- 禁止一切高桿杆、無功受祿、賭博性質的金融操作與金融活動。
- http://littlerose419.pixnet.net/blog/post/210472680【被詐騙後是可以領回錢的】對於透過轉帳來進行的詐騙：讓一切銀行皆實施「把一切轉帳行為，除非特別指定、要求，否則這些錢在抵達了目標帳戶後，皆被預設成有〝等待期〞，目標看得到這筆錢〝即將轉入〞，但除非過了這時限而確實收到，否則不會發出成功轉帳證明給轉出方與轉入方」，為期可根據不同情況之需要而為一天或多天。比如：若是為了物流事宜，有鑑於發出到抵達的時間問題，則可以是一星期。亦即：在進行轉帳行為後，除非轉出帳一方的當事人或授權人親自去銀行取消這筆轉帳，否則一天過後才會真正成為目標帳目中金額之一部份。但此等待期對轉出方同樣有效，亦即提出反悔後，同樣也會重新計算要等待的時間後才會轉回原帳戶，同時將會發出通知告訴轉入方這筆錢將被轉回。若此時轉入方提出異議，則銀行暫時保留這筆錢，然後要求雙方出面解釋情況。例：在物流事宜中，乃根據雙方所提出的物流票據及在貨運行的當下的裝箱過程錄像來佐證各方之權責。簡而言之：使銀行導入類似拍賣網站的「公正之交易第三方監視者」的定位來對待種種轉帳行為。還有：把詐騙「公訴罪化」，使之不可全然無罰。

智慧財產相關

・學術、知識、創作類書刊免徵圖書加值營業稅，以推廣書業。所騰出的利潤轉嫁給作者。

・想要國民養成讀書習慣，得先讓生活緊湊的人們放鬆點。

・成立國家資助的學術發布平台，結束商業壟斷。

・https://www.youtube.com/watch?v=8OGsbAunsbw【台灣配音真的有那麼爛嗎?!】國家資助動畫與配音產業，讓人才有發揮的舞台。

體制相關

・**越級制衡方式**：於各種體系中，比如學生受到老師的不公正評分時，可請求校長介入，由校長來綜合審視該老師的品性，來決定是否有需要修改的部份。若一個老師本身品性沒有問題，那麼其評分通常都不會有問題，好比：不會公私不分、對事情的不會斷章取義只挑對自己有利的部份來報告……等等。一個這樣子的老師，就知是比較沒有私心用事的問題的了。調解人事時，別用選邊站的方式來處理。客觀是很重要的。（老師若覺得校長有不公正之處，則請求教育部介入。類推）（每個月的評分，一個月後不可再被當事人所修改，而只能透過【職人評分系統】委員會來達成；有所更動時，相關人士皆會收到通知）

・「一旦責任者不修理作惡者，則更上級就會修理責任者」，如此，還會有人敢無所作為嗎？

・「年輕人不成家，或成了家也性致缺缺」的「不敢生育」現象：生活（事業、經濟、教育等）壓力太大，缺乏時間來互動、培養感情、蘊釀氣氛，各種資源都不足的情況下，止漏都來不及了，根本就沒有多餘的意願來再多添個心力的出口。所以，想解決〝決定著人口成長率〞的生育問題，須從生活壓力及時間的缺乏來解決，便自然會改善。

・停止國民年金制度，改以擴大養老金的涵蓋範圍：國民年金的「非強制」性質意味著「非固定收入」，但有人申請意味著還是得給付，意味著拿一個不穩定的收入去貼一個幾乎是固定的支出——它原理上是無法支撐自己的。

・引入【防災收音機】（呼叫器、FM / AM 收音機與緊急手電筒）。

・手機電池都要可拆卸：人們必須要有免於被監控的權力。原因可見於諸如 2017 年中國電視劇《人民的名義》中的劇情。因為，凡事事物物必要「有信」而「可信」；若問國安問題而需要監聽等等，則再想別的辦法，卻不該出廠時即給一切手機裝上了監聽功能。

・一切會危及生命健康安全的設施，皆要嚴格執行高標準才通過的原則，不論是建物還是火車等等。

・遇到災難而出於安全考量須要停止經濟活動時便停止。人民生命安全優先：錢再賺就有了，生命沒了卻是「不可逆」的。

・https://tw.news.yahoo.com/普悠瑪司機員心酸-誤點遭懲處-遇問題列車-不能立即停駛-042500592.html【【普悠瑪司機員心酸】誤點遭懲處 遇問題列車「不能立即停駛」】危及安全之

情況時可誤點、嚴重可停擺，以安全（不可逆）重於利益（可逆）故。發生「會引致嚴重結果之故障」時，不可不停止運作。出於利益考量而要求繼續運作之公司方最終決策者應被刑事處理。

- https://news.ebc.net.tw/News/Article/135866【14 秒連 3 次呼叫！司機「邊開邊修」求援 43 分鐘 通聯紀錄曝光】以兩個各自獨立運作（且有獨立電源）、所採測速方式均不同的測速器來構成測速系統。
- https://udn.com/news/story/11322/3235069【澎湖太陽能板遭鹽害 不到 5 年拆光光】這些有辦法先用小樣範本進行事前測試的開支，請別直接上陣：別拿人民的錢開玩笑！
- https://www.upmedia.mg/news_info.php?SerialNo=50216【郝明義：如果我們再不注意縣市議員選舉】縣市議員財產必須公開；一切開會必須要有記錄，要有可互相對照的全程完整音訊、文字，最好連影像都要有。一切本份工作完善度不達 80% 以上者作革職處份。既是民主，就該倡導人們積極參與對政府的監督，而非容許怠惰與黑箱。有貪污、賄選的政治人物皆革職處份。
- 可試落實「新政試驗區」的作法。

其它

- 除了陶瓷製品，台灣亦可試著多製造玻璃器具。例：在餐具方面。
- 為何蛋糕等等西式點心在東方滿大街式地普遍，但在西方卻見不著東式點心？別說普遍了，甚至找不到？東方點心可加上好一點的包裝，走精品路線，便可逆銷西方。
- 想解決「國內之他國工作者，多佔有著低端工作崗位」的現象，請先解決「職業歧視」現象。
- 台灣應該要有台語課：這是對地區性文化的愛護。
- 把一切地區民俗技藝（歌仔戲、布袋戲等）皆視為國寶保護好。
- 對一切日期單位：統一標出完整年份，並且以依照直覺、順著時間跨度的「年月日」或「日月年」的方式來排序；要不然，月份以字母寫出，避免混淆。

舊罪懺盡始新世可期

國家圖書館出版品預行編目 (CIP) 資料

社會之虛，社會之實：分配經濟與超合作社 / 拂偽著 . -- 初版 . -- 桃園市：拂偽，民 108.02
面；　公分 .　--（世界之始系列 . 外法行法篇 . 解說第四卷，社會 . 經濟 . 政治）

ISBN 978-957-43-6367-4(平裝)

1. 言論集

078　　　108002177

世界之始系列　外法行法篇：身心進化論
解說第四卷　社會．經濟．政治

社會之虛，社會之實
分配經濟與超合作社

著作者／出版者／
發行人／編輯／設計：拂偽
電　話：0906935205
地　址：320 桃園市中壢區力行北街 115 號 1 樓 102 室
網　址：https://www.facebook.com/289219338409655/
（或鍵入）https://www.facebook.com/Fewel.K.P/
電郵信箱：fewel.k.polaris@gmail.com
出版時間：中華民國 108 年 2 月
版　次：初版
價　格：新台幣 360 元
國際書碼：ISBN 978-957-43-6367-4